中央民族大学"985工程"中国少数民族语言文化教育与边疆史地研究创新基地文库

中国少数民族非物质文化遗产研究系列
萨满文化丛书

主编◎文日焕

赫哲族萨满文化遗存调查

HEZHEZU SAMANWENHUA
YICUN DIAOCHA

黄任远
黄永刚 ◎ 著

民族出版社

作者黄任远（右）和黄永刚在北京合影（2005年10月）。

在同江市调查时和赫哲人合影（2003年）。

在街津口乡调查时和赫哲人合影（2006年）。

在八岔乡调查时和赫哲人合影（2006年）。

在四排乡调查时和赫哲人合影（2003年）。

在日本千叶大学发表以赫哲族文化为题的演讲（2000年6月）。

参加首届国际通古斯语言文化学术研讨会时与日本学者荻原真子（左二）等合影（2000年9月）。

参加海拉尔国际萨满文化学术会议时和国际萨满教学会主席霍柏尔（右二）等合影（2000年9月）。

和白庚胜（中）赵志忠（右一）等学者在北京（2005年10月）。

中国社会科学院少数民族文学研究所所长王平凡（后中）访问街津口民族乡留念。（孙晓敏摄于1987年）

中国社会科学院研究员郎樱（前右二）和中央民族大学教授赵志忠（后右一）访问街津口民族乡留念。（作者摄于2004年）

序　言

　　萨满文化是一种世界范围的宗教文化。中国北方少数民族，不论是古代民族还是现代民族，曾经一直信仰萨满教，这一点，在中国的"二十五史"中有较多的记载。"萨满"一词早在宋代（12世纪）的《三朝北盟会编》中就有记载，并且是我国满族先人女真族的语言，原文记作"珊蛮"，专称女萨满，其义为"智者"。西方人知道萨满（Shaman）及萨满教（Shamanism）已经是清代康熙年间（17世纪）了，是由俄国传教士把有关萨满教的信息从中国带到西方，传向世界的。

　　可以说，中国古代民族的历史文化与现代民族的历史文化是一脉相承的，而代表北方民族宗教信仰的萨满文化更是如此。中国古代众多的北方民族信仰萨满教由来已久。从中国古籍文献记载中，我们可以看出其宗教观念、宗教仪式以及宗教文化上的一些特点。现代民族的萨满教信仰是古代民族萨满教信仰的继承与发展。了解和认识古代民族的萨满文化，对于今天研究萨满文化的信仰及其遗存具有十分重要的意义。

　　我国信仰萨满教的现代民族主要是阿尔泰语系民族，人口近2000万。这些民族包括突厥语族诸民族：维吾尔族、哈萨克族、柯尔克孜族、撒拉族、乌孜别克族、塔塔尔族、塔吉克族；蒙古语族诸民族：蒙古族、达斡尔族、土族、东乡族、保安族、裕固族；满—通古斯语族诸民族：满族、锡伯族、赫哲族、鄂伦春族、鄂温克族等。尽管一些民族已经信仰了现代宗教，如伊斯兰教、藏传佛教，但萨满文化对这些民族的日常生活仍有一定的影响。对于那些一直没有改变萨满信仰的民族，如满—通古斯语民族来说影响就更大了。

　　中国是世界萨满文化圈的中心，中国少数民族萨满文化是中国萨满文化的载体，中国少数民族萨满文化等同于中国萨满文化。但中国少数民族萨满文化，目前为止到底是个什么样子，谁也说不清楚。所以，我们要进行深入调查，进行梳理，弄清自己的家底。另一方面，萨满文化是重要的非物质文化遗产，是各少数民族的传统文化，民族文化之根。但这些文化遗产已经面临失传的危险，如果我们不及时进行抢救，就会失去这些传统文化，有愧于各民族的先人。

针对这种现状，中央民族大学"985工程"将"中国少数民族萨满文化遗存调查"立项，对中国境内的少数民族萨满文化进行调查。这次全方位的中国少数民族萨满文化遗存调查，在国内外还是第一次，其目的就是弄清中国萨满文化遗存情况，为后人留下珍贵的萨满文化资料，为保护少数民族传统文化做出一点贡献。对中国少数民族萨满文化遗存进行调查、整理，对非物质文化遗产的抢救与保护，对萨满文化的深入研究具有重要的意义与价值。

本丛书以中国少数民族萨满文化遗存为调查内容。由于每个民族萨满遗存情况，我们准备出版约十部调查报告。它们是《满族萨满文化遗存调查》、《赫哲族萨满文化遗存调查》、《锡伯族萨满文化遗存调查》、《鄂伦春族萨满文化遗存调查》、《鄂温克族萨满文化遗存调查》、《维吾尔族萨满文化遗存调查》、《达斡尔族萨满文化遗存调查》等。这些调查报告将共同组成《中国少数民族非物质文化遗产系列萨满文化》丛书。

本丛书的作者大都是国内萨满文化研究方面的专家。他们长期从事少数民族文化研究工作，并且著作颇丰，在国内外学术界有一定的影响。如果没有他们的辛勤劳动，就不会有本丛书的出版发行。在此对他们表示衷心的感谢。

赵志忠

2007年10月18日

Contents 目录

序言 ··· 赵志忠 1
前言 ·· 1

第一部分　民族生态环境

一、自然环境 ··· 3
　（一）地理位置 ··· 3
　（二）气候特点 ··· 7
　（三）自然资源 ··· 8
二、人文环境 ·· 10
　（一）人口 ·· 10
　（二）族源 ·· 10
　（三）历史 ·· 12
　（四）语言 ·· 19
　（五）风俗 ·· 21
三、民族宗教信仰 ·· 71

（一）宇宙观 …………………………………………………… 71
（二）灵魂观 …………………………………………………… 72
（三）神灵观 …………………………………………………… 74

第二部分　萨满文化遗存

一、萨满 ………………………………………………………… 81
　（一）送魂萨满 ………………………………………………… 82
　（二）治病萨满 ………………………………………………… 83
　（三）专治瘟疫的萨满 ………………………………………… 87
　（四）专主祈祷的萨满 ………………………………………… 90
　（五）占卜的萨满 ……………………………………………… 91
　（六）萨满传承 ………………………………………………… 93
　（七）萨满简介 ………………………………………………… 97
二、萨满信仰 …………………………………………………… 104
　（一）自然崇拜 ………………………………………………… 104
　（二）动物崇拜 ………………………………………………… 107
　（三）植物崇拜 ………………………………………………… 109
　（四）神灵崇拜 ………………………………………………… 114
　（五）祖先崇拜 ………………………………………………… 116
三、萨满仪式 …………………………………………………… 120
　（一）祭天神 …………………………………………………… 120
　（二）祭吉星神 ………………………………………………… 122
　（三）祭水神 …………………………………………………… 123
　（四）祭火神 …………………………………………………… 124
　（五）祭祖先神 ………………………………………………… 125

（六）祭山峡神 …………………………………… 126
　　（七）祭熊神 ……………………………………… 127
　　（八）跳鹿神 ……………………………………… 129
　　（九）跳舞神 ……………………………………… 133
　　（十）跳神求子 …………………………………… 134
四、萨满神歌 …………………………………………… 136
　　（一）请神歌 ……………………………………… 136
　　（二）祭神歌 ……………………………………… 141
　　（三）驱魔歌 ……………………………………… 142
　　（四）谢神歌 ……………………………………… 145
　　（五）祈神歌 ……………………………………… 147
　　（六）送魂歌 ……………………………………… 157
　　（七）咒语歌 ……………………………………… 158
　　（八）赴阴歌 ……………………………………… 162
五、萨满艺术 …………………………………………… 166
　　（一）萨满舞 ……………………………………… 166
　　（二）萨满调 ……………………………………… 168
　　（三）萨满乐器 …………………………………… 169
　　（四）萨满服饰 …………………………………… 171
　　（五）萨满绘画 …………………………………… 174
　　（六）萨满神偶 …………………………………… 177
　　（七）萨满神器 …………………………………… 190

第三部分　萨满文化实录

一、萨满访谈录 ………………………………………… 195

二、萨满文本 ·················· 205
　（一）萨满故事 ················ 205
　　一新萨满 ·················· 205
　　那翁巴尔君萨满 ·············· 224
　　安徒莫日根 ················ 242
　（二）萨满传说 ················ 271
　　金鹿的传说 ················ 271
　　猎人莫尼特 ················ 273
　　嘎思奋玛发 ················ 275

后　记 ······················ 278

前　言

赫哲族是我国人口较少的少数民族之一。在漫长的历史和社会生活中，萨满文化一直对赫哲人起着精神依托的作用。赫哲族信奉万物有灵，崇拜动植物以及自然界的一切。他们认为万物和人一样，都有灵魂，灵魂是不死的。他们还认为四周到处有神灵，自然万物都是有生命的。

赫哲族信仰的萨满分为三派：河神派、江神派、独角龙派。派别的区别和能力的大小表现在萨满神帽上的权角和皮条数的多少。受人尊敬的赫哲族萨满在当时的社会起着不可替代的作用，跳神治病、跳神驱灾、跳神送魂、氏族祭祀以及判断吉凶祸福、寻找丢失的物品等是萨满的主要工作和能力。

赫哲族萨满文化遗存调查人员介绍如下：

黄任远，男，1947年3月出生于浙江省绍兴市，1966年毕业于浙江省杭州市第一中学，1985年毕业于黑龙江广播电视大学，2005年于中央民族大学研究生结业。1969年至1987年，先后当过农民、公社广播站线路工、编辑、公社助理员，曾任佳木斯市广播电台记者、同江县委通讯干事、同江县广播站副站长、同江市委宣传部通讯组长、副部长。现任黑龙江省社会科学院少数民族文学研究室主任、研究员，兼任黑龙江省民间文艺家协会副主席、黑龙江省炎黄文化研究会副秘书长、中国萨满文化研究中心研究员、黑龙江大学和佳木斯大学特邀研究员。有《赫哲族文学》、《鄂温克族文学》、《伊玛堪》、《通古斯——满语族神话研究》、《赫哲那乃阿伊努原始宗教研究》、《赫哲族风俗志》、《黑龙江流域文明研究》、《黑龙江流域少数民族英雄史诗》等专著，合著、编著共30余部，发表民族文化论文百余篇。

黄永刚，男，1974年11月出生于黑龙江省同江市，1991年毕业于同江市第一中学，1995年毕业于大庆石油学院，2006年毕业于日本大学，获机械硕士学位。1995年至2002年，曾在黑龙江省石油天然气开发总公司任助理工程师、工程师。合著有《黑龙江民俗》、《黑龙江传说》、《中国神童故事》、《黑龙江流域文明研究》、《赫哲那乃阿伊努原始宗教研究》等，发表民族文化论文10余篇。

1969年至1994年，我们在同江市赫哲族聚居地学习、生活和工作，调查采录了赫哲族的口头文学、民俗和信仰，其中有许多萨满教的萨满神歌、萨满传说、萨满故事，属于萨满文化，为撰写本书提供了第一手口碑资料。当时调查采访过的赫哲族人有：

尤永贵	男	1911—1995年	同江市街津口乡	民俗画家
尤树林	男	1915—1989年	同江市街津口乡	伊玛堪歌手
尤翠玉	女	1927—2006年	同江市街津口乡	熟悉赫哲语
尤清海	男	1929—1997年	同江市街津口乡	渔村老支书
尤金良	男	1932—2003年	同江市街津口乡	伊玛堪歌手
毕海清	男	1939—2007年	同江市街津口乡	渔民
毕桂英	女	1944年—	同江市街津口乡	教师
孙有才	男	1922—1999年	同江市街津口乡	民间艺人
何焕章	男	1919—1980年	同江市街津口乡	劳动模范
何桂香	女	1938年—	同江市街津口乡	村妇女主任
吴明清	男	1932年—	同江市街津口乡	渔民
吴明义	男	1937—2002年	同江市街津口乡	村支书
尤德顺	男	1938—1999年	同江市八岔乡	村支书
毕忠胜	男	1932—2001年	同江市八岔乡	村长
吴连贵	男	1908—1980年	同江市八岔乡	民间歌手
吴进才	男	1918—1977年	同江市八岔乡	萨满歌手
董凤喜	男	1932—1997年	同江市八岔乡	民间歌手
董兰香	女	1933年—	同江市八岔乡	村妇女主任
董双林	男	1946年—	同江市八岔乡	村长
尤志贤	男	1927年—	同江市	原市政协副主席
齐全禄	男	1930—2001年	同江市	水产工人

傅景贤	男	1929 年—	同江市	原市人大副主任
董 群	男	1947 年—	同江市	原市民委主任
尤连仲	男	1919 年—	饶河县四排乡	民间工艺家
王秀林	男	1940 年—	饶河县四排乡	乡长
傅云龙	男	1935—2005 年	饶河县四排乡	原村支书
葛德胜	男	1911—1998 年	饶河县四排乡	原副乡长 伊玛堪歌手
吴 慧	男	1947 年—	饶河县	原副县长
傅万金	男	1933—1987 年	饶河县	原县政协副主席
吴凤英	女	1934 年—	佳木斯敖其村	家庭主妇
葛文义	男	1935 年—	佳木斯敖其村	村长、书记
葛文福	男	1940 年—	佳木斯敖其村	村干部
葛恩奎	男	1934 年—	佳木斯敖其村	村干部
赵汝昌	男	1909—2005 年	佳木斯市	医生、诗人
韩福堂	男	1937—2006 年	佳木斯市	经济师
韩福德	男	1942—2001 年	佳木斯市	航运局史志办
舒景祥	男	1938 年—	哈尔滨市	原省民委主任
赵隽明	男	1945 年—	哈尔滨市	一级美术师

我们最近的调查在 2006 年 8 月 6 日至 8 月 28 日间进行,历时 3 周。先后走访赫哲族聚居地佳木斯市、饶河县四排赫哲族乡、同江市八岔赫哲族乡和街津口赫哲族乡,调查了赫哲族萨满文化遗存情况。这次接受调查的赫哲族人共 22 位,极大多数是老年人,只有少部分是中年人。他们分别是:

吴明新	男	69 岁	佳木斯市	铁路退休工人
吴明祥	男	57 岁	佳木斯市	工厂退休干部
傅文祥	男	89 岁	佳木斯市	老抗联战士
傅占祥	男	51 岁	饶河县四排乡	乡文化站站长
尤桂芹	女	69 岁	饶河县四排乡	傅占祥的岳母
黄淑兰	女	58 岁	饶河县四排乡	原乡政府工人
葛忠厚	男	72 岁	饶河县	退休教师

何玉才	男	41 岁	饶河县	民委主任
尤根深	男	68 岁	同江市	原人大副主任
毕凤云	男	79 岁	同江市八岔乡	老渔民
张淑珍	女	80 岁	同江市八岔乡	毕凤云的妻子
傅喜凤	女	73 岁	同江市八岔乡	民间歌手
尤桂兰	女	72 岁	同江市八岔乡	尤根深的姐姐
毕凤芝	女	73 岁	同江市八岔乡	毕凤云的妹妹
尤星	男	51 岁	同江市街津口乡	原乡农机站干部
孙玉民	男	46 岁	同江市街津口乡	乡文化站站长
尤文兰	女	63 岁	同江市街津口乡	民间歌手
何景山	男	77 岁	同江市街津口乡	原乡干部
尤景玉	男	73 岁	同江市街津口乡	老村长
尤玉镯	男	66 岁	同江市街津口乡	原中心校校长
尤玉发	男	70 岁	同江市街津口乡	原繁荣号船长
何锐刚	男	46 岁	同江市街津口乡	原乡干部

以上这些赫哲族老乡,给我们讲述了许多鲜为人知的萨满轶事,给我们提供了很多珍贵的神偶资料。对于他们无私的帮助,我们将永远铭记在心。

作者于 2007 年 8 月 8 日,哈尔滨

第一部分

民族生态环境

一、自然环境

（一）地理位置

赫哲族自近代以来就一直居住在黑龙江中下游、松花江下游和乌苏里江流域所形成的三江平原。这里拥有广阔的草地、湿地、泡沼。其北部以黑龙江，东部以乌苏里江与俄罗斯隔江相望，西南部由完达山脉环绕。

赫哲族现在主要聚居在同江市的街津口赫哲族乡、八岔赫哲族乡，饶河县四排赫哲族乡、佳木斯市敖其镇的敖其赫哲族村。另外，在同江市同江镇、佳木斯市以及依兰、抚远、宝清、富锦、林口、密山、虎林等地也居住着一些赫哲族人。

街津口赫哲族乡位于黑龙江、松花江汇合处的同江南岸（黑龙江中游南岸的街津山脚下），与俄罗斯隔江相望（对岸为俄罗斯下列宁斯阔耶市），距同江市区45公里。街津口三面环山，一面临水，山清水秀。全乡土地面积284.3平方公里，其中耕地面积仅4.3万亩，占总面积的15%，水面面积8万亩，山林草原面积30万亩，素有"七山二水一分田"之称。

赫哲族居住分布图

同江市街津口赫哲族人聚居地（作者摄于2000年）

八岔赫哲族乡位于同江市东北部，距同江市区118.5公里。东北部接壤抚远县，南面与金川、银川乡相接，西面与临江乡相交，北部黑龙江与俄罗斯隔江相望。其乡土地面积为508.16平方公里，其中耕地面积5.1万亩，林地面积5.7万亩，草原面积16万亩，水面面积15万亩。

四排赫哲族乡位于饶河县城东北17.5公里，乌苏里江西岸。东与俄罗斯隔江相望，西、南与三人班、西林子乡为邻，边境线长54公行政区域面积42平方公里。

乌苏里江（作者摄于2001年）

黑龙江南岸钓鱼台（作者摄于1990年）

（二）气候特点

赫哲族聚居地气候属寒温带大陆性季风气候。春季降水少，乍暖时期多大风；夏季短暂，热量、雨量集中；秋季凉爽、寒潮、初霜易早；冬季漫长，寒而干燥。

春季（3—5月）：初春气温偏低，俗称倒春寒，雪和雨均不多见，末春气温回升快，暖空气开始活跃，气旋活动频繁。春季天气呈现多变，气温日差较大等特点。

夏季（6—8月）：受东南季风的影响，气温上升快，7月份达高峰，最高纪录为32℃，由于夏季空气对流强，故多有阵雨和雷阵雨天气。

秋季（9—11月）：由于太阳直射点南移，太阳辐射逐渐减弱，海洋暖气开始撤退。西伯利亚冷空气开始侵袭，气温下降很快。降水很少，湿度变小，天朗气清，凉爽宜人。

冬季（12—2月）：整个冬季高空为西风环流控制，地面受西伯利亚冷空气影响，太阳光斜射北半球，辐射弱，日照短，接收太阳热量少，盛行西风、西北风，常出现暴雪、刮"大烟泡"的天气，气温最冷可达零下40℃左右。

全年降水量在330毫米—760毫米之间，平均气温为1.4℃，最冷月份为1月，平均气温为零下21.8℃，最热月份为7月，平均气温为22.0℃。历年最高气温37.7℃，最低气温零下40.8℃。

全年日照2552时，平均每天7小时，7月份最多，254小时，12月份最少，为149小时。无霜期平均为136天，最短为118天，最长为158天。

（三）自然资源

赫哲族世代居住在黑龙江、松花江和乌苏里江流域。这里山水纵横，得天独厚的自然环境中，自然资源十分丰富，是天然的渔场和狩猎之地。典籍中屡有记述的"海东青"（猎鹰），主要产地就在三江流域。另外这里还盛产银狐、紫貂、鹿茸、熊胆等。这里的江河中盛产鳇鱼、鲑鱼、鲟鱼、"三花"（鳌花、鳊花、鲫花）、"五罗"（哲罗、发罗、雅罗、铜罗、胡罗）等，均为餐桌美味，鱼皮还可缝制衣服、靴、鞋等。

饶河县四排赫哲族乡界江——乌苏里江（作者摄于2006年）

赫哲族除在三江水域从事捕鱼生产外，20世纪50年代以前，还以狩猎为其主要生活来源。他们每年进山围猎，纵马可南抵密山、林口县区，西迄依兰、通河诸地，北达小兴安岭的伊春、萝北一带。他们主要捕猎虎、鹿、熊、野猪、狐貂、猞猁、野兔、野鸡等。"两块板可以穿沟跳涧，三块板可以漂江过海"，赫哲族人依靠如此富饶的自然环境，以其勤劳的双手，开发了三江流域，为祖国多民族文化宝库增添了无限光彩。

二、人文环境

（一）人 口

赫哲族在 18 世纪初期，即康熙年间（1662 至 1722 年）的人口约 12000 人，1912 年约 2200 人，1949 年约 300 人，1953 年约 500 人，1964 年约 718 人，1982 年约 1489 人，1990 年约 4245 人，2000 年约为 4640 人。赫哲族聚居的同江市八岔赫哲族乡有 287 人，街津口赫哲族乡有 326 人，饶河县四排赫哲族乡有 208 人，佳木斯市郊区敖其镇有 293 人。另外，居住在同江镇 418 人，勤得利农场 104 人，饶河镇 280 人，抚远县 416 人，富锦县 82 人，汤原县 46 人，桦川县 72 人，宝清县 27 人，依兰县 55 人，桦南县 60 人，佳木斯市 500 人，哈尔滨、北京以及新疆等地散居 1100 余人。

（二）族 源

赫哲族的族源，可以追溯到隋唐时期的黑水靺鞨，更早一点可追溯到先秦的肃慎。据学者考证，赫哲族是个多源多流的民族，其远祖在 10 世纪前南迁到黑龙江、松花江、乌苏里江的过程中，与奇勒尔人和当地的费雅喀及一小部虾夷（现称阿伊努）人混合，又陆续南迁与通古斯人融合，共同形成现在的赫哲族族体。其族体主要由奇楞和赫真等22个民族组成。据《赫哲族简史》记载,在漫长的历史过程中,赫哲族吸收了通古斯-满语族其他民族成分,而且参与了这些民族的形成。同时也吸收了蒙古人、东部沿海和黑龙江流域某些土著居民及古亚洲的库页族成分,又与汉族有着共同的历史渊源。尤其近些年来的考古发现令人信服地证实,赫哲族的族体在清朝初期已形成为多源多流、历史悠久的一个民族融合体。①

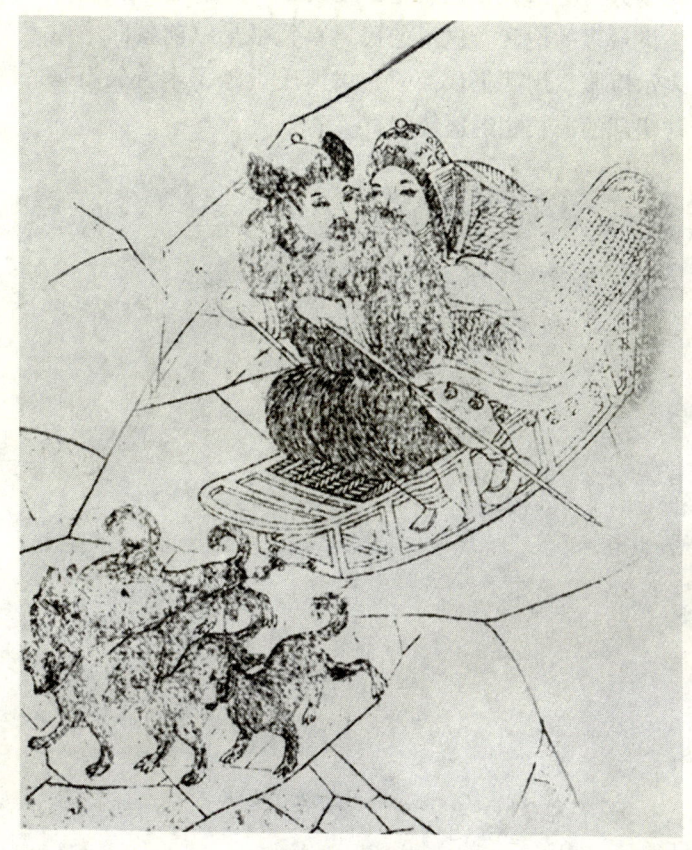

坐狗拉爬犁的赫哲人
(选自《皇清职贡图》)

---

① 《赫哲族简史》,11页,哈尔滨,黑龙江人民出版社,1984。

(三) 历 史

隋唐以前的赫哲族先人在上古的帝舜时期，是息慎的组成部分，在先秦时称肃慎或稷慎，汉魏时称挹娄，南北朝时称勿吉，隋唐时称靺鞨。靺鞨分为七部，住在黑龙江流域的一支称黑水靺鞨，位于北方，是赫哲先世最多的地区。这里的民族首领很早以前就向中原王朝进贡方物，表示臣服。周武王伐商时，肃慎氏贡献了木苦矢石砮。隋朝建立时，靺鞨部的酋长相继遣使朝贡。

狗拉爬犁雕塑（作者摄于 2006 年）

到盛唐时期，对东北边疆民族实行封官授爵，治理本土，封本地首领为刺史，又派长史共同管理其地，以唐王室之姓，赐姓易名，表示精诚内服等管辖措施。作为黑水靺鞨一部分的赫哲族的先世首领，

赫哲猎人雕塑（作者摄于2006年）

曾多次进贡唐朝，并受封为当地官吏①，加强了其统治地位，密切了各族友好关系，促进了文化交流，推动了生产发展。

赫哲族先人黑水部，到辽朝时称五国部，其居民绝大部分从事渔猎、畜牧业生产，流动性较大。作为交往集散中心的城堡，都设在各河流的交汇点。伯力（今俄罗斯哈巴罗夫斯克市）在乌苏里江与黑龙江汇合口的对岸，是当时的著名城堡，中国历代皇朝在这里建制设官，历史悠久。辽朝对五国部统治逐渐加强，让其进贡方物。五国部居民与辽朝关系密切，往来频繁，对文化交流、发展生产起到了积极的作用。赫哲族的先世在金朝是胡里改路、速频（恤品）路和上京路管辖区域中的主要成员之一。金世宗为了加强统治，曾下令把一部分土著民族迁居金之上京②。建立金朝的女真人和赫哲族的先世同汉族的联系较早，不仅在经济、文化上有长久的交往，而且在宗教信仰上也相

---

① 《赫哲族简史》，54～59页，哈尔滨，黑龙江人民出版社，1984。
② 《赫哲族简史》，60～72页，哈尔滨，黑龙江人民出版社，1984。

互影响。

　　元朝时期的赫哲先人较集中在松花江中下游及其支流，元朝初期设置军民万户府五处，以宣抚镇守东北边疆。为了对从事渔猎生产的赫哲、鄂伦春等族的先世进一步加强统治，把黑龙江下游和乌苏里江沿岸的管辖区从开元路划出来，增设水达达路（属辽阳中书省），担负双重任务：既纳贡，又负担劳役。元朝统治者为了使内地与遥远的黑龙江下游出海口和库页岛紧密地联系起来，根据地处寒冷、积雪时间长的地理条件，派兀者、吉烈迷人，从松花江下游到黑龙江的奴尔干和满泾，设置了许多狗站，当作传递与交通运输的枢纽。狗站的站户绝大部分是赫哲、费雅喀族的先世①。元朝统治者还建立屯制，加强民族间的交往、生产技术的交流，促进了生产的发展。

猎熊雕塑（作者摄于2006年）

---

① 《赫哲族简史》，73～82页，哈尔滨，黑龙江人民出版社，1984。

明朝初年，在赫哲族先人等"野人"女真居住的地方，先后设置了千户所、地面、站、寨等。如屯河千户所、可木地面、费达林站、忽黑平寨等。后来为了加强治理，建立了1个都司、384个卫、24个所、7个站、7个地面、1个寨。黑龙江下游地区的头人，多由"野人"女真头目担任。明朝在"野人"女真居住的东迄沿海与乌苏里江流域，西至松花江流域和黑龙江中、下游，直至库页岛，设置囊哈尔卫、兀烈河卫、波罗河卫，使这些地区有机地联系起来，以便行使管辖权。明朝在黑龙江下游的特林地方设置奴尔干都司，是对最北部边疆行使管辖权的重要标志。尤其在永宁寺建立二碑表明，明朝对这里的赫哲等各民族先人采取的管辖措施，对各族人民间的交流、对维护祖国的统一和东北边疆的开发起到了积极的作用。在明朝中期，也曾出现造船军士与"野人"女真反徭役的斗争，说明军士与"野人"女真在反抗明朝劳役负担上利益是一致的。①

赫哲族在清朝初期分属于呼尔合部（或瑚尔哈、胡尔哈部）、窝集部（或渥集部）、瓦尔喀部、使犬部、萨哈连部的一部分。清朝为巩固其统治，使赫哲族人民归顺朝廷，曾于不同时期采取了不同的措施：1. 兼并征服，分而治之。2. 任用头人实行怀柔，以优厚待遇及物质赏赐归服者，使之归顺朝廷；对各部落来降或纳贡的首领设宴款待，赏赐蟒缎、袍服、封官赐爵，各列军功。3. 武力进剿与说服劝诱相结合，实行软硬兼施。4. 编户和编旗。赫哲族编户1277户，一部分赫哲族青壮年被征调壮丁，编入八旗，有的还被提任了世管佐领。② 从此以后，赫哲族与外界各民族之间的往来日益频繁。

19世纪五六十年代，沙俄侵吞了黑龙江以北至外兴安岭、乌苏里江以东至海，包括库页岛在内的大片领土，致使赫哲族成为跨国民族。在黑龙江下游，他们与尼夫赫、奥罗奇、乌耳奇及阿伊努等族人混居在大大小小的村屯里；在黑龙江中游，他们与鄂温克、鄂伦春人接触频繁；在乌苏里江以东，则与乌德赫人交往；在松花江畔，他们与满

---

① 《赫哲族简史》，83~106页，哈尔滨，黑龙江人民出版社，1984。
② 同上，107~108页。

族和蒙古族有密切联系。

民国初年,军阀混战,盗匪蜂起,散居各村落的赫哲族猎民经常受到土匪的袭击。1922年土匪制造的同江县高台子事件,使40多名赫哲族猎人惨遭杀害。地方军阀官僚为了巩固自己的统治,利用赫哲族猎民枪法准、马术好、山道熟的特点,把一些青壮年组成马队,为自己效力。在日本侵占东北的14年中,赫哲族人民同其他民族人民同样遭到了极端残暴和野蛮的统治,受尽了奴役和摧残。1942年,日本侵略者把富锦县的齐齐喀、莫日红阔、哈玉、街津口和抚远县勤得利等地的赫哲族

街津口赫哲族乡外景(作者摄于2006年)

赶离江岸,归并到深山密林的沼泽地区,编成所谓一、二、三部落,与外族隔离起来。归入这些部落的237人,在短短的三年中死亡72人,占总人数的1/3。热爱祖国的赫哲族人民奋起反抗,共同对敌,有很多人参加了抗日义勇军和抗日联军。他们不怕牺牲,不畏强暴,进行

了英勇的抗日斗争活动,直到 1945 年抗日战争胜利①。苏联最高苏维埃主席团于 1945 年 9 月 20 日授予为战胜日本帝国主义做出贡献的董贵福、董贵喜、董贵寿、毕发祥、毕清林三级抗日奖章各 1 枚。

中华人民共和国成立以后,赫哲族在中国共产党的领导下,有了翻天覆地的变化。第一,政治上获得了平等的权利。在同江、饶河先后成立了民族乡 3 个,有 20 余名赫哲族人被选为各级人民代表、党代会代表,有 200 余名赫哲族干部在地方党政机关工作。第二,经济上获优惠政策,使赫哲族人民得以安居乐业,人丁兴旺,生产发展,生活水平提高。现在人口比 50 年前增加近 4000 人。三个赫哲族民族乡的渔船共有 211 只,全部被更新为机械驱动船。八岔赫哲族民族乡渔民采取各户集资和争取国家扶助的办法,盖起 15 栋楼房。电视机、电冰箱走进了赫哲族家庭。世代以渔猎为生的赫哲人学会了耕地、经商。

赫哲族历史文物展览(作者摄于 2006 年)

① 《赫哲族简史》,145~148 页,哈尔滨,黑龙江人民出版社,1984。

第三，文化、教育、卫生事业大发展。三个赫哲族民族乡都有了学校、卫生院、文化站，每年都有赫哲族青年、干部被送到大专院校学习深造。在党的培养关怀下，赫哲族人的文化素质得到很大的提高。毕大川成了中国科学院的研究员，他的科技成果多次获奖；哈普都·隽明成了书法篆刻家，作品在国内外展出。第四，文化遗产得到抢救保护，先后出版了《赫哲族民间故事选》、《赫哲族风俗志》、《赫哲风情》、《赫哲族文学》、《中国赫哲族》、《赫哲族与阿伊努文化比较研究》、《伊玛堪》等著作，填补了我国少数民族民间文学和民族文化领域研究的空白。第五，涌现出一批有才华的戏剧家、作家、诗人等。如电影《冰山上的来客》和歌剧《赫哲人的婚礼》的编剧作家乌·白辛，《天鹅姑娘》的作者诗人赵汝昌，伊玛堪演唱家葛德胜，故事家、歌

赫哲人鱼皮画（作者摄于2006年）

手吴连贵,民俗画家尤永贵等。第六,民间工艺得到重视。被称为"赫哲三绝"的桦皮、鱼皮、鱼骨工艺品受到欢迎,尤连仲老人制作的200多件桦皮工艺品,傅占祥制作的桦皮画,孙有才制作的鱼骨、鱼皮艺术品被民族博物馆和民族文化馆收藏。

(四) 语 言

赫哲族有自己的语言,没有文字,早年削木、裂草、插草、挂鲑鱼头以记事。其语言属阿尔泰语系通古斯-满语族,是粘着语类型。赫哲语得以保存至今主要靠口头流传。在长期与相邻民族的交往中,其语言受到了满语、鄂伦春语、鄂温克语、锡伯语、汉语等多种语言的影响。

赫哲语因地区不同,还存在方言上的差异。如沿松花江下游至黑龙江边勤得利一带为奇楞方言区,勤得利以下至乌苏里江一带是赫真方言区。目前,赫哲族通用汉语,会讲本民族语言的已不多见,只有少数几个上了年纪的老人才会讲,50岁以下的赫哲人几乎都不会讲赫哲语,其语言正处于自然消亡的状态。

有关赫哲语的主要著作有:凌纯声著的《松花江下游的赫哲族》(1934年),安俊编著的《赫哲语简志》(1986年),尤志贤、傅万金编著的《简明赫哲语汉语对照读本》(1987年),黄任远主编的《黑龙江流域少数民族英雄史诗·赫哲族卷》(2009年)。在苏联出版的语言学著作主要有:佩特罗娃著的《那乃语乌利奇语方言》(1936年)、《简明那乃语俄语辞典》(1935年)、《那乃语语法概要》(1941年),阿夫洛林的《那乃语语法》(1955年—1961年),阿夫罗林著的《那乃语言及民间文学资料集》(1986年),列别杰娃著的《那乃语言及口头文学资料集》(1986年),《那乃语——俄语辞典》、《俄语——那乃语辞典》、《俄语——那乃语口语》(1989年)等。

到目前为止,在松花江至黑龙江和乌苏里江沿岸,有不少赫哲语地名。例如:

伊日嘎——抚远,原意是沙滩。
浓江里——绿色的山谷。
八　岔——夹芯子。
勤得利——砍滑雪板的地方。
富唐吉——长满旱柳的地方。
额　图——乌烟瘴气的地方。
德勒乞——一位老猎人的名。
街　津——原叫盖金,老猎人名。
齐齐喀——有嘎牙子鱼的地方。
拉哈苏苏——废墟之意,如今为同江市政府所在地。
图斯克——山嘴子。
莫日阔——牧马场。
尼尔固——水漫河床。
卧尔古力——像猛兽的山峰。
富替信——福晋登岸之地,今为富锦县。
嘎尔当——首领住过的地方。
霍通吉林——大屯。
瓦里霍通——遭浩劫的古城。
温阵岗——萨满停脚的地方。
马库力——勇士的山。
苏苏屯——长蒿草的地方。
音达木河——见到猎犬的河。
勃　利——弓箭,现为勃利县。
蒙翁莫斯——砍脖子的地方。
格彦莫斯——白骨成堆的地方,今为佳木斯市。
德莫利——船走得很慢的样子。
敖　其——用抄罗子捞鱼的地方。
依兰哈拉——三姓之意,今为依兰县。

（五）风　俗

1. 祈子育儿风俗

据赫哲族老人讲，在街津口渔村村北，原先有一棵神树。这棵神树被称为"飞由合"①，它的根部刻有耳、目、口、鼻和人面的轮廓。逢年过节或有什么事，就去神树跟前烧香磕头，敬酒祈祷。据说神树能保佑渔民多打鱼，猎人多打猎，没有孩子的可以求得孩子。有一则传说讲，有那么老两口，身边没儿没女。老太婆天天给树神磕头求子，真的感动了树神，托梦给她说拔点寒葱煮了吃，就能生个小子。十个月后，老太婆果真生下个大胖小子，起名寒葱，长大后成了莫日根（英雄）②。这种祈子习俗和传说，反映了赫哲人对树木的崇拜，尤其是对树木生命力的礼赞、对新生命的呼唤。被当作神树的，多数都是大柳树，由此又反映了先民对柳树的崇拜。当时人们祭祀神树、柳树，其目的是祈求氏族部落子孙兴旺，长久不绝。

赫哲妇女怀孕后，家里人会告诉她一些传统禁忌，如：不准跨过扁担、斧子、马套；不能砍河里拦网的桩子；不可倒头烧木柴；不能把口袋缝死；不能劈鱼头；不能从窗户眼向外看人，否则会难产或生下怪胎等。

妇女生小孩时，"家人先至家庙前许愿，保佑产妇平安"③。早年不管是冬天还是夏天，妇女必须在屋外新搭建的撮罗子（尖顶窝棚）中分娩，以免生孩子时的"脏气"触犯神灵和祖先。到近代，夏天在屋内地上铺些刨花和茅草，上面放两块土坯或砖头，产妇双腿跪在上面，双手扶着炕沿或箱子，在产婆的协助下生产。冬季天冷，就在炕

---

① 赫哲语，有保佑大家太平之含义，又称为太平之神。
② 黄任远：《赫哲族风俗志》，102页，北京，中央民族学院出版社，1992。
③ 凌纯声：《松花江下游的赫哲族》，影印本，211页，上海，上海文艺出版社，1990。

上手扶窗沿生产。小孩生下后,早年用冷水洗浴,认为这样孩子长大后耐寒。后来改用温水洗浴。如果婴儿生下来时不哭,产婆采取以下办法:一是用冷水往婴儿头上喷激;二是用手打婴儿屁股;三是用手抠婴儿嘴里的血块;四是咬婴儿的小手指头。婴儿这时哭出声就活了,再哭不出声,就会放弃。

孩子出生后,将脐带和胎盘一起埋在地下。新生儿在三五日后,"脐带脱落,盛以也布口袋,挂于摇篮之上"①,在肚脐上抹一些灰消炎。产妇的待遇很好,生下孩子后,喝下一碗烧热的加胡椒末红糖烧酒,然后睡觉,醒后吃小米粥、三个鸡蛋。第二三天仍吃小米粥、面汤及三个鸡蛋。三日后能吃青菜,五六日后才能吃干饭,半月后可以下炕,一个月后才能出大门。孩子出生的第三天,这家要送给邻居们一些小米饭和鱼肉,以庆贺。邻居们也送来布或皮一张,表示祝贺。生产这天"在大门口的右房角竖一杨树枝,高约五尺,中端刻一人脸,杆下供送子娘娘"②。

给产妇催奶,赫哲人认为吃鲫鱼汤和鲇鱼汤最好。月子里,产妇不让吃生菜,否则产妇和新生儿都可能发生腹泻。

新生儿腹泻,家人在院内立一杆子,顶上供奉管风的"和敦"神,请来老萨满向神祷告,说:"风神呀,请您不要折磨孩子了,现在给你烧香,给你供奉,让孩子肚子变好吧!"③ 祷告完,把供品和香火送到院外去。

孩子生下过半个月,早年有吊起来的习俗。就是把婴儿放在一块木板上,用绳绑住,木板的两头用绳拴在房梁上。婴儿哭时,摇动木板,婴儿就不哭了。后来,木板改成摇车。在木板或摇车上要拴一颗熊牙、小弓箭和小鱼叉,目的是保护婴儿不受惊吓,驱邪避祸。

孕妇不能进产房,不能从产房借物品或拿东西,怕把产妇的奶带走。男子更不能进产妇住的屋,即使是丈夫也不能进去。照顾产妇的,

---

① 凌纯声:《松花江下游的赫哲族》,影印本,212 页,上海,上海文艺出版社,1990。
② 同上。
③ 黄任远:《赫哲族风俗志》,80 页,北京,中央民族学院出版社,1992。

通常是母亲或婆母。

过去几乎每家都供奉"萨火卡"神,据说它是管小孩肚痛的神,把它供在锅灶后面的墙角处。他们认为小孩肚子痛是因为"萨火卡"神在作怪,所以小孩患肚子痛时,他们就给"萨火卡"神供点小米粥、酒和烟,请神保佑小孩。

2. 取名风俗

名字,是每个人的符号,含有一定的意义。

赫哲人生了小孩,开始不起名,只是按传统把男孩叫"初初"、女孩叫"莫土"。直到孩子长到五六岁时,才正式起名字。有的用动物名,有的用植物名,有的用器物名,有的用疾病名,有的用地名,有的用民族名,有的用英雄名等。

赫哲族长期流传的伊玛堪中,有许多英雄"莫日根",他们的名字都有一定的含义。现在把一些名字及含义列表如下:

名字　　　　　　　　含　义

木竹林——是一种不近女色的清洁木神,为众神的领袖。这里喻英雄有"木竹林"神那样的神通。

希尔达鲁——有播种光明、开天辟地的意思。这里喻英雄有"播种光明"、"开天辟地"那样的英雄气概。

满格本——柞木。这里喻英雄有"比柞木还要结实"的性格。

西热勾——小柞树。这里喻英雄如同小柞树那样茁壮地成长。

阿格弟——霹雳、闪电。这里喻英雄有像"霹雳"、"闪电"那样的性格。

木都里——龙。这里喻英雄像"龙"一般威武非凡。

牟　日——岩石。这里喻英雄有像"岩石"般的坚硬性格。

杜步秀——神名。这里暗指英雄是神或神的后代。

满　斗——拥戴。这里喻英雄备受人们的拥戴,人们都朝他那里聚拢。

杜西里——飞毛腿。这里喻英雄像"飞毛腿",行走如飞。
沙里比吾——黑痣。这里喻英雄长有"黑痣",非同一般。
吴胡萨——天鹅。这里喻英雄有"天鹅"一样的美好品质。

20世纪30年代,民族学家凌纯声在松花江下游调查时,访问过43名赫哲人的名字,有3名用的动物名,有2名用的植物名,有4名用的器物名,有4名用的疾病名,有3名用的地名,有4名用的民族名,有1名用的外国人名,有12名是根据人的性格和行为特点而取名的,有7名是用英雄、乞丐、胡子、奴才、灵魂、寿星头取名的。这些名字的语义和取义分别是:

喜鹊——皮肤色黑
未阁小马——小孩性情淘气
尺蠖虫——行动屈伸如尺蠖虫
水桂花——貌美如花
艳木——体质结实如袍木
箭囊——取箭囊避邪
耳环——因穿耳环而取名
锁着——小孩难养,锁着不容易离去
木棒——结实不致夭折
叫喊——性好叫喊
高超——性气高超
欢喜——常带笑貌
好说话——话多
正大光明——性气正大光明
善良光明——心地善良,性格阳光
光明——性格阳光
多言——性气多言
行走——善于行走
迟缓——性情迟缓

平脸——脸面平正①

20世纪90年代末，笔者也调查过一些赫哲人名，已和伊玛堪人名、30年代的人名有了很多不同，接受汉族文化的影响明显，不少已是汉语名。

3. 婚嫁风俗

"比武招婿，能者娶妻"，讲的就是早先挑选女婿的风俗。所谓比武，就是比谁叉鱼多、划船快、削烤鱼竿利索。在民间流传的故事当中，比武招婿的条件各不相同，有的是要求小伙子把山上的大雕、江里的金鲤鱼、林中的梅花鹿捉来；有的是下江去捞姑娘掉的金护身符。

听赫哲老人介绍，他们过去的婚姻是一夫一妻，由父母包办。一夫多妻者大多数都是富户或官吏。结亲没有门当户对的观念，不大讲究贫富之分。父母为子女选择配偶时，要求男方能渔善猎、为人正直，女方主要是以劳动好、手巧和聪明贤惠为标准。一般男子十八九岁，女子十五六岁便到结婚年龄。同一个氏族的人不能结婚，但同一个姓氏，不同氏族的人可以结婚。

结婚时，新娘坐彩船或彩橇。

彩船是在平时捕鱼的船上搭上彩棚，用柳条子撼弯托起来，再用红布蒙上，扎上一些彩布条做成的。棚前有门帘，上挂一朵大花。一般都是在春、夏、秋三季婚庆用。

彩橇是搭彩棚的雪橇，由狗拉或牛、马拉，一般都是在冬季婚庆用。

据清代曹廷杰《西伯利东偏纪要》介绍：赫哲人娶媳妇，男方先携着酒壶到女家一起喝，然后再商议彩礼。富裕人家送绸缎和羔皮衣服，一般人家送些布。如果姑娘和父母都同意，就留下同住一夜，再约定时间送新娘，男方家不迎亲。送亲时有三四个妇女一起送新娘，坐着船来到男方家门前，步行进屋。新娘拿酒壶倒酒敬客人。客人拿

---

① 凌纯声：《松花江下游的赫哲族》，影印本，214页，上海，上海文艺出版社，1990。

彩　船（作者摄于1990年）

彩　船（尤永贵画）

彩　橇（尤永贵画）

些布当作贺礼。新娘还得向公公、婆婆及兄嫂磕头。陪嫁有桦皮箱、木勺等物品。① 由此可见，赫哲人当时承传着"男下女礼"的古俗。男女初婚之夜，要在女家度过。由于私有财产的出现，嫁娶中已出现礼聘之俗。约期送女，不迎亲，意味着父权制早已确立。

近百年，赫哲人婚俗受满、汉族的影响较大，原来的婚俗已有所改变。

婚礼一般在旭日东升时举行。他们认为东方太阳升起时是象征兴旺的时辰。

婚礼那天，新郎穿长袍，系腰带、挎包，斜披宽红带，和亲友数人去女方家迎亲。迎亲的人数必须是单数，迎来新娘即成双数。新娘穿好婚礼服，戴好头花，穿上花鞋，蒙上红头巾，由哥哥抱上彩船或

---

① 曹廷杰：《西伯利东偏纪要》，53 页，中华书局，1985。

彩轿。新娘这时大声哭喊，或唱《怨嫁歌》，否则会被人耻笑。

20世纪30年代凌纯声搜集到的一首《怨嫁歌》是这样的：

> 伤心啊，真伤心！
> 受屈啊，真受屈！
> 天老爷啊，你知道不？
> 地老爷啊，你可知道？
> 如果活一辈子，
> 哪怕活半辈子，
> 能和心投意合的阿哥过活，
> 就是吃苦也心甜！①

当迎亲的彩船或彩轿回到男方家时，男方的老人向女方送亲的人敬酒三杯。然后新郎和新娘拜天、拜地、拜祖宗。拜天地仪式由村中有威望的村长、族长或老人主持，主持人手持用红布扎的芦苇束。仪式结束时，老人对新娘说一些要孝敬公婆、照顾丈夫、和气待人、爱护弟妹、好好劳动、勤俭持家、不乱传闲话、好好过日子等教诲。

接下来，是大家一起喝喜酒。酒过三杯，由村里的歌手唱《祝福歌》，祝愿新婚夫妻恩恩爱爱，白头到老。歌词大意是：

> 天上的日月为你们祝福，
> 天上的星辰为你们证婚。
> 树林里的百鸟为你们歌唱，
> 大江里的鱼儿为你们起舞。
> 祝你们的生活幸福美满，
> 愿你们的后代兴旺发达。

歌手唱完歌后，新郎新娘要给歌手敬酒点烟，表示谢意。然后按

---

① 凌纯声：《松花江下游的赫哲族》，影印本，185页，上海，上海文艺出版社，1990。

婚礼仪式：拜天拜地拜祖先（作者摄于1990年）

桌给客人敬酒。每桌的客人分老人、妇女、青年、孩子分别安排在一起。酒席散后，新郎新娘给亲戚朋友和长辈装烟、倒水，一一拜认。

新郎要吃猪头肉，新娘要吃猪尾巴，表示跟随丈夫和睦过日子。夜晚，新人还要一起吃面条，表示夫妻情意绵绵，福禄长寿。

赫哲人也有抢婚、换亲、养童养媳、入赘为婿的婚俗。入赘的原因是女方家没有男孩或没有劳动力，所以招养老女婿。前几种婚俗主要是因为家庭生活贫困所致。

赫哲族的习俗中，寡妇改嫁不受限制，可以嫁外人，也可以嫁夫弟，但绝不能嫁夫兄。嫂嫁夫弟主要的原因是留恋子女、和公婆关系好不愿离开或是家境贫寒，夫弟无力娶妻。但是寡妇出嫁，无论嫁谁，都必须给死去的丈夫送魂后脱了孝服才准再嫁，改嫁后不许返回前夫家中。寡妇改嫁比初婚简单，不举行结婚仪式，邀请近亲喝酒即可。娶亲途中遇到大树，寡妇须抱大树，如未遇大树，就到新丈夫的家抱烟囱，以去晦气。

4. 丧葬风俗

据《松花江下游的赫哲族》一书记载:"赫哲人以为人死是人的灵魂被妖魔鬼怪所摄去,倘使请通神鬼的萨满把灵魂找回来,人即能复活。他们最有名的《一新萨满》故事,完全是叙述萨满找魂还阳的神话。"①

过去赫哲人打围死在山中时,其余的猎人砍一段大树干砍平一面,再挖出槽,将尸体放进槽中,上面再扣一有槽的木段做盖,然后用树皮扎住挂树上。

小孩死后,用桦树皮包扎挂树杈上。

这种树葬习俗,是亚洲北部一些游猎民族通常采用的一种丧葬形式,在中国东北地区地处山林、面向江河的渔猎民族都有这种特殊风俗。

除了树葬以外,后来也开始实行了土葬。

早年的土葬比较简单,用桦树皮裹埋即可。后来发展到挖一长方形土坑,四周围用原木垒成框壁,下面铺上原木,垫草,铺褥,把尸体平放墓穴中,并将死者生前最常用和最喜欢的东西放入墓中做陪葬品。上面也用原木堆盖好,铺草培土成堆,形成坟墓。

清朝中叶以后,受满、汉族的影响,赫哲人也开始用棺材殓葬了。根据不同死因,丧葬也略有差异。例如,死于天花、瘟疫的当日焚烧火葬,死于非命的隔日埋葬,在家中病死的和老死的三日后埋葬。

一般的土葬仪式:人死后,将尸体头东脚西放到屋内地中间的木板上,两头垫起与炕相平。尸体上面盖有黄布、黄纸或黑布、白布。旁边放一碗水,在一根细线的两头各拴一个铜钱,一头的铜钱放在死者嘴里,另一头的铜钱放入水碗中,以示经常喝到水。死者头前放一个饭桌,上面放满各种祭品,每天都要烧纸,并在其周围浇米汤和酒,口中叨念劝死者多喝多吃。如果死者生前吸烟,将他用过的烟袋放在衣袖中。死者家中的猫、狗不得靠近尸体,如果靠近尸体,传说可能

---

① 凌纯声:《松花江下游的赫哲族》,影印本,211页,上海,上海文艺出版社,1990。

葬　俗（尤永贵画）

"起尸"。亲戚、朋友都来给死者焚香、磕头。有的送来用小米面做成的糕点或果品以及狍肉、鹿肉、鱼干当祭品，并祭酒三杯，行叩首礼，以示吊唁。

停尸的第三天午前或午时入殓。入殓前，亲友中六人分别由二人抬肩、二人抬脚、二人抬腰，由长子捧头，抬着遗体在室内由左向右转三圈，然后装殓。

生活富裕的人家在院子当中搭一高台请村里的萨满跳神、唱神歌祈祷，使亡者到了阎罗王（赫哲人称"伊木尔汗"）处不致受罚。陪葬的东西有马、牛、羊、猪、鸡、鸭等。

出殡时，死者如果是外姓人，遗体从窗户抬出；本家人则从门抬出去。抬棺者多数是晚辈人，有六人抬、八人抬的，个别也有二十四人抬的。没有条件的用爬犁拉出去。到墓地后，把棺材放入墓穴，由亲友中年龄大的人焚香祈祷并说"老人家，这就是你家了，好好住在这里吧！虽然离开了生前的家，也要保佑全家大小平安无事"等话。然后，长子培第一锹土，如果没有子女，可由直系亲属代培。晚辈们穿上白孝服、扎白腰带，跪在墓前号啕大哭。入葬后，把孝服脱下保存起来，以备上坟、祭祀时再穿用。

丈夫死了，妻子要戴孝，时间为一至三年不等。死者的妻子和最小的儿子要穿全身白孝服，赫哲语叫"新那新"。妻子头上扎白布条、腰间扎白布带，拖在身后，还拴个小铃铛，便于丈夫的灵魂听到铃声跟着走，不使他迷失方向。

出魂——从下葬日算起，男子到 7 天，女子到 9 天为出魂期，即亲人向死者的灵魂告别。家人为死者做一布袋，长 4 尺、宽 2 尺，两头塞干草，中间空，把两头叠合成高尺余的垫子，上放枕头。如果死者是男子，就再放一顶帽子在枕头上。炕上放桌子，摆上斟满酒的杯子和食物，叫做"档子"。活人每天吃三顿饭，也给死者装三次烟、倒三遍茶水和摆三次饭菜。赫哲人认为死者的灵魂可以回家来吃喝、抽烟。在"出魂"那天，亲戚朋友都来敬酒。

送魂——赫哲人叫"撂档子"，意思是送死者的灵魂去阴间（布尼）。送魂的时间要根据死者家的经济条件而定，一般是在死后第一百天，也有在死后三周年办的。

送魂要举行隆重的仪式。用苇席或白布搭棚，四周围起来。居住在富锦县大屯和街津口村一带的赫哲人不搭棚，只在死者住过的居室内，用木头做一个"木古法"（人偶），穿衣服、鞋，戴上帽子，用来代表死者放在屋内。请来的萨满在"木古法"旁边喃喃自语跳三天神。萨满对跪在"木古法"前面的死者子女说："别伤心了，你们的老人在那里很快活。"

送魂的第三天夜里，把"木古法"放到爬犁上，萨满在一旁边跳边唱《送魂歌》。

萨满唱完之后，拿着木刻的阔力（鹰）神的小伙先往前走，爬犁在后面跟着，萨满和死者的亲属走在后面。走到高处，萨满停下拿起弓箭向西方连射三箭，指示死者的灵魂朝箭飞去的方向去。在晚间射箭，箭头上要拴上火炭，使它发出亮光，让灵魂知道去向。

送魂最后，是全家人在墓地上脱孝服，所以送魂日也是脱孝服的日子。

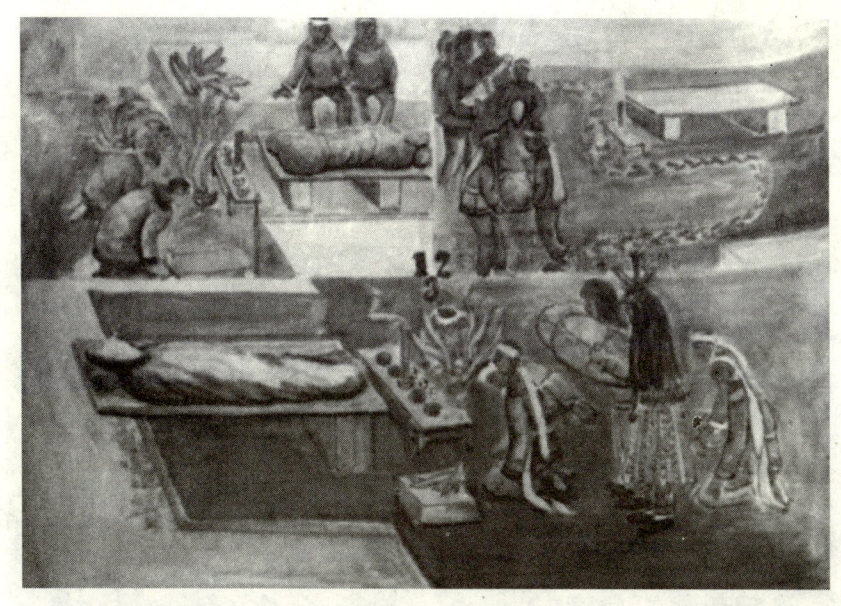

送 魂（尤永贵画）

5. 服饰风俗

服饰是民族审美风尚的外在标志，赫哲族在长期的渔猎生活中，形成了别具一格的服饰文化。

赫哲人的服饰，夏用鱼皮、冬用兽皮制成。

关于穿鱼皮衣服的说法，早在《山海经》卷九的《海外东经》中记载有："玄股之国，在其（黑齿）北；其为人衣鱼食鸥"。清代民族志《皇清职贡图》中记载：赫哲"衣服多用鱼皮而缘以色布，边缀铜铃，亦与铠甲相似"。

鱼皮衣服，赫哲语叫"乌提库"，多为长款衣服。女装的样式像旗袍，腰身稍窄，身长过膝，下身肥大，但不是曲线式的，而是扇面形的，袖子宽而短，只有领窝没有衣领。男人穿的鱼皮衣服袖口、衣边镶两道边，显得美观大方。清代曹廷杰撰写的《西伯利东偏纪要》中讲：赫哲人穿的服装喜欢用紫色的袖口，上面缝彩色花带二三寸。

女人穿的衣服，做工十分讲究。衣服的襟口、袖口、托领、前胸和后背上都有云纹和各种野兽图案。这些图案是把一块鱼皮或鹿皮染成红、蓝、黑等色，再剪成鹿形、鱼形和花纹后缝上去的。也有的买绦子镶在衣服边上，或者用贝壳连在一起缝在衣服的下边缘，显得古朴大方。

鱼皮衣（作者摄于2006年）

鱼皮套裤一般都是用怀头鱼皮制作的，男裤上端齐口，裤脚沿镶黑色边，赫哲语叫"卧又克衣"。女裤是斜口的，叫"嘎荣"。这种套裤裤脚上绣有各色花纹，古朴大方。套裤个别也有用哲罗鱼皮和狗鱼皮做的。这种鱼皮套裤，冬天穿上狩猎可以抗寒耐磨，春秋穿上捕鱼可防水护膝。

鱼皮鞋，赫哲人叫"温塌"。绝大部分是用熟好了的怀头、哲罗、细鳞、狗鱼等鱼皮制成。做法很精细，由靰鞡身、脸、勒三个部分组成，前端和脸抽褶缝成半圆形，再用较薄的鱼皮沿着靰鞡口缝上高约

30 厘米的勒子，然后穿绳或皮条做带，穿时絮上捶软的乌拉草、猪鬃草，穿上狍皮袜子，再穿上鱼皮靰鞡，把勒子裹在小腿上，用带子扎好，既轻便又暖和，在冰道上和雪地上走都不打滑，也不往里灌雪。过去赫哲人外出劳动都穿它。但这种鞋不能踩过热的东西，踩了牛、马热乎的粪便也容易被烫坏。在冬季外出或夏季捕鱼时穿用为多。如果是用未熟化的鲤鱼皮做的靰鞡，穿前需用水浸软，用完挂起来存放。

男子服饰（作者摄于2001年）　　　　妇女服饰（迟伟臣饰）

在黑龙江省博物馆里，珍藏着一套过去赫哲族贵族妇女穿的服装。这套服装包括帽子、披肩、衣服、腰带、裤子，色彩鲜艳夺目。上面的花纹图案就是用鱼皮刻成，用丝线精心绣上去的，将鱼皮细条图案盖住，使五光十色的花纹凸显隆起，别具一格。帽呈圆形，顶上有一根毛翎，帽沿由蓝、白、红、黑四色组成，上面绣有波浪纹、云纹。帽耳外面镶有红、黄、蓝、黑、白共五色，绣有对称的波浪图案。帽耳内缝有紫貂皮。披肩上面同样绣着五色对称图案，中间是白色，镶边是黄色,十分醒目。衣服是褐色,袖口和下襟是黄色,衣襟和袖口上也全绣有五彩图案,以黑色为底。腰带则以白色为底,绣有各种花草图案,并在上面悬挂一个彩穗。黑裤子的大腿分衩处和裤脚上绣有五彩花纹,分别以红、白色为主。这套华丽的服装,可称赫哲族清代服饰的精品,它和早期制作的鱼皮衣裤一样,都表现了赫哲族人民的聪明智慧和高超的缝纫技艺。

鹿皮帽(吴明新制作)

赫哲族居住地,过去狍子特别多。尤其是冬天下大雪,狍子到村庄周围找食物,一群群的,见了人也不害怕,故有"傻狍子"之称。猎人穿上滑雪板去撵,狍子在雪地里跑不动,一会儿就能抓好几只。因为狍子多,所以做狍皮大衣穿的人也很多。

狍皮大衣,赫哲语叫"克阿什克衣",是赫哲猎人在冬季生产时较为普遍的穿着。这种大衣是用熟化的狍皮缝制的,长度一般都过膝。它有大襟和偏襟两种。必须用鞣软了的狍脊或鹿脊筋搓成线缝制,有条件的还可以掺上一点线麻。冬季穿的狍皮大衣必须用冬季的成皮缝制。这种皮绒毛多，皮板厚，既保暖，又耐穿。冷时毛向里穿，热时毛向外穿。春、夏、秋三季穿用入冬皮"大毛宾其"、大秋皮"小毛宾其"和夏季皮"红岗子"做的服装。

狍皮被，是猎人露宿野外时常用的，用绒毛较长的狍皮做成的长筒被子，形似口袋。在开口的一头，缝上几根皮条，人钻进狍皮筒内，系紧皮条，头上戴着帽子，就可以睡觉了。在冰天雪地露宿时，地上铺上一张狍皮，身旁燃起篝火，就可以钻进狍皮被安安稳稳地睡觉了。

狍皮帽子，赫哲人称"阔日布恩出"。这种帽子是用来伪装的。用狍子头皮做成。在剥狍皮时，将其头皮完整地剥下来，晾干熟好，将耳朵、眼睛缝补得与原样相似，用狍腿皮做一对帽耳缝上，再把貂子或狐尾皮缝上去，简直就是一件精美的艺术品。

狍头帽（作者摄于2006年四排乡风情园）

狍皮手套，赫哲语叫"卡其玛"。其做法是：把用做手背面的皮子抽摺，与用做手掌的另一块皮子缝在一起，在伸大拇指的上部留下

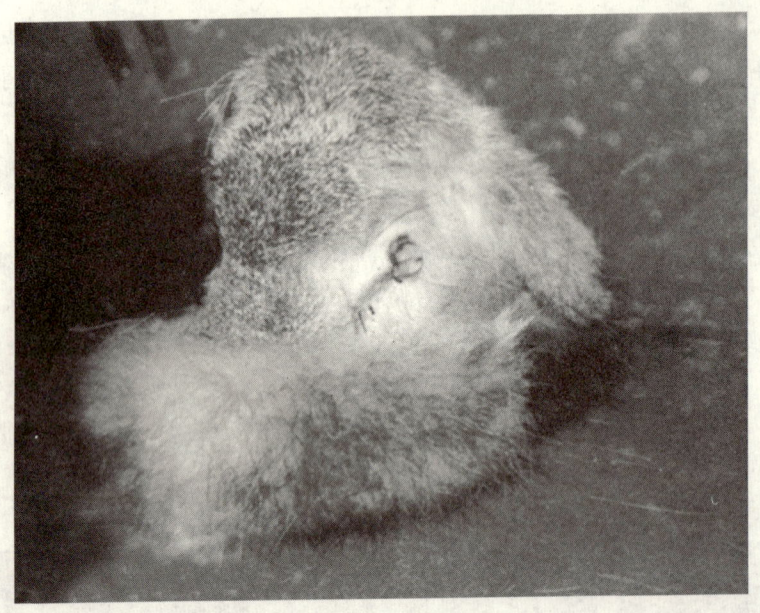

狍皮帽子（作者摄于2006年四排乡风情园）

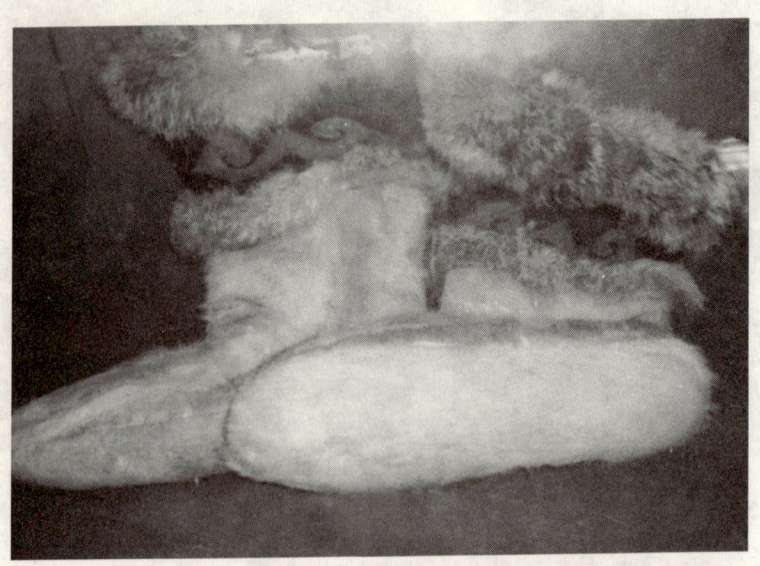

狍皮靴子（作者摄于2006年四排乡风情园）

洞，用有细毛的兽皮镶边，防止风灌入手套里。狩猎打枪时，手由洞口伸出来，便于推子弹上膛或扳机。另外用较薄的皮带缝在手套口上，戴手套时，将带扎紧，既不透风，又不易丢掉。还有一种手闷，赫哲语称"阿日其玛"，手掌手背是用两块皮子缝在一起的。现在用布做手闷，外面罩一个鱼皮套，防水又耐磨。也有的把狍皮染成土黄色，做成五指分开的手套，手背上用五颜六色的花线绣成云纹花朵，在开口处镶各种颜色的布条，并缝上狍肚皮毛或用有毛的鼬皮镶边，既美观又保暖，可见赫哲妇女手艺之巧。

桦皮帽，赫哲语叫"博如"。形如斗笠，顶尖沿大，既可遮光，又可避雨。帽沿上刻有各种云卷和花纹、波浪纹，有的还刻有鹿、鱼、狍子的形象，既轻巧又美观。手巧的姑娘把精心制作的桦皮帽送给自己的心上人，当作爱情的信物。

桦皮帽（作者摄于2006年）

烟荷包,早年有桦皮做的,也有用鱼皮、鹿皮、狍皮做的,到近代开始有用布绣的了。烟荷包虽小,但做工精细,五彩花线绣出云彩、浪花、鱼尾纹、花纹等各种图案,针针线线寄托了姑娘对小伙儿的真挚爱情。正如赫哲情歌《送情郎》中唱的:

> 阿哥上山打红围,
> 呼那吉村边来相会,
> 千言万语说不尽,
> 送个烟荷包表心怀。
> 阿哥上山打红围,
> 请你捎张好皮回,
> 我给你缝顶帽子戴,
> 你我两人都光彩。①

《松花江下游的赫哲族》一书详细介绍的赫哲族服饰主要有鱼皮女衣、鱼皮套裤、鱼皮绑腿、鱼皮鞋、鱼皮口袋、水獭皮冬帽、防蚊帽、夏帽、狍皮男大衣、鹿皮男长衫、鹿皮女衣、狍皮短袄、狍皮裤、狍皮套裤、鹿皮背心、狍皮被、野猪皮垫褥、狍皮手套、鹿皮手套、鹿皮长靴、鹿皮靴、野猪皮靴、狍皮袜、牛皮鞋、乌拉草等②,并配有实物照片。

现在,赫哲人的服饰已和汉族无异。传统的民族服饰除了在博物馆展示外,如今只在文艺演出、拍电影、拍电视、参加各级人民代表大会或外出参观访问等重大活动时穿用。赫哲族青年男女紧随时尚,流行什么新服饰就穿用什么,很难在他们身上看到这个民族古老而精致的服饰了。

---

① 黄任远:《赫哲族风俗志》,12页,北京,中央民族学院出版社,1992。"呼那吉"是赫哲语,即妹妹。
② 凌纯声:《松花江下游的赫哲族》,影印本,71~77页,上海,上海文艺出版社,1990。

节日服饰(作者摄于2001年)

尤文兰缝制鱼皮衣(作者摄于2006年)

6. 饮食风俗

赫哲人的祖先逐江河而生,以鱼、兽肉为主食,副食有小米、野菜等。

常见的杀生鱼有以下四种做法:

一是拌菜生鱼,赫哲语叫"他拉喀"。这种菜的做法是,以黑龙江的特产——鲟、鳇、鲤、草根、白鱼等新鲜鱼为原料,放血后,剔下鱼肉,切成细丝,拌上野生的姜、葱、辣椒,加上醋和盐就可食用。没有醋时,就把野樱桃捣成浆汁拌上,味道十分鲜美。传说,这种做法由一位聪明的媳妇传下来的。现在,做这种菜的佐料更加齐全了,有细粉丝、绿豆芽、土豆丝、菠菜丝、白菜丝、黄瓜丝等,并放上味精、生姜、精盐、辣椒油、葱、蒜等调料,色、香、味俱全,鲜嫩可口,增加食欲,以此菜下酒,酒量大增。

杀生鱼(迟伟臣摄)

二是吃生鱼片，赫哲语叫"拉布特喀"。它的做法是，把活鱼肉削下，切成薄片，不放任何菜，只用醋和盐蘸着吃，有辣椒油味道更佳。这在春、夏、秋三季常吃。

生鱼片（作者摄于2006年）

三是吃刨花，赫哲语叫"苏日阿克"。这是冬季美食。把冻鱼剥皮，剥成薄片，像刨花一样，马上蘸醋、盐和辣椒油吃，方便又味美，还能解酒。做这种刨花生鱼，原料必须是鲟、鳇、狗、哲罗、细鳞、牙布沙等好鱼。特别是鲟鳇鱼，去皮后，将骨、肉一起横切薄片，因其骨质脆，可以全部吃掉，其鲜美之状，难以言及。现在，这种菜仍是待客之佳肴，人皆喜之。

四是吃"塌拉哈"。其做法是将新鲜鱼从脊梁骨两边带皮片下鱼肉，然后切成连搭肉薄片，用削尖的柳条顺着穿好，放到火堆上燎烤，达三四分熟即可蘸醋和盐吃。如果是在渔滩上，一般是先烤后切成片吃。这种吃法，鱼肉又香又脆生，十分鲜美。

鱼、兽肉除了吃新鲜的，还加工成鱼干、肉干、肉条等，留作平时食用。

晒鱼干，赫哲语叫"熬尔克奇"。主要在风多凉爽、气候干燥的春、秋两季进行，这特别要避免苍蝇落在肉上以致肉干变质。赫哲人晒鱼干一般都立晾鱼干的木架，晒的鱼挑的都是肉比较瘦的。春天晒的鱼多是狗鱼、鲤鱼、鲫鱼、鳊花鱼、怀头鱼的脊部，秋天晒的鱼多为大马哈鱼。大马哈鱼晒鱼干，如今都是用盐腌渍后晒干，俗称大马哈鱼披子。听赫哲老人讲，过去晒鱼干不用盐腌，是剖了鱼去内脏后直接晒的。大马哈鱼按各部位切成鱼条晒，每个部位有不同的名称。脊干，赫哲语称"给林"或"古龙"；偏脊皮里肉外干，称"西须莫"或"乌日雅覃"；贴骨肉干，称"西格得力"或"西格特恩得"；肚囊干，称"乌日克色"或"汇克"；骨头称"刻奇雅得搭"。[①] 吃时，可以随意选择肥瘦，十分方便。

晒鱼子，主要是大马哈鱼子，赫哲人叫"查发"。把这些黄豆粒大的红通通的大马哈鱼子晒干后储藏起来，平时与米煮粥吃，别有风味，也可以和鱼毛放在一起吃。

炒鱼毛，赫哲语叫"他斯恨"。平时赫哲人吃饭，每餐都离不开它。鱼毛主要是用鲤、草根、怀头、白、链、鲟、干条、哲罗等大鱼，鱼越肥越好。炒鱼毛，把鱼剖腹，取出内脏洗净，切成大块放锅里煮熟，挑出鱼骨、鱼刺，把肉捣碎，等凉后再炒。炒时火候要适当，炒到颜色焦黄不粘锅、酥脆而喷香时取出，即成鱼毛。炒好的鱼毛必须放在坛子或桦树皮箱子里，用炼好的鱼油浸泡，封好口，放在阴凉处或埋在地下储藏起来，以备长期食用，不会变质。

烤鱼干，赫哲语叫"稍鲁"。其做法是，搭个架子，把鱼条、鱼肉块、鱼披子放在架上，架火熏烤，等烤熟后将其储藏起来。可以用水泡着吃，也可以切成块放到鱼毛中拌着吃。烤鱼干主要在夏天进行，因为那时天气炎热，苍蝇多，不适宜晒鱼干，所以只能采用火烤烟熏的方法，赶走苍蝇，以防肉变质。烤的鱼必须是脂肪少的瘦鱼。

---

① 《赫哲族社会历史调查》，161页，哈尔滨，黑龙江朝鲜民族出版社，1987。

冬天吃生鱼（迟伟臣摄）

炸鱼块，一般是把鳇鱼肉肥的部分切成约一寸的小方块，用鱼油炸酥，赫哲语称"依斯额母斯额"。炸好后，放入箱里，用鱼油浸泡，储存起来，全年均可食用。吃时可掺些鱼毛。除了鳇鱼外，其他一些肉比较肥的鱼也可做炸鱼块。

晒兽肉干，赫哲语称"胡烈克特"。将猎到的鹿、狍、野猪、熊等野兽剥去皮，将四肢和脊肉片下来切成小块，用木棍穿上烤熟后，晒干储藏。吃时可用开水泡，也可蒸。

晒肉条子，赫哲语称"乌切克特"。把猎到的野兽的脊肉和四肢肉切成条子肉，不煮不烤，生着晒干，吃时加盐烧熟，香味扑鼻，十分适口。

早年，赫哲人以鱼、兽肉为主食，很少能吃到粮食。在清代，为换一点小米，得划船到依兰哈拉（依兰县）去，用鱼干和皮张换。一个来回得走半个月、二十多天。换回来的几十斤小米，除了家里来客人吃一点外，其余留着做祭祀祖宗、神灵和上坟烧纸时的供品。

过去，赫哲人喜欢吃"拉拉"饭。这是用小米或小楂子煮的非常稠的，类似汉族的黏米粥的饭食，粥里放上鱼毛和鱼油、兽油，搅拌后吃，非常香甜。还有一种叫"莫温古"的饭，是把鱼肉切成小块，和小米一起下锅，放点盐，煮成稀饭，饭鱼合一，既方便又好吃。

赫哲人早年不种蔬菜，主要采集各种野菜。野菜的品种有山蕨菜、枪头菜、老钱菜、山白菜、狍子耳朵菜、明叶菜、柳蒿芽、猴头、黄花菜、野葱、野韭菜、野辣椒、蘑菇等。其中柳蒿芽，赫哲人叫"额恩比"。每当春季柳蒿芽刚出土时，就开始采着吃。待长高些，就大量采摘，用开水烫后，晒干储藏起来，留作平日食用。

稠李子饼也是赫哲人早年喜欢吃的一种食品。稠李子是一种野果，长在江中岛上的高大树上，果实有黄豆粒大，熟后变成黑色，采回来可拌鱼松吃或与小米一起煮粥吃。多数是把果肉、果核捣碎，制成薄圆饼，赫哲人叫"得布西克特"，晒干后放进存放鱼毛的坛子里，浸泡在鱼油中，吃时取出，又甜又香。

吸烟、喝酒在赫哲族中间较普遍。这与生活在寒带，常跋山涉水、露宿于冰天雪地有关。过去吸的烟都是自己种的。每年农历四月初下种，七月间收获。收取烟叶后，平放地上，下垫干艾，上盖鲜艾，闷四五天后，烟叶由青色变成黄色，用椴树皮穿叶柄成串，长五尺多，挂在屋内高处晾干，夜间挂在屋外沾露一夜，使之变软，然后将其收拾好存于柜中。使用木刻的烟袋，叫"木什头克"[①]。

赫哲人喜欢喝酒，自己酿制的有山梨酒、葡萄酒等。酿法简单，先将原料在锅里煮熟，以足踹踏即成酒酿，再用重物压挤之，使其汁流出即成酒。喝的白酒和烧酒是用鱼、兽皮从汉族人和俄国人那里换来的。

赫哲人视酒为贵品，凡祭祀、宴会、迎宾、送行都用酒。男女老少都喝酒，如请人喝酒而对方不喝，便可以用酒浇在他的脸上。[②] 赫哲人饮酒，喜欢围坐炕上，中有炕几，放一壶酒、一个酒杯，饮时甲

---

① 凌纯声：《松花江下游的赫哲族》，影印本，60页，上海，上海文艺出版社，1990。
② 曹廷杰：《西伯利东偏纪要》，52页，中华书局，1985。

取壶斟一杯饮干传给乙,乙传丙,依次递传,终而复始。①

赫哲人用的饮食工具有木锅、木盆、木碗、木杯、木碟、木铲、木勺、木匙、桦皮碗、桦皮杯、桦皮勺、桦皮漏斗、桦皮水桶等,都是用桦木挖成的或用桦树皮制的。木碗、木勺上雕有花纹,制作得很精细。汉古籍《山海经》上关于赫哲族先人肃慎使用木器早有记载:"肃慎之国,在白山之北,有树名曰雄,先人代帝于此取之。"在《吉林外记》中也说:"桦皮诸山皆有之,乌拉向有桦皮屯,世管佐领,带领兵丁剥取入贡。"由此可见,用桦木或桦树皮所制各种日用器皿,轻便耐用,不易损坏,便于携带,非常适合狩猎、游牧民族的生活习惯,早就为赫哲先人所使用。在早先赫哲族集居地松花江下游的绥滨县金代墓群、依兰县永和乡墓群的考古发掘中出土的大量木器,有力地证实了这一点。

木锅使用的方法是将石头烧红放入木锅里将水加热,这样反复多次,把木锅里的水煮沸,就可以煮熟肉了。

江边炖鱼和烤鱼(作者摄于1990年)

---

① 曹廷杰:《西伯利东偏纪要》,71页,中华书局,1985。

铁锅、吊锅传入赫哲族地区，大约是在辽、金时代。据考古资料，在黑龙江省的许多金代窖藏铁器中都发现了吊锅。吊锅是赫哲人外出捕鱼狩猎时最方便的炊具，赫哲语叫"哈其法"。《松花江下游的赫哲族》一书有详细记载，它分为三个部分：锅、锅钩、挂钩。锅为圆形，左右各一铁环。锅钩有二，上下阔狭不等，且各成一平面。下端平面向内凸成钩形，上端狭小，有一小孔，用以穿绳，连结两个锅钩。挂钩为木质，上端刻成三钩，挂在树枝上，可以上下升降。不用时，将锅放在用皮带结成的口袋中。吊锅是用熟铁制成的，轻便耐用。猎民、渔民每到一处，用一根木杆，一头插地，另一头斜支在火堆上，把木质的吊钩插入吊锅的耳环即可做饭，十分便利。

作者在塔克吐——鱼楼子前与赫哲人合影（1986 年摄）

7. 住宅风俗

凌纯声先生在20世纪30年代调查了松花江下游赫哲族的住宅后指出：一个民族的住处可从两个方面去研究，即地理的环境和居住的房屋。我们知道地理的环境影响于民族的生活方式很大，密布的森林、纵横的江河，最适合于渔猎民族的生存。以鱼为主要食物的赫哲人，为了谋生便利起见，他们的住处都在江河沿岸，松花江、黑龙江、乌苏里江成了赫哲族的三个大本营。房屋建筑都在江岸的高处，以避免江水的泛滥。他们大都是聚族而居，最小的社会组织是屯，赫哲语叫"嘎深"。①

赫哲族有两种比较古老的居住形式：一种是穴居式的较为固定的住所；一种是临时性的可以移动的住所。

《晋书》卷九十七"肃慎"一章中记载："夏则巢居，冬则穴处"，反映了赫哲族先民的居住习俗。《新唐书》的"黑水靺鞨传"中记载了当时赫哲族先人的居所：在靠近山坡的地方掘成地穴，上面架上木料，用土覆盖，冬天就在里面居住。夏天，打鱼狩猎走到哪里，就在那里搭个临时居住的窝棚。

赫哲族这种穴居的习俗延续的时间较长。考虑其原因主要有二：一是冬季漫长而寒冷；二是生产落后。

据考古学的资料，如今三江流域靠水边的山上有过许多山城，山城内外分布着密集的穴居坑。特别是七星河周围这种穴居住所更加密集。这些以城穴居的特点与文献上赫哲族先人勿吉人筑城穴居的记载相符。

另外一种临时性的住所，现住现搭，这和赫哲人以渔猎为主、居无常处有关，具有游猎和渔猎民族的特征。史书《辽东志》对这种临时简易住房有这样的记载："人无常处，桦皮为屋，行则驮载，住则张架。"说得十分简单明白。《西伯利东偏纪要》一书对这种简易住房的名称记得更为详尽。书中写道："冬夏处止之处，取树皮或草为小屋，有安口（桦皮盖的狩猎住所）、撮罗（草盖有棚的捕鱼住处）、傲

---

① 凌纯声：《松花江下游的赫哲族》，影印本，77页，上海，上海文艺出版社，1990。

撮罗昂库——尖顶窝棚（作者摄于 2002 年）

苟（用树皮或布盖，冬行晚宿之所）、胡莫纳（桦皮盖的小圆棚，夏天捕鱼住）、麻依嘎（不剃发黑斤捕鱼的小棚）、刀伦阿吉比莽（行船时晚宿岸上的小布棚）诸名"。

　　直到1945年，赫哲人还住着穴居式的房子——地窨、临时住的房子——昂库。听赫哲老人介绍，地窨，又叫地窨子，赫哲语叫"胡日布"，是古人穿地为穴居的一种发展。这种住所，向地下挖3尺深的长方形土坑，其大小根据人口而定，在土坑中间前后立起柱脚，架上檩子，椽子上端搭在檩子上，下端直接撮在挖好的坑边约60厘米开外，形成"人"字形架，在上面铺好笤条和草，培上五六寸厚的土即可。门开在向阳面，门旁有个简单的窗户，早年是用去鳞的鲢鱼皮糊窗户，后来改用纸糊，喷上一层鱼油，既结实又亮堂。地窨后背为马屁股形。如果夏天继续住时，可加上一层草，防止漏雨。一般情况下，因培土较厚，不盖草也不会漏的。屋内有的搭铺，有的搭炕。这种地窨比较暖和，但一般只住一年，最多也只能住两年，第二年入冬前重盖。到

1945年以后，黑龙江边居住的赫哲人已无人常年居住地窨，一般都住上马架子房或土草房了。

作者在地窨子前和赫哲族人合影（1995年摄）

　　临时性居住的"昂库"类型比较多，主要有以下几种：
　　撮罗昂库，是早年渔猎时住的尖顶窝棚。"撮罗"是尖的意思，"昂库"是窝棚。它是用很多木杆子搭起的上尖下粗的圆锥形的架子，在上面绑上多道横条子，最后从底部向上一圈一圈地苫草，苫一圈绑上一道细条子压住草根，防止苫房草脱落，这样一直苫到尖顶，用草绳或树皮绳扎住即可。夏季上山打猎时可用桦皮苫房。门开在南面，用草帘子盖门，没有窗户。昂库里的东、西、北三面就地摆好木杆，上面铺上一层厚草，再铺上兽皮和褥子即可住人，但不能过冬。北面是上位，是老年人的位置；东、西两侧是青壮年坐、卧的地方。夏天在露天点起篝火做饭。秋季遇到风雨天，不能在露天做饭，可以在昂库内点上火堆，支起吊锅子做饭。

阔恩布如昂库，是圆顶的窝棚，用直径约1寸的树条烤成弯钩形，然后按照一定的距离，一根一根地埋在地里，矗立起来，连在一起，形成马蹄形。再顺着绑，扎上5~9根障子，前后两端绑上十字形障子，使它稳固不动。在架子周围，从下往上层层苫草。这种昂库大的长约丈余，宽七八尺，高五六尺；小的长约六七尺，宽四五尺，高四五尺。

温特合，冬季狩猎时，用宽约六七寸、高7尺多的杨树板搭盖成圆锥形的住所。它的顶尖留出2尺多宽的出烟、通风孔。在向阳的一面，有一个小门，周围培上四五尺高的土或雪，后来也有用布围的了。

赫哲人由于长期游动捕鱼狩猎，所以居住的昂库随时搭盖和拆除。有用桦树皮搭成的"塔尔空昂库"，有用布搭成的"保斯昂库"，有用兽皮围成的"那斯昂库"等，其中用草盖的撮罗昂库最多、最普遍。

马架是从地窨发展而来的，赫哲语叫"卓"。在平地上用土坯砌起来的这种住所，在赫哲渔村已有数百年的历史。这种马架搭盖的方法与一般住房基本相同。所不同的是，马架的山墙都是向南背北，房门开在南山墙上，门的两侧各有一扇窗子，房内东、西两边搭火炕。厨灶设在火炕的南端。

马架的发展，就是土草房，又叫正房。松花江中游赫哲人住正房的历史较下游赫哲人要早一些。大约在三百年前，中游就有住正房的赫哲人了。房内一般都搭南北相对的两铺火炕。西炕是连接南北炕的，称"万字炕"。赫哲人认为"西方为贵"，所以西炕放有祖先、神灵的牌位，以表示尊重。西炕不能随便坐躺，尤其是来月经的妇女和戴狗皮帽子的人，都不能坐这个炕，以免冒犯或玷污了祖先和神灵。烟囱是用空心木或者用"拉哈辫"垒在东西房山墙的两侧，也有的将烟囱垒在房门两侧屋檐下。以上说的是一般人家的正房。富裕人家的正房比较阔气。五间正房，都是用青砖砌墙。屋脊板、门窗上都刻有精美的花纹。窗户装用玻璃，室内用纸糊天棚，用油漆刷地板。炕沿、围墙、隔扇上也都描绘花纹，刷上油漆，十分美观。除正房外，还有东西厢房、仓库和碾磨房，有大小门楼，房前有很大的庭院。

与住宅有关的还有炕、灶、烟囱、厨房、厩房、晾架、厕所等。

凌纯声先生做了以下介绍：

炕与灶——炕与灶形式上虽分离，实际上是一物，灶为炕的生火处。大炕的灶常在厨房；小炕的灶则在一室，仅以一板相隔。炕与灶紧密相连，灶下生火，上面放锅可以煮物，同时火和烟经过炕，再达室外的烟囱。赫哲人不论冬夏，必须睡暖炕，否则易患风湿痛、腹泻等病。灶很简单，以土坯筑成四方形，上置一铁锅、木锅盖。

烟囱——形式上与正屋分离，位置或在屋前，或在屋两侧，材料选用空心老树干，或用三块木板围成。时间久了易碎裂，就用泥和藤绑之。烟囱的下端常围以多量的土，使之直立，不致倾斜。

厨房——厨房有固定的位置，三间正房就设在中间的一间；两间正房，就设在进门的一间。厨房里有灶、有锅、有水缸，还有自制的木盘、木碗、木勺等餐具。

厩房——富户常在院子中养马；贫寒人家在屋外建长方形或四方形的马厩，四周以木为栏，上露顶无盖。有的还养牛、养猪等。

夏天多蚊蠓，晚间在马厩的四周烧青草生烟以驱蚊蠓。

晾架——是用来晾鱼干的木架，也用它晾一切捕鱼的器具，如鱼钩、鱼网、鱼叉、木桨等。

厕所——富户厕所，男的在屋西，女的在屋东；一般人家男女共用一厕，在屋东。构造简单，在地下掘一土坑，上架两块木板，四周围柳条、芦席或木板等。

到1945年后，赫哲人住的全是草苫屋顶、坐北向南的正房，无厢房。一座房多是两间或三间。两间房的家多以东屋做外间，西屋住人。外间中间隔起来，里面做厨房，外面做过道。两屋搭炕，人口多的搭南北炕，西边还有一窄条西炕。在家庭成员的住房安排上，赫哲人是十分讲究的。如果是三间房，老年人就住西屋；如果是两间屋南北两铺炕，习惯安排老年人住南炕；如果仅一铺炕，老年人就住炕头，未结婚的儿子、姑娘挨着老年人，大儿子和儿媳睡在炕梢。

正房的东侧，盖有"鱼楼子"，赫哲语叫"塔克吐"，主要用来储藏鱼条子、鱼披子、捕鱼工具，但也可以做一般仓库使用。

夏季在屋内感到闷热时，可以到凉爽的鱼楼子里睡觉。鱼楼子一般都是用 4 根或 6 根支柱做柱脚，周围用圆木段搭成一个离地面 3 尺多高的小屋。有的周围用柳条编成篱笆墙。小屋前有小门和木梯，便于上下。

据赫哲族老人说，早年赫哲人以渔猎为生，大多数住在沿江一带，相隔几里、十几里或几十里才有两三户或四五户人家，居住相当分散。这种说法和他们口头流传的俗语是一致的。

霍通，是赫哲语，义为城或较大的村落。这是赫哲族口头文学伊玛堪中常用的词，指的是额真（城主）所管辖和居住的地方。四周有土围墙，东西南北有大门。里面居住着很多百姓，有打猎的、捕鱼的、熟皮子的、做买卖的。部落的英雄莫日根作为城主，统管霍通里的百姓。从历史上看，当时称为五国部的赫哲族部落剖阿里、奥里米、越里笃、盆奴里、越里吉等各部所聚居的地方，赫哲人也称霍通。五国部居民与辽朝往来频繁，在五国部奥里米部落居住的霍通，即同仁文化遗址中出土的"开元通宝"和绥滨三号墓群中出土的砺石（即制作桔矢石弩的原料），唐宋以来流传的绸、镜、银钗、耳坠、玉石透雕飞天、绣金线茶花罗等物品，是当时霍通的繁荣景象与中原文化关系密切的实证。到清代，赫哲人聚居的霍通有三姓（依兰哈拉霍通）和宁古塔（宁古塔霍通）。

木城，是当时赫哲人临时聚居地，是交纳贡品和交换物品的大型交易场所。大约在 18 世纪 20 年代，三姓副都统在黑龙江下游普禄乡设置了"赏乌绫木城"，这是用木板、木棍围起来的长方形建筑，里面没有住人的帐篷，只有交换物品的场地和官员休息的场所。住人的船只和临时帐篷撮罗昂阔，都搭在木城的周围。日本人间宫林藏著的《东鞑记行》对木城的概貌有描绘。清代，除了"赏乌绫木城"外，依兰城和宁古塔城也成了当时赫哲人的交易场所。赫哲人每年到这三处进贡上等貂皮，用皮张、鱼干换取酒、烟、布匹等日杂用品和小米、苞米楂子等粮食。19 世纪初，每年参加以物易物交易的人数达千余人。

8. 狩猎风俗

狩猎业是赫哲族传统经济方式之一，因其居住地区的不同，狩猎的对象和方法也不尽相同。居住在松花江流域的赫哲人，早年主要是猎取鹿茸、鹿胎，冬季以捕获各种细毛兽为辅。居于乌苏里江流域的赫哲人既猎取鹿茸、鹿胎、貂鼠，又捕获各种细毛兽。居住在黑龙江下游的赫哲族则以猎取貂、狍子、貉子等细毛兽为主，以其他大野兽如鹿、熊、虎等为辅。尽管赫哲族居住地区不同，猎取野兽的种类各有侧重，但在鱼产品商品化之前，猎业是他们主要经济来源。

狩 猎（迟伟臣摄）

赫哲族多是集体狩猎，成员都是男人，少者二三人，多至十几人，一般由亲属或好友组织在一起，但外人愿意参加集体狩猎也不拒绝。每个狩猎集体由成员们选出一名年岁高、狩猎经验多、熟悉地理环境而又公正的人当"劳德玛发"（把头）。狩猎中的一切活动，全由"劳德玛发"安排。在合伙狩猎时，往往有一人负责砍柴、做饭、喂马和看守物品。这类杂务，多是由没有狩猎经验的年轻人或体弱者担当。到猎场之后，把经验多的和技术差一些的人相搭配，组成若干小组，使各组狩猎技术、人力接近平衡。这种合伙狩猎集体是临时性的，一个猎期结束，猎获物分配完毕即行解散。

赫哲人的狩猎工具主要有以下几种：

猎犬 赫哲语称"音达"。它既是猎人捕兽的有力助手，又是忠诚的护身卫士。赫哲人住家都养狗。出猎时，猎人与狗一起拉着雪橇走。回来时，狗拉雪橇载着猎物和主人。打猎时，狗帮助主人追捕猎物、识别、寻踪、找洞等，平时还能看家。赫哲人不吃狗肉，不戴狗皮帽。他们十分爱惜自己的猎犬，就是给金子都不换。

扎枪 赫哲语称"激达"。这种古老的狩猎工具，又是护身武器。枪头是用铁锻制成，约30~40厘米长，扁平的菱形，两面和尖头均有锋利的刃日；根部有圆锥形的枪裤，把2~3米长的硬木柄安入其中。大型扎枪的枪裤两边各有一个扁孔，用皮条各拴一个7~8厘米长的小木棒，以防刺上黑熊、野猪时前蹿伤人。扎枪的型号不一，有大有小，制作有精有粗。有的在整个枪头的扁面刻有云纹，镶嵌钢丝，非常精美。猎人用大型号的扎枪在冬季的大雪里可刺捕野猪，堵黑熊窝，甚至刺杀老虎。凡是捕捉大野兽，必须有两个以上勇敢、力壮的人拿着扎枪才行，否则就很容易被野兽伤害。

弓箭 是赫哲人古老的狩猎工具。赫哲先人是制作弓箭的能工巧匠。他们做的弓有单层弓和双层弓。双层弓外层用松木，里层用黑桦木，中间夹上狍、鹿筋，再用细鳞鱼皮熬胶粘在一起，使其坚固，韧性大，弹力强。用桔木做箭杆，用尖利的石块做箭头，故历史上有"楛矢石镞"之称。后来有了铁，才有铁打的箭头。弓弦用狍、鹿筋或鹿皮做成。在赫哲族神话中，有一则讲英雄用弓箭射下天上的两个日头，左右开弓，箭箭命中的故事。这不仅歌颂了狩猎工具——弓箭，同时表现了赫哲族先民征服自然的意志和愿望。

地箭 又称伏弩，赫哲语称"色日迷"。把硬弓安装在一个约1米长、10厘米宽、7厘米厚的板条的一头，另一头安装扳机，在扳条上部由前到后抠成槽，再用扳条盖上，用硬木条子做成带铁头的箭即可做成地箭。捕兽时，在野兽经常出没的地方，把地箭绑在树干或支架上，把弓拉开，弓弦挂在扳机上，槽子里装进一支铁头箭。再用一根长细绳，一头拴在扳机上，另一头拴在兽路的另一侧，使这个机关线横拦兽路。野兽从这里通过时，碰线拉动扳机，箭发命中。地箭除了猎取野兽，在战时可作为伏击利器，突袭对方。史籍上记载的能发射用乌头、白附子一类含有强烈毒性的植物制作的"毒矢"，也是地箭中的一种。

对板 赫哲语称"苦力米克衣"，这是专门捕鼬鼠的工具。把9厘米长、直径4厘米粗的干木劈成两半，将其一半削成凸形，另一半削成凹形，在约20厘米长的细条一头刻3厘米长的豁口，做机关销用。这种工具放在鼬鼠经常出没的地方，用冰块或堡子搭成一个小洞，里面放些鱼和肉做诱饵，紧靠洞口横放一块枕木，上面放一根较长的压梁，其上放一根粗木以加压力，这样把两块对板支在压梁翘枕木中间，用机关销的豁口钩住。销的另一头横在洞中，如果鼬鼠欲进洞吃食，碰掉机关销，两块对板失去支撑力，就压下来，闸住鼬脖。

累刀 赫哲语称"依哈特"，是捕野猪等大野兽用的工具。在木槽上安刀，刀刃朝上，设在野猪或大野兽经常出没的路上，野兽跑过时，肚皮被划开致死。尤其是发现野猪群时，将它们轰撵至有累刀的道上，捕获它们。

卡子 赫哲语称"霍发"，这是赫哲族捕鼬鼠和貉子的固有工具。这种工具比较简单，它是用50多厘米长，比所捕动物略粗的空心木，上部中间横向凿一个扁口，然后做一个木闸放进扁口里即可。这种工具闸面向上，放在洞口。闸桩上压一根树干以加重量，再把闸提起，用机关销卡住，待动物出洞通过筒时碰掉机关销，闸落下，卡住动物。如果没有空心木筒，也可用三块板制成。

捕貂网 赫哲语叫"乌库"，是用麻线织成的直径约15厘米、长1米多的圆筒网。网身用木圈起数道，一头留口，一头封住。捕貂时网口堵好洞口，用力敲打洞背，使貂蹿出洞进入网中。

夹子 有大有小，根据所捕野兽大小而定。下秋夹子，赫哲语称"卡布卡那"，是将夹子放在沙滩上，用沙子埋起来，夹子销拴上一撮鸡毛，貉子和狐狸看到后，误认为沙土里有物，一扒拉，腿即被夹子夹住。为了使夹子不被野兽带走，必须拴在牢固的地方或拴在树上。另一种水夹子，将夹子放在江边水里，距夹子六七寸远的水中拴一条鱼，当貉子、狐狸发现，下水想要吃鱼时，踩在夹子上就会被捕获。

猎鹿是赫哲人早年的主要狩猎生产。每年阴历四月末到五月初是猎鹿的黄金季节，被称为"红围期"。

猎人猎获的方法有：

一是围猎，也称群围或赶围。在有鹿的地方，射手们在一处隐蔽起来，其他人将这个地方包围起来，把鹿轰赶到射手处，让射手瞄准射击。

二是蹲碱场，这是利用鹿喜欢吃碱的特性而猎鹿的一种方式。猎人在白天事先选择好射击的地方，晚上蹲在坑内，穿上狍皮衣服，戴上狍皮帽子，把自己伪装起来，等鹿来碱场吃碱时射死鹿。这种"穿上狍皮、戴上狍皮帽子"进行伪装的狩猎无疑是赫哲先人的一大发明。这项发明在现象上是狩猎者以猎物狍子的面貌出现，"变成一种与猎物鹿相似的动物，但在本质上这种智力行为却使狩猎者能更远离动物，有意识的生命活动直接把人和动物的生命活动区别开来"。① 从原始思维的角度考虑，穿上兽皮、戴上与兽首相似的帽子是一种巫术行为，其目的是把猎物诱引到狩猎者的身旁，以便于捕获。久而久之，这种行为被看做是一种保证狩猎成功所不可缺少的祭祀仪式。蹲碱场的猎人必须有耐心，要长时间静静地等候，不能咳嗽，不能打喷嚏，不能粗声粗气地呼吸。有蚊虻咬时，也不能拍打出声。猎人一般都在有月亮的夜晚蹲碱场，否则看不见鹿。

三是卡鹿道。猎人在早晨与晚间潜伏在鹿常走的道路附近，等鹿经过时，堵截并开枪射击。也有的乘船潜伏在江汊子、河汊子中，等鹿来吃水中的青草、苔藓时猎取。捕鹿主要是为了获取鹿茸和鹿胎。这是很名贵的补药材，具有较高的经济价值。现在野鹿很少，已经禁捕。鹿茸和鹿胎膏主要靠养鹿场加工制取。

《赫哲族简史》记述了另一种捕鹿方法——"叫鹿围"，即诱猎。农历八月份是鹿的发情期，这时公、母鹿互相鸣叫以寻找配偶。猎人利用这一习性特点，发明和制作了"鹿叫子"，也叫"鹿哨"，是用桦树皮制成的喇叭形细长的圆筒。在鹿活动的地方，吹起呜呜声，仿公鹿鸣，以引母鹿前来，公鹿也赶来争夺交配权。这样，鹿被引诱到猎人附近，猎人就会近距离地射杀之。②

《松花江下游的赫哲族》记载了设陷阱捕鹿的方法："猎户于山中林边平坦之处或山脚，寻鹿常来往的踪迹，在必经的路上，掘一大坑，

---

① 朱狄：《原始文化研究》，612 页，北京，读书·生活·新知三联书店，1988。
② 《赫哲族简史》，180～181 页，哈尔滨，黑龙江人民出版社，1984。

深丈余,长八尺,宽五尺,上覆桦皮,铺以和盐之土,再盖以草或枯叶。下雨时盐乃溶解于土中。鹿性嗜碱,因舐泥土,走至坑上时,前蹄即先陷落窖中。如于七八月间掘窖,本年不能即用,困鹿之嗅觉灵敏,能在百步之外辨别生人气味,近至陷阱亦知绕道而行;须俟该处经过风雨,将气味形迹涤尽,至来年始得用。"①

鹿茸的加工方法是:"猎户得鹿,即将鹿角连头盖斫下,角之左右权两端,各钻一小眼,在锅中煮清水,至沸点时加清水一碗止沸,速以角浸入锅中,至水沸时取出,再加清水止沸,如前法泡制。初煮时,小眼出血,后即冒气泡,至破裂时为止。"② 然后用微火烤干,洗净晒干储存起来,放多久也不腐烂。

鹿胎的加工是:"猎得有孕母鹿,将胎取出。如胎儿已生毛,先以皮毛剥尽,连胎胞斫成肉浆,在锅中煮成浆汁,在水布上滤过,再煎成浓汁,冷之凝结成膏,能治妇科病。"③

捕貂 是赫哲族早年狩猎中一项主要的经济收入。故史书有"夏捕鱼、冬捕貂"之说。貂皮是一种珍贵的皮毛,被历来王朝定为贡品,每年必须上交。猎人发现貂时,把它撵到洞里,把肉放在洞口或树穴口,用烟熏的方法让貂出洞进入网里。另外,也用地箭放在貂常出没的路上,当貂触到销栓时,地箭正中貂身。

《黑龙江外记》载:"挹娄出好貂,见《后汉书》。今之贡貂,挹娄貂也……入山采捕,利在大雪,故秋即去,春始还,往往有空手归者,则貂之难得可觇……貂以榛子为粮,畜者多饲鸡肉。性畏人,近之,瞠目切齿,声如鼠。"④

猎熊 赫哲语称熊为"玛夫卡"。冬季猎熊,一般根据熊有"蹲仓子"的习惯,发现冬眠在树洞中的熊后,猎人先用两根大木棍在洞口交叉堵住,再把木棍拴在大树干上,使熊从洞口出不来。然后,从树干下边砍个窟窿,诱使熊从窟窿里出来。它如果不出来,可将擦枪的布扔进

---

① 凌纯声:《松花江下游的赫哲族》,影印本,88页,上海,上海文艺出版社,1990。
② 同上,88页。
③ 同上,89页。
④ [清]西清:《黑龙江外记》,92页,哈尔滨,黑龙江人民出版社,1984。

洞里。当熊受不住枪油气味，爬出窟窿时，用扎枪或步枪把熊抓获。

扎　熊（尤永贵画）

抓狍子　赫哲语称狍子为"格伏沉"，是早年猎人的主要猎获对象。它的皮可做衣服、被褥，肉可以吃。阴历二月初到三月初，由于白天融化的积雪夜间冻成薄冰，狍子踩上成窟窿，不能快跑，有的腿上皮被卡破，行走困难，这时猎人用猎犬追逐，最易捕获。冬季降大雪后，狍子行走陷腿，猎人可穿滑雪板追撵。夏季涨水时，狍子浮水，可划船撵上，用棍棒打死。

捕貉　是冬季的一项狩猎生产。赫哲人称貉为"言特库"，或"烟交扣"，当地人称"孬头"。其皮可做大衣、帽子，其肉可食。貉不会掏洞，常与獾挤在一个洞中。从"大雪"到第二年二三月是它的冬眠期，一般是公母一对抱成一团。猎人跟踪脚印，用猎犬撵貉子、用夹子捕等，成功率非常高。

捕獾　赫哲语称獾为"多罗空"。獾油是治烧伤、烫伤的药品。其肉可食，其皮做的褥垫，据说可防治痔疮。獾从阴历十月中旬入洞冬眠，善于掏洞。捕獾子有两种方法：一是用猎犬追捕；二是挖洞并以烟熏，驱其出洞而捕获。

捕鼬鼠 赫哲人称鼬鼠为"索列"或"索肋"；汉族称黄鼠狼、黄皮子，称其皮为元皮。鼬鼠喜食青蛙、小鱼、老鼠等。它不会掏洞，常住在老鼠、松鼠的洞中，喜昼眠，夜出寻食。捕捉鼬鼠的方法有：瞄踪、狗撵、挖洞、下夹子、下碓板等。

捕海冬青（尤永贵画）

过去赫哲族猎人进山狩猎，必须遵守某些狩猎的规矩与禁忌。如每到新的猎场，由把头领着大伙给山神爷磕头，祈求保佑打猎顺利。进了山后，不许说怪话和谎话。在山上遇到大树桩子，不许坐。冬天在山里狩猎，见到另一伙猎人的脚印，不许踩，应该绕道走，否则就会被认为不遵守山规，不尊重别人，引起不和甚至斗殴。吊锅子挂在树桩上不许乱摇晃，不许敲打有声的器物。绝对禁止用刀子翻锅、铲锅，否则认为是割掉了打猎的好运气。妇女不能坐或跨过猎枪、子弹和捕兽的各种工具。男人的衣服也不许妇女去坐或跨过。猎人在山中相遇，必须请对方到自己的住处吃一顿饭。狩猎中碰到不顺手捕不到野兽时，到别人的帐篷里拿点食盐或烟叶，叫偷点"顺当气"，再打猎时就会有好运气了。①

9. 捕捞风俗

人类的生产劳动离不开所处的生态环境。赫哲族所处的生态环境决定了赫哲族以渔业为主的捕捞文化类型。冯一鹏在《塞外杂识》中对赫哲族的捕捞生产有这样详细的记述：赫哲族"不生五谷，但知渔猎，然鱼多于兽，不须网罟。每岁鱼大来时，逆流而上，一拥万万，至滩浅处，皆跃而过焉。人排立于滩上，以棒击之，鱼被伤，顺流而下，乃于下滩截取，堆积如山。风干、盐晒、藏为半年之用；人食之余，即以喂马，喂犬豕，并取其皮为衣裙，颇光耀夺目。"②

早年，赫哲族以各种鲜鱼、鱼披子、鱼干、鱼毛等为主食；鱼皮是他们做衣服的主要原料；鳇鱼筋、鳇鱼骨除向清王朝进贡外，还可出售。民国以后渔产品大量商品化，促进了渔业生产的发展。春季一般用船、网、钩、叉等捕鱼；夏季停止，修理工具；秋季鱼汛，主要是捕大马哈鱼，同时也是挡涝子的季节，把鱼堵在涝子里，到冬至取鱼；冬季主要用大拉网从"冬涡子"里捕鱼或坐冬库叉鱼。

捕捞是赫哲族的传统经济形式，有着悠久的历史。主要的捕捞方式有以下几种：

冬钓 这在赫哲渔村无论男女老幼都能做。先在冰面上凿开一个面盆大小的冰眼，钓鱼人把系在短棍上的线放入水中，线的前端系有一个木质或金属小鱼，小鱼身上有钩，不用任何饵料，只须轻轻抖动手中的短棍，水中的鱼儿看见抖动的金属小鱼，误以为食物吞吃上钩。

坐冬库 这是赫哲人一种古老的叉冬鱼的方法。渔民在鱼经常活动、水深约1米多的冰上造一个上尖下阔的圆锥形草房，房中间凿一个直径1米左右的水眼，草房门关严，不能透光，一个人蹲在冰眼边，

---

① 黄任远：《赫哲族风俗志》，北京，中央民族学院出版社，1992。
② 张璇如等：《北方民族渔猎经济文化研究》，15页，长春，吉林人民出版社，1999。

冬　钓（迟伟臣摄）

手握鱼叉守候。由于外边亮、房内暗，来鱼时从冰眼里清晰可见，举叉可得。一般能叉到喜欢吃活食的哲罗、细鳞、赶条、狗鱼等冷水鱼。

大拉网　这需要十多个以上的人参加。先打两个长、宽各2尺的冰眼一个用于撒网，一个用于拉网。另外打两排冰眼，每个冰眼相距3米远。然后将网穿在水线上，从冰眼中徐徐穿过。这需要熟练的穿网技巧。拉网时人越多越好。现在有用拖拉机拉网的，一次可捕成百上千斤的鱼。

挡溍子　夏日涨水，鱼群进入江道觅食。等到水停止上涨时就把河口挡上。过去用柳条、草绳，现在用大型铁丝网。等到江水上冻后，就在拦网处凿一个大冰眼捞鱼，有时连续能捞出万斤之多。

赫哲人捕捞工具有以下几种：

鱼叉　有活柄叉和连柄叉两种。活柄叉，赫哲语叫"卓布固"，是扁平面三股叉，呈"山"字形。中间齿有两个倒须钩，两边齿向里各有一个倒须钩。叉杆长约1丈2尺，叉痒上拴有蹈绳，和叉杆相连。

当叉鱼人投出鱼叉叉中大鱼时，鱼的猛烈挣扎，使叉杆脱落，蹈绳就带着叉杆漂浮在水面。渔民划船跟随，在鱼筋疲力尽时，将鱼拽到浅水滩或在船上将鱼提出水面，再用第二把叉叉在鱼脑后的分水鳍中间，将鱼提到船上。连柄鱼叉，赫哲语称"苏布固"，叉头固定在叉杆上，一般都是两股叉，多用来叉较小的鱼。渔民能根据鱼在水中游动激起的波纹，识别出鱼的种类并断定用何种叉。

秋特尔钩 即鳇鱼钩，是早年捕鳇鱼用的，没有倒钩，也不用鱼饵，鱼游动时触钩将其捕获。早年缺铁时，用坚硬的榆、柞、槐等硬木做钩柄，顶端穿上铁质钩。钩网、钩爪绳均用椴、柳树皮纤维拧结，为了使其不腐烂，每隔十天取出水晾晒一次。

甩钩 是钓大鱼用的，由三个长柄快钩用铅铸在一起成锚形。这种钩适合于水深流急、滩陡的水中。街津口村后有石碴子伸入江中，名叫钓鱼台的地方，最适合用此钩。人站在钓鱼台，来回不停地拉动甩钩，使顺流下游的鱼挂到钩上。为了防止被大鱼拖进江里，甩钩的人腰上得系上一根绳子，并把绳子的另一头系在大树上。

毛毛钩 将兔毛和狍子尾巴的白毛拴在钩上，使其漂在水面。人不停地拉动，白鱼以为是小鱼在游动，上前吞吃时被钩住。

克日斯克钩 19世纪末从俄国传入。钩尖、钩柄均用2分粗的铁丝制成，以黄菠萝树皮做漂子，拴在钩弯处。钩爪子是线麻绳。以木做成三角架为锚，用铁丝将石头固定于中间，沉入江底。这种钩的优点是大、小鳇鱼均可钩住，使用方法和鳇鱼钩相同。

刻格勒钩 在钩柄上拴一个铅质小勺，用竿系绳，甩在水中拉着走，使铅勺不断地晃动，如同小鱼在翻身游动，以诱引大鱼来吞食。

滚钩 也称快钩，从汉族地区传入，使用方便，钓鱼多，大、小鱼均能捕获。每竿钩坠3个锚，两竿钩坠5个锚，以此类推。每个锚拴一铁盆漂子。

撅达钩 钩上拴有铅做的小鱼，在冬季放进凿成冰眼的江水中不停地拉动，让吃活食的鱼误认为是小鱼游动发光，在它急吞时，将鱼钩住，提上冰面。过去每人只用1把钩，现在发展到一人可用6把钩钓，每只手握3把钩，放入6个冰眼，同时上提下落，每天多者可捕

50公斤的哲罗、细鳞、牙不沙、狗鱼等。用这种钩的多为妇女和老人。

浪当钩 和鲤鱼钩形状基本相同。用1寸正方形豆饼块为饵，用6寸长的小钩拴一红布条。鱼吃豆饼时，先将红布条吃掉，同时将钩吞下。此钩主要是钓哲罗鱼、鲤鱼等。

底钩 赫哲人早年使用，又叫蛐蟮钩。它是用一根细绳拴1~5把有钩爪绳的小鱼钩，钩的外端拴石块做坠子。钓鱼时，钩尖上穿上蚯蚓当诱饵，然后把钩扔到江水深处。钓鱼者坐在岸边，抓住钩线的一头等待。鱼吃食时，绳有扯动感，就拉钩线把鱼拽上岸来。这种钩主要是老年人或妇女钓嘎牙子、牛尾巴等小鱼时用。一个人可以看五六把钩，每把钩线都拴在岸边的三四十厘米长、拴有小铃的细条子上，如有鱼咬食，就扯动铃响。凌纯声先生在《松花江下游的赫哲族》一书中介绍：赫哲人"亦知用暗钩捕鱼。在江河中钉木桩若干于江面下尺许，各桩上连以横索，索上扣鱼钩，钩数甚多。据他们的故事里说，一道索上有多至三千六百个鱼钩的，有时并置三道横索。索上所扣的鱼钩种类不……渔户于一定的时间，乘桦皮船至江中取鱼，一次可得数十斤或数百斤，如日暮下钩，至翌晨取鱼，多时可得千斤以上。"①

《松花江下游的赫哲族》较详细地记载了赫哲族网捕江鱼的方法。开江后，"赫哲族渔人择江滩背水流处下网，一人在滩边持网的一端，另以一小舟载网，三人在船上划桨，一人掌舵，网在船艄自动地掉入水中，成一半圆形，至网尽乃登岸持网之另一端，然后两端同时拖网，每端两人，一人拉网漂绳，一人拉沉网砖绳，在水小滩多之时，用十二小网连成的大网，长约五十余丈；水大滩少时则用小网，长约三十余丈……若沉网砖到水底时，则漂子浮于水面，否则漂子下坠水中，不浮出水上。渔民用此种网时，可捕百五十斤的大鱼，下网一小时后即可起出。一网最多时可得三千余斤，最少亦七八十斤。最小之鱼重斤余，再小者则漏网而逃。开江时鱼皆顺流下，立夏后乃逆流而上。

---

① 凌纯声：《松花江下游的赫哲族》，85页，南京"国立中央"研究院语言研究所刊印，1934。

赫哲人自谷雨节后至端午节前俱用此法打鱼"。书中还记载了网捕海鱼的方法:"立夏以后,海鱼逆流而上,赫哲人乃改变捕鱼方法。渔户于水流不甚急之处,插木桩七八个,深入江中,每个桩子长约一丈,露出水面约二尺,各桩之上则连架横术长约四丈,每桩旁边斜插一桩,以做支柱。于木桩迎水的一面,障以柳条编成的篱笆,每片长约一丈,宽约五尺,连接三四片成一大片,放入水中几不露面。在江心的最后桩之前,则系一小舟,逆流张一大网于舟旁。海鱼逆流上游,离水面不过尺许,碰到柳条篱笆去路不通,须另觅旁路,转向江心方面移动,乃至一出篱边,该处水流甚急,乃被卷入网中,渔入乃急拉网,用此方法可捕二三十斤重之鱼。"①

拉网 赫哲语叫"阿低勒"。三百年前,在赫哲族地区广泛使用。织网原料就地取材,用柳树皮纤维织网绦,用椴树皮纤维织网纲,线麻织网片,黄泥掺白浆土做网坠。随着生产力的提高,拉网不断更新换代,出现了棉线织网片,松木做漂子,比原先的线麻网片滤水快,抗腐蚀,拉起网来也更轻便了。现在的拉网采用胶丝网具,锡做网坠,尼龙丝做网纲、网绦,塑料管做网漂,又先进了一大步。这种网主要在夏天打明水涡子鱼,冬天凿冰眼打稳水涡子鱼。

待河网 赫哲语叫"蒙根",在清代较为普遍使用。织网用线或麻。网的形状如同麻袋,网后端有长筒袖,是取鱼的口。在江水靠岸的大流、水深的地方下网,要竖木桩、斜柱、坡桩和箔条等。网鱼的人在附近手持两根"脉线",坐船静候鱼入网里。当鱼触动"脉线"时,就将压入江底的木杆解开,使网口合拢,将鱼堵在网内。

挂网 赫哲语称"勃图库"。长约五六丈,宽六尺,下在水中犹如一道墙。捕鱼人在四周以石或木棍击水轰鱼,促使鱼游动撞在网上被挂住。渔民一天要蹓二至三次网。

抬网 赫哲语称"图其耶其库"。网中放鱼饵,用四根杆子撑开放入水中,鱼入网食饵时,将顶端支撑的木架提出水面取鱼。

圆锥网 赫哲语叫"吉哈拉库"。长1丈,口门5尺宽。捕鱼时,

---

① 凌纯声:《松花江下游的赫哲族》,影印本,83页,上海,上海文艺出版社,1990。

用一只船将网张开在水中拉着走，鱼从网口入网，从网尾取鱼。

扒网 由二人划船，横行江面，将网挂在船的两头钉上，留一部分底纲于船内，顺流划船，将网放入江中，过一会再徐徐提网纲，将鱼收在网内，提网取鱼。

淌网 由汉族地区传入，用几片或十几片网合成。用船把网撒入江中，使其成直线形顺水漂行，将逆水上行的鱼拦入网内。网的两端各有一个铁盆漂子，里面放上灯，以得夜间行船时撞上。20世纪50年代开始用亚麻线织成单层网，网眼直径17厘米，网宽2.2米，每片网长约37米。有上、下网纲，有软木制成的漂子和铅坠。到60年代，网宽增加了一倍，还改用了尼龙线和胶丝线做成三层淌网。三层网在上下两个网纲上同时装上三片网，中间的网线细，网眼小，直径7～10厘米，两边的大皮网，不但线粗，而且网眼也大，直径25～30厘米，中间的小眼主网比两侧的大皮网松弛一些。一般的鱼通过大皮网眼钻到中间的小眼主网上，就被里外三层网裹住。这种网能捕到500多公斤的鳇鱼。现在，赫哲渔民普遍使用这种淌网。

圈网 适用于晚间堵小河口的鱼。用竖于水中的三根杆子将网撑开。鱼触到网后顺网下游，进入圈网的卡陷中被抓住。

咕咚网 冬天，把网下到冰层底下水中，有一根"脉线"拴在江岸的小树上。渔民在没网的上游打"咕咚耙"，将鱼轰赶到网内，"脉线"被鱼触动时立即起网取鱼。

铃铛网 呈葫芦形，是近五六十年从汉族地区传入的。用一根木杆拴在网口上，投网于窟窿里。冰窟窿上搭一木板房，人在房内等鱼。鱼触网拽动细线使网口的铜铃作响时，即可取鱼。现在铜铃已改成电铃，比过去更加敏感。

丝挂网 这种网是在20世纪50年代由内地汉族渔民传入赫哲族地区的。是用8股生蚕丝合成的细线网，每片长3～4米。浮网宽2米，底网宽1米，网眼直径14厘米。用这种网，一年四季均可在稳水或小水流中捕鱼。每次下网时，都要根据河泡的宽窄和鱼窝的大小，可下一片，也可连续下几片，两端用插杆固定。

捕鱼禁忌 赫哲渔民在捕鱼中有许多禁忌，每个渔民都必须自觉遵守。例如，在网中捕到很多鱼时，不许说"这一网怎么打捞这么多的鱼呢？"吃鱼子时，不许说"这一下子吃多少鱼啊！"捕不到鱼时，不许说怪话，如"怎么打不上来鱼呢？"等。叉住的鱼，不许用刀子割开泡，否则下次会叉不到鱼，或者鱼易脱钩、脱叉跑掉。寡妇不许到船上和下网滩地去。这些禁忌反映了鱼图腾崇拜观念。英国民族学家弗雷泽在《金枝》一书中说："原始人按照自己的形象创造了自己的神"，"什么鱼对他们最有用，他们就把那种鱼作为他们的神"。赫哲族之所以崇拜鱼，是由于当时的物质生活条件与认识根源相联系而形成的。他们沿江而居，以鱼为食；又因为鱼对人的威胁（打大鱼的危险和捕不到鱼的恐惧），所以产生了对鱼的崇拜。直到近代保留在人们习俗中的鱼祭，捕到大鳇鱼时全村人举行仪式分吃等，就是这种图腾崇拜观念残留的反映。

赫哲人捕捞的鱼各种各样，主要有以下几种：

三花五罗 这是八种淡水鱼的统称，是黑龙江的特产，分别为鳌花、鳊花、鲫花、哲罗、法罗、雅罗、同罗、胡罗鱼。

鳌花 赫哲语称"阿敖奇卡"，学名叫鳜鱼，喜欢在水深流急的水域中活动。成年的体长可达60多厘米，重可达10余斤。它有尖锐的牙齿，喜食鱼虾，甚至能捕超过自身体长一倍半的鱼。鳌花鱼肉质鲜嫩，味美上口。食用时可煎、炸、红焖。

鳊花 赫哲语称"开林恩"，和鳌花一样鲜美。它以草食为主，当冬季水草不能生长时则吃小杂鱼。这种鱼成年时体长一般达30厘米，重达4斤。当地人喜欢架火烤着吃，喷香可口。

鲫花 赫哲语称"乌楞哥"，就是人们常说的虫虫鱼。它长得小，大的每条不过一斤左右，肉是蒜瓣肉，味道和鳌花、鳊花一样鲜美。

哲罗鱼 赫哲语叫"沙卡那"，属于冷水性鲑鳟鱼中的大型肉食鱼。成年的体长达一米多，扁状。幼鱼一般要四五年才长成。这种鱼背面呈棕褐色，体侧银白，并有"十"字形黑斑，舌上有牙齿。夏季，进入水流湍急、底多沙砾的支流中掘穴产卵，秋季又回到流急水深处越冬。哲罗鱼肉质细腻，当地群众冬季在冰上打洞垂钓，一天能钓十几条。肉可做杀生鱼、生鱼片，十分爽口。另外，还可做馅包饺子、做丸子、烩鱼片等。这种鱼皮厚，可用来做鱼皮衣服和鱼皮靴子。

法罗 赫哲语称"发哈"，比哲罗小，习性相似，味鲜美，宜做汤。

雅罗、同罗、胡罗 属于小型鱼类，以水生昆虫为主要食物。常见的捕捞方法是，由二人在小河两岸同时朝一个方向拉网，一直拉到河汊头为止。一网最多时可获一二百斤。

大马哈鱼 学名叫鲑鱼，赫哲人叫"达乌"，是乌苏里江和黑龙江的名鱼。它属于鲑鳟鱼科，是一种洄游性鱼类，当地人称它是"生在河里，长在海里，死在江里"的鱼。它头大尾秃，活像一个纺锤，背上印有灰蓝色的斑纹，肚皮上有印痕。这个印痕传说是唐朝皇帝征东，乘船路过乌苏里江，大马哈鱼纷纷跳进船舱，被唐皇士卒用脚踢下船时留下的。①

大马哈鱼秋天到黑龙江、乌苏里江产卵，到春天开化时，鱼卵孵化，小鱼就游到海里。在海域生活3~5年，长大成熟后，又回到江水平稳的沙滩水草旁生儿育女。洄游时它们不进食，出发时十来斤的鱼，等游到目的地时只剩七八斤了。它们游得很快，能跳高，能一跃而起，跳过鱼网，继续前游。

大马哈鱼子晶莹通红，营养丰富。

鲟鳇鱼 是鲟鱼（奇里付春）和鳇鱼（阿静）的合称。它们外貌相似，都有尖长的鼻子、带刺的脊背。鳇鱼能大到千余斤，鲟鱼最大百十来斤。鳇鱼鼻子短，脑袋大；鲟鱼鼻子长，脑袋小。

早在金代，鲟鳇鱼就是赫哲人向中原王朝进贡的珍贵礼品了。到了清代，更成了必进的贡品。乾隆皇帝对这种鱼非常熟悉，曾在他的《咏鲟鳇鱼》中写道："有目鳏而小，无鳞巨且修，鼻如矜禽戟，头似戴兜鍪。一雀安能啮，半豚底用投。伯牙鼓琴处，出昕集澄流。"生动地描绘了鳇鱼尖尖的鼻子，小小的眼睛，头像戴头盔，身上有鳞的形态。鳇鱼，赫哲语叫"阿静"，是黑龙江中的"鱼中之王"。

鲟鳇鱼是赫哲人的主要经济收入来源之一，用鳇鱼钩、鳇鱼叉、

---

① [清] 西清：《黑龙江外记》，94页，哈尔滨，黑龙江人民出版社，1984。

绞丝网具捕捞。鲟鳇鱼的经济价值很高，肉厚脂厚，味道鲜美。尤其是鱼子加工制成的鱼子酱，如今出口美国、日本、法国、德国等地。

鲟鳇鱼为软骨鱼，肉和骨都可以生吃，也可熟吃。尤其是它们的鼻子，是一种脆骨，切成薄片蘸醋吃，十分鲜美，是稀罕的名菜。

据清史籍《黑龙江外记》载，鲟鳇鱼"古名秦王鱼，音之讹也，大者首专车。捕之之法：长绳系叉，叉鱼背，纵去，徐挽绳以从数里外，鱼倦少休，敲其鼻，鼻骨至脆，破则一身力竭，然后戮其腮使痛，自然一跃登岸，索伦尤擅能。黑龙江人以鳟鳇鱼胃造刮鳔，粘纸补字，刀刮用之，胜强糊远。骑臀无肤者，摊布贴之，胜膏药。将军那启泰尝调黑龙江人来幕府，督造累月，迄无成，亦地道所限。刮鳔一块，大寸许，厚二分，有金钟、蕉叶、书函诸式，一匣尝贮九块，此寻常、遗物。其尺长如意，袢大拱璧，及悬磬之类，皆近年新式，雕刻尤巧，得之较难。"[①]

据清代《竹叶亭杂记》载："黑龙江一带，一鱼头，大者须以车载之。嘉庆十年（1805）前，此物甚贱；自京中以此骨为美味，鱼头遂不肯售，竞相晾晒，发卖而价亦特贵。"由此可见鳇鱼之大和头骨的珍贵。据清史籍记载，在交给清朝廷的贡品中"有鲟鱼干、鳇鱼头"。鲟鳇鱼一身无弃物，鱼翅、鱼尾、鱼肚都是名菜，鱼肚还可以熬胶。[②]

---

① ［清］西清：《黑龙江外记》，94页，哈尔滨，黑龙江人民出版社，1984。
② 黄任远：《赫哲族风俗志》，北京，中央民族学院出版社，1992。

三、民族宗教信仰

（一）宇宙观

赫哲族的宗教信仰是萨满教信仰，主要包括宇宙观、灵魂观和神灵观。

赫哲族萨满教观念认为，宇宙分为上、中、下三界。上界为天界，赫哲族称之为"巴"，是天神恩都力等诸神居住的地方；中界为人界，赫哲语称之为"那"，是人类和万物繁衍生息的地方；下界为阴界，赫哲语称之为"布尼"，是鬼魂等居住的地方。他们又把天界分为七层，不同的天神居住在不同的层次。人生祸福，万物生灭，都有鬼神在冥冥之中主宰。人界的地理方位往往同善恶正邪有着密切的关系。一般来说，居住在东方（有时为南方）的萨满和神灵属于善的，居住在西方的人（有时为北方）则多为恶人和邪魔，这种观念同更古老的太阳崇拜观念有着密切的联系。

在赫哲族民间故事、传说和长篇说唱故事中，英雄主人公（莫日根）征讨的方向永远由东向西。这种方位善恶观念与阿尔泰语系其他民族的善恶正邪观念基本是一致的，都以太阳运行方向为依据。

在赫哲人的信仰中，西方为贵西为神圣处，是神灵被供放的地方。西还代表死者居住的方向，是死亡的符号。西也代表阴间，是死者生活的世界，是萨满送魂的目的地。在伊玛堪中的"西"代表着父亲灵魂或生魂的居所，有着死亡或阴间的象征意义，与宗教观念的"西"

尽管表现不同，但始终隐含着其内在的同一性和统一性。

（二）灵魂观

赫哲族的萨满教灵魂观念认为：人有三个灵魂，第一个灵魂叫"奥任"，是生命的灵魂，人与动物都有，是创造生命的神所赋予的；第二个灵魂叫"哈尼"，是思想的灵魂，它能暂时离开肉体，能到很远的地方去，一般都是在人睡觉时离开，能和别的灵魂或神发生关系；第三个灵魂叫"法扬库"，它有创造来生的能力，所以又叫转生的灵魂，在人死之后，立即离开肉体，生命的灵魂也永远消失，只有思想的灵魂不灭，它继续存在于人世间，影响着周围的一切。

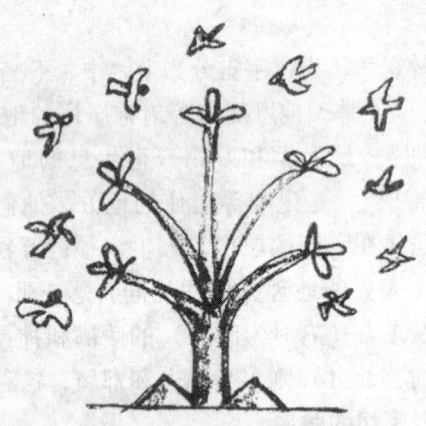

果尔特（那乃）人的灵魂树

生活在黑龙江下游的那乃族认为，人的灵魂具有三种形态，分别被称为"奥米亚"、"额尔格尼"和"法尼亚"。"奥米亚"是一岁前小儿的灵魂，它形如小鸟，永远不死不灭。小儿死时如不满周岁，其灵魂无须由萨满送入阴世，而是径直升天，栖于灵魂树上。当他们飞下树来投胎时，妇女就因此而怀孕。小儿满周岁后，他的灵魂由"奥米亚"变成"额尔格尼",意思是"生命"、"呼吸"。如果"额尔格尼"完好健康,此人就活得很好。但正常人的灵魂如果被某种邪魔所拘,人就会立即死去,或昏迷不醒。人死后,他的灵魂就变成了第三种形态——"法尼亚",即影子。如果不经萨满送入阴府,就会祸及家人四邻。有时"法尼亚"也为了逃避恶鬼的追逐而东躲西藏,受尽颠沛流离之苦,只有送入阴世方得解脱。

四排乡图腾柱上的神偶（作者摄于2006年）

在伊玛堪《阿格弟莫日根》中也有一段关于阴间布尼的描写:"黑斤萨满又走了一会儿,只见云雾之中影影绰绰露出各种庙宇……来到庙宇跟前,只见里面不时传来阵阵钟声和木鱼声,有时传来一片悲号哭丧声和撕心裂肝的叫喊声。当黑斤萨满走进阎王殿的时候,只见波纽额真坐在上面,两侧站立着牛头马面、无常恶鬼。下边跪着一大片男魂女魂,有老有少,有光着膀子的,有穿着裤头的,有扎着头发的,有断了臂的,有折了腿的,令人十分害怕。"从这种"地狱"

的描述,可以看出萨满教灵魂观已融入多重文化成分。

赫哲族萨满教认为,"转生魂在人死后离体,又回归其来处。在回去之前,要把生前所走的路再走一遍,男子须走七天,女子走九天,并且认为好人死后仍变为人,父子互相更替不绝;次者则变为家畜;恶人则变为蒿子秆上的疙瘩,永远不得再投胎为人"。显然,这种解释接近原始萨满教的文化特质,即强调灵魂的永生性和再生能力,强调灵魂是不灭的。

(三) 神灵观

萨满教观念认为,萨满之所以能有这种超凡的力量,就是因为他得到了神灵的帮助。根据过去的调查来看,赫哲人信奉的神往往具有较强的地域性和随意性。赫哲人把鬼神大致分为三大类:一类是住在上界的天神恩都力;一类是同萨满一道住在人间的色翁;一类是住在阴间的恶魔阴鬼布树库。

恩都力——天神或大神,居住在天上。这是一群神,不是单一的至高无上的神。主要包括:

天神——巴恩都力
日神——西温恩都力
月神——比阿恩都力
风神——卧杜妈妈
雷神——阿格第玛发
星神——乌沙哈恩都力
云神——土库苏恩都力
闪神——他嫩刻恩都力
雨神——提格得恩都力
雪神——衣玛纳恩都力
雾神——他拉马克色恩都力
露神——西勒克斯恩都力

霞神——吉普色恩都力
虹神——沙日恩恩都力
电神——博库土恩都力

街津山上的木头神偶（作者摄于2006年）

每个赫哲族萨满都有自己的助手神和保护神——色翁。有了这些色翁神，萨满才成为真正的萨满；有了助手神，萨满才能知道哪里有夺走病人灵魂的恶魔。助手神能把萨满在一瞬间带到地球遥远的地方。保护神始终在萨满身边，在萨满同恶神斗争时，保护神竭力防止它们攻击或杀死萨满。

萨满教观念认为，色翁是一群生活在人间大地的神灵，它们同萨满崇拜观念有直接的关系。色翁居住在高山之上，大河之旁，森林之中，怪石之下。它们常在梦中向人显形，喜欢享用祭献，经常助人佑人，危难时是人们求助的对象，但也能伤人害人。所以，人们对色翁的态度是敬畏各半，不敢怠慢，时时加以祭祀供奉，力图取悦之。萨满依靠色翁帮助自己完成某些事项，如为他人治病、预知未来、卜算吉凶祸福、帮助护送死者的灵魂去阴界、寻回被鬼怪摄去的魂魄等。[①] 萨满的色翁主要有爱米神、布克春神、萨日卡神、额其和神、阔力神、娘娘神（伤寒娘娘、瘟病娘娘、天花娘娘、疹子娘娘、水痘娘娘等）、西瓦如玛玛、波儿布肯神、查尼神、嘎尼科神、朱林神、飞由合神、布云神、科库神、哼格神、熊木如神、朱日才力阿金神、朱坤神、眉合神、伊斯俄嫩神、阿都神、牙日格神、塔斯哈神、马日银神、蹲特神等等。爱米神是色翁中最重要的一位，是萨满的保护神或助手神，主要为萨满领路，寻找病人的魂魄。其余的色翁，也都是萨满的助手神，各显其能，各尽其职。

街津山上的木头神偶（作者摄于2006年）

[①]《赫哲族文学》，67页，北方文艺出版社，1991。

街津山上的木头神偶（作者摄于 2006 年）

这些色翁分两类，一类以人形出现，一类以动物形出现，反映了赫哲先人的祖先崇拜和动物崇拜观念。

下面把赫哲萨满的一些助手神和保护神名列举如下：

爱米神、吉星神、门神、房山神、避邪神、司鬼神、头痛神、肚痛神、娘娘神、送子娘娘、女神、小孩神、仆神、红衣神、男神主、女神主、司皮猎神、司马神、勾魂神、石头神、指路神、马饮神像、司婚神、司探神、二神、问事神、树神、山神爷、鹰神、马神、熊神、野猪神、豹神、虎神、鹿神、狼神、蟒神、獭神、鳇鱼神、小铜神、小铁神、小锡神、小木神、打猎神、男司猎神、女司猎神、男山峡神、女山峡神。

布树库是居住在下界的恶魔鬼怪的称呼。其性格邪恶怪诞，好为祸作祟，加害于人，不是缠住病人，就是勾走人的生魂，加以折磨。或者把人骗进深山老林、大泽深潭，最后往往让人落得个掉魂丧命。唯有萨满在色翁的帮助下，才能制服这些布树库，或者把它们驱走。萨满跳神驱邪时常扎成各种形状的草把，对它施以禁咒，然后扔出病人家屋外，以示布树

赫哲族萨满神偶（尤永贵制作）

库已被驱走。色翁和布树库之间，存在着互相转换的关系。萨满经常牺牲动物，以血肉祭祀色翁，或在色翁的偶像上抹以鲜血，色翁就可能变为布树库。色翁是无所谓善恶的，它既可为善，也可为恶。经常享受血食的色翁，其萨满死后，它就会变成嗜血的厉鬼加害于人。①

　　关于布树库居住的阴界的景象，俄国学者施腾伯格采录到一个萨满在阴间的所见所闻是这样的："那里朦朦胧胧，不吃不喝，什么也看不见，雾气迷蒙，就跟到处塞满了干草似的。我带去的东西统统发了霉。我得赶紧忙活，因为那是个很不舒服的地方。死人穿着绸缎袍子，看起来就跟活人一样。进了波纽之后就不会再死了，还能找得到所有（死去的）亲戚。不过我没有办法在那里长久呆下去……波纽的太阳很不好。死去的每个人都有自己的住房。人们在波纽不打猎，不打鱼，吃的是鬼魂。"②

---

① 《赫哲族文学》，70页，北方文艺出版社，1991。
② 转引自《赫哲族文学》，85页，北方文艺出版社，1991。

第二部分

萨满文化遗存

第二部分

一、萨　　满

赫哲人普遍认为萨满不仅是日常主持氏族和村屯祭祀的祭司，更是通晓百事的智者、沟通人与神之间的使者、治疗百病的能手、会占卜、送魂、求子的奇人。

在调查中，我们听到赫哲族老人讲，在20世纪50年代以前，几乎每个赫哲人居住的村落都有萨满。直到21世纪初的今天，当地人们还清楚地记得萨满的姓名和他们的神奇本领。我们共记录10名萨满的姓名，他们分别是齐九龄、毕长鲁、何山、莫特额、董广才、尤卡库、吴国祥、尤撮撮、尤赫金、吴进才。

赫哲族萨满分为三派：河神派、独角龙派、江神派。这三派的区别主要表现于萨满戴的神帽上的权角、皮条数的不同。河神派的神帽上鹿角左右各一枝，独角龙派的神帽上鹿角左右各两枝，江神派的神帽上鹿角左右各三枝。萨满的等级以其神帽上的鹿角权数多寡分高低。鹿角权分三权、五权、七权、九权、十二权、十五权共六级。从初级神帽升到三权鹿角神帽，需要两三年的磨炼，升到十五权神帽，需要四五十年的时间。

赫哲族把萨满分为送魂萨满（赫哲语称"达科苏鲁特科切"）、治病萨满（赫哲语称"巴其兰"）、专治瘟疫的萨满（赫哲语称"阿哈玛发"）、专门向神祈祷求情的萨满（赫哲语称"佛日朗"）、占卜的萨满（赫哲语称"杭阿郎"）。

（一）送魂萨满

赫哲语称"达科苏鲁特科切"，是专门给死亡的人送魂的。据说这种萨满品级最高，法力最强，但人数不多。据赫哲族老人尤志贤介绍，他小时候见到过送魂萨满在家藏有一张图，上面绘有弓、箭、骑马的人以及射日等内容。此画平时卷起放在房檐下，他人不可随意展看，只有萨满自己送魂时使用。

送魂萨满在死者住过的室内，围着用木头做的"木古法"（人偶）喃喃自语地跳三天神，其中有一首《送魂歌》是这样唱的：

> 奥任，可怜的奥任（灵魂）
> 神灵保护着你。
> 在阔力神的指引下，
> 把你送到布尼（阴间）去。
> 你放心地去吧，
> 不要留恋家里！
> 你的孩子给你斟酒，
> 你高高兴兴喝了吧！
> 喝完了坐上十五条狗拉的拖垃乞（雪橇），
> 顺顺利利地去布尼，
> 平平安安地去布尼。
> ……

在赫哲族口头说唱文学伊玛堪中有对萨满能送魂、还能追魂的叙说。如《阿格弟莫日根》中讲黑斤萨满借助自己的神灵的力量，到阴间去讨还了阿格弟莫日根的灵魂，使他死而复生。这正深刻地反映了当时赫哲人对萨满无限崇拜的原始宗教信仰。

（二）治病萨满

赫哲语称"巴其兰"，也称"巴奇朗"，这是专门驱赶鬼怪、收拢魂灵、治疗各种疾病的萨满。这种萨满直到20世纪50年代还很普遍。

关于跳神治病，在康熙初年被流放到宁古塔的汉人张缙彦在他的《宁古塔山水记》中有这样的描述："俗尚鬼，有病必跳神祈祷，名曰插马（即萨满），头戴铁马，衣彩衣，腰围铃铛，手摇扇鼓，跳跃转折。神来则口吞火、胸穿箭、足履刀刃，全不畏怯，疾亦每每得愈。"① 20世纪20年代，俄国学者洛帕金生动地记述过那乃人萨满跳神治病：

萨满击鼓（于晓飞摄于2001年）

---

① 张缙彦：《宁古塔山水记》，32页，哈尔滨，黑龙江人民出版社，1984。

被召到病人身旁的萨满穿上特制的服装，抓起带鼓槌的神鼓，并在神鼓的伴奏下向自己的谢沃神祷告，阐述现场的情况并祈求自己的庇护者给予帮助和指导。祷告之后，萨满开始跳舞，用自己的舞步模仿在中界（人间）、下界（阴间）和上界（天空）的旅行，因为他要在这些地方寻找偷走病人灵魂的那个恶魔。这种旅行极其艰难而危险：萨满每一步都会遭到恶魔的阴谋暗算，后者千方百计想在萨满没有到过并且难以通过的阴间密林中将萨满置于死地。但是，萨满的庇护者谢沃神和另一些善神会帮助萨满。经过许多磨难和努力之后，萨满终于找到偷走病人灵魂的恶魔。萨满先是请求恶魔主动交出灵魂，并为此而答应供奉一份祭品。恶魔贪得无厌，会索要更多的供品。

萨满图（尤永贵画）

在这种情况下，萨满和恶魔便进行"交易"。如果他们达成协议，萨满便带着病人的灵魂返回地球，将灵魂吹入病人体内，索要一只他答应供奉给恶魔的动物。而如果恶魔不让步并且"交易"未成，萨满便实施并动用自己的体力，攻击恶魔，于是，在他们之间爆发了紧张

第二部分　萨满文化遗存　85

跳神治病（尤永贵画）

的搏斗。倘如萨满在自己的庇护神谢沃的帮助下赢得了这场争斗，他便带着夺来的灵魂返回病人身旁，而将恶魔撵走；倘使胜利属于恶魔，萨满便不能从可怕的旅行中返回人间，而是作为因不幸而落难的人惨死于阴间的密林中。①

20 世纪 30 年代，凌纯声的调查比洛帕金更要详细，更为具体：

跳神看病，赫哲人称这种医病的方法为"萨门得衣尼"。他们生了病，相信与神鬼有直接关系，或因曾经有事许愿，事后忘记还愿；或因妇女月经期，身近某神之庙；或因语言不慎，触犯了神。以上种种得罪神灵所为，乃降灾于人，使之罹病。更有病人因在某处得罪鬼怪，第二灵魂被鬼怪摄去，因魂不附体而染病。这些都是赫哲人所深信的致病的根源。所以在得病后即请萨满来家探寻病源。若探知病源系神灵降灾，便请萨满向该神求情许愿；若疾病为鬼怪作祟，便为病人驱鬼抓魂。

---

① 《那乃人的萨满教》，《北方民族》，1989 年第 1 期。

病者的家人须携酒去请萨满，到时为萨满敬酒两杯，自饮一杯，并叩头致敬。如萨满有父母在，须先为其父母行礼敬酒，次再及萨满本人。又须在萨满的神具上洒酒一两杯，所有爱米、布克春、萨拉卡及额其和等诸神偶像的嘴上都点上酒。神刀的刀根，中段与末端亦以手蘸酒点之。然后携萨满的神衣、帽、裙、刀、腰铃、皮鼓及铜镜回家供于西炕上。倘若病很重，萨满随后即来；病轻则次日再来。跳神看病虽不拘时间，但通常都在日落后举行。

萨满到病人家在西炕上为爱米神供酒食。病者家人须敬萨满酒两杯。如系晚辈，则行跪礼。然后燃柴火烤皮鼓，以使其声音响亮，并在萨满前面焚僧其勒香草。萨满来时将布克春、萨拉卡及额其和各神偶挂胸前带来。到病者家，系神裙、挂腰铃，曲膝坐在炕沿之西或北，左手持鼓，右手持槌，双目半开半合。病人盘腿坐在炕之东或南，视炕的位置而定。病人背后跪一人，男女俱可，双手扶病人两肩。此时，萨满先猛击三声鼓，每两次约隔两秒，便喃喃作语，大意为：萨满某某，现时来某某人家，为某某看病。说完，每击三下鼓一顿，半唱半说，先依次序报告自己所领之神及其神具的出处。报毕，鼓声转为急而微，萨满开始探溯病源。探病源分三个步骤：第一步，萨满先将自己所领之神点名，依次向他们细细探问：是否病人有得罪之处；或曾经许愿，迄今未还；或因妇女身体不洁，有渎神灵等等。每点神名，鼓声转高而缓。说中病源时，病人的双肩自然抖动。萨满乃以中间人自居，向该神祷祝求情，允许病人于二日或三日内病愈后还愿。所许之愿，视病的轻重而许马、牛、羊、猪、鸡等。若萨满探明所领之神与病人没有任何关系时，进入第二步的程序，即向病人家庙各神，如老爷神、吉星神、龙王神、娘娘神、九圣神（包括牛神、马神、虫神、药王神、城隍、土地、山神、龙王、老爷九神）、树神，依顺序问到，病人是否有过侵犯之处。如病人双肩不抖动，表示否认，萨满再进行第三步的探病，即探问病人是否扰及南山或北山的鬼怪或吊死的冤魂，或狐狸及黄鼠精。若确定病人系中魔后，萨满就设法抓魂。先继续击鼓，祷告自己的神明，将病人的灵魂带领回家。如病者颤动，愈动愈急时，是其灵魂回家的征兆。这时，萨满舍鼓换刀，立在病人面前，舞动神刀左右旋转，反复劈去，忽而投刀直向病人怀中扑去。若病人昏迷向后倒去，是灵魂已被捉住，回归身体，病则自愈。如萨满扑去时病人仍坐而不仰倒，则灵魂未能捉到，须扑第二次或第三次，有时须扑捉数次，才能将魂捉住。捉住后，萨满又击鼓祷告，请求神保佑病人早日康复，最后须谢诸神帮助，请各神归回原位。

萨满看完了病，在临行之前，将布克鲁、额其和及萨拉卡各神偶挂在病者炕上的幔杆上，等病痊愈才能取回。所以萨满同时不得接受四个病人。但据赫哲人讲，如果患者病重，萨满就不再给别的病人看病，但病轻时可看其他病人。许愿的牲畜，剪其纸形，也挂在幔杆上。第二天，看病的人家将全副神具还给萨满，并携去祭品及香草等物以谢神。到萨满家把酒食放在西炕上供爱米，并焚香草，萨满坐在炕上，面向西炕，击鼓祷告说："某人现在病愈，带来香草酒食，谢您神灵，望您食用，并永远保佑他。"来谢神的人叩头后，敬萨满两杯酒，如果萨满是长辈须行跪拜礼。如果病人数日后没有完全复康，萨满就第二次来跳神，把第一次看病跳神的神具带来，放在西炕上，供酒食，焚香草。萨满击鼓祷告。病人坐在室中地上或凳上，萨满持神刀上下舞动，围绕病人转动数圈后，站在病人面前，用刀在左右两方面从头顶慢慢扫下，又走到病人背后，重复上述动作，企图把余病扫除干净。赫哲族萨满跳神两三天，病人的病还不好，这位萨满就自动提出他抵不过敌手，让病人家里请一位比他高强的萨满继续为患者治病。

萨满治病一般没有报酬，只是吃顿饭，喝点酒，就可以了。如果遇到较重的病人，一天半天治不好，病人家就许给萨满神一头猪或一只公鸡，这叫"许愿"。要是病人的病真好了，就把许愿的猪、鸡送到萨满家中去，这叫"还愿"。

（三）专治瘟疫的萨满

赫哲语称"阿哈玛发"。领娘娘神的人被称为"阿哈"，意为奴才，即娘娘神的奴才，或侍候娘娘的人。"玛发"是老头，他和前一种萨满一样经过神选，举行过领神仪式。他专治天花、疹子、水痘等时疫和传染病，能与一切神灵鬼怪交流，但没有治病萨满神通广大。治病萨满可以兼做阿哈，而阿哈则不能兼做治病萨满。

凌纯声对赫哲族阿哈萨满有这样的记录：

著者曾遇到额图地方一位姓齐的萨满，他是兼阿哈的萨满。他所领的娘娘神有四种：瘟病娘娘、天花娘娘、疹子娘娘、黄病娘娘。每位娘娘用一根旗杆为代表。在戈尔当又遇到一位专门做阿哈的，名叫苏木兀，他所领的神及神杆的式样，与前述的略有不同。全副神具中尚有龙杖一根，阿哈用之驱鬼，用时向炕上及病人的左右扫去，与神刀同一功用。阿哈玛发所领的娘娘神、布克春、护心镜、圆皮鼓等都由自己置办，且在三年之内，不得为人跳神看病。所领神杆在额图地方供在家庙里，在戈尔当则悬挂在屋檐下面。过年过节，须焚香草，供祭品。过了三年，阿哈已有资格为人治病。病者的家人来请阿哈时，须先到娘娘神前焚香叩头。阿哈玛发在去看病之前，夫妇都要更换衣裤；在治病期间，且须禁房事，因娘娘神性好清洁，稍有不洁，即易犯神怒。治病时举行祈祷仪式，软语苦求，至不得已时，并须鼓舞娱神。

阿哈到病人家进门时即叩三个头，行数步又叩头，直至进室内再向病者叩头，因他们以为娘娘神系附在病人的身上。然后向西炕焚香行三跪九叩首之礼，乃击鼓跪而祷告：

　　神明的娘娘神！
　　我们住在狗屯里，
　　乌鸦屯里、白颈鸡屯里。
　　我们是生活在密林里的人，
　　我们是生活在草荫里的人，
　　什么规矩都不懂的人，
　　喜欢吃生鱼的人，
　　火气很大的人。
　　阿哈在娘娘座下，
　　摆设着金桌子、金香炉，

> 焚金香，化金纸，
> 跪尘埃，求娘娘，
> 放病症，勿太重！
> 三日内，病痊愈，
> 杀鸡子，送金纸，供奉娘娘！
> 望娘娘保佑病人得好，
> 娘娘的名誉倍增，
> 阿哈颜面亦光荣。

祷告三次，等香烧完为止，每次少息片刻。过三日，病者家人至阿哈玛发家中或庙中送毛头纸三张。过七天，除又送纸外，还送小鸡、纸剪人及纸剪花样，最后两种是送娘娘神使者的礼品。

数日之后，如病无起色，阿哈玛发乃再至病人家跳神。到时仍先向西炕焚香叩头，尔后盘膝坐在炕上，坐时不铺垫褥，击鼓问病。他探病的顺序和治病萨满看病一样，先念诵自己所领之神、其他诸神、家庙各神，再问及鬼怪。如果都得不到结果，乃探问娘娘意旨。若猜中时，病人双肩抖动，随即许愿，病愈后领神。

领娘娘神的阿哈有时尚领"石头公公"（赫哲语称"卓碌玛发"）和"石头婆婆"（赫哲语称"卓碌玛玛"）。阿哈玛发看出病人中邪魔时，乃求石头公公捉拿鬼怪。①

在《赫哲族社会历史调查》中，记载着一则专门对付瘟病的神——德斯库的传说，并称德斯库的神是娘娘神。娘娘神有三种：四海娘娘、光明娘娘、黄娘娘。四海娘娘管水里的事；光明娘娘管天上的事；黄娘娘管地上的事。各娘娘的旗子颜色不同。分别是紫色、淡青色和黄色。德斯库有七杆旗子，有两杆是一个颜色的，但无白色的。这些旗子供在小庙里或挂在屋檐下。小庙多是蜂箱式的用木板钉起来的小木房子，底下用柱子支起 1～1.3 米高的腿。德斯库的旗子是传下来的或者是请来的。治瘟病、水痘时，请四海娘娘

---

① 凌纯声：《松花江下游的赫哲族》，影印本，119～122 页，上海，上海文艺出版社，1990。

来治；治麻疹、伤寒等病要请黄娘娘来治；治天花要请光明娘娘来治。但请神的时候，将各路神都要请来，以便诸神协同动作，共同驱魔。德斯库要好言好语地祈祷请求，用旗子把病扫一下，将窗户纸剪成长条形、三角形和方块形的孔，把旗子从孔中扔到屋外去，这样就算把瘟病送走了。①

德斯库神是阿哈萨满领的最清洁的神，妇女和小孩都不能接近，尤其妇女在月经期更不能接近，否则就会生重病，甚至为此而死亡。在街津口的赫哲人，认为阿哈萨满是最大的萨满，这可能与当时得病的人多，而阿哈能帮助治好这种病有直接关系。

（四）专主祈祷的萨满

赫哲人称"佛日朗"，也称"弗力兰"或"佛六兰"。当有的人家曾供过的"布日汉"（神）找上来与人作祟时，或有人以杀牲许愿、还愿时，均请"弗力兰"向神祈祷。赫哲人对天神、吉星神举行盛大祭典时，也要请"弗力兰"祈祷。他一般不跳神，也不能治大病，只能治小病，不能与鬼怪对抗。他可以代人向神讲活，为许愿者向神请求推迟还愿日期。萨满由于居住地区不同，其作用各异，各种萨满能力大小不同，所执行的神职的说法也不一。

凌纯声告诉人们：佛日朗与其他萨满的区别，就像中国古代的祝与巫。祝之为职，专主祈祷，佛日朗也是。② 赫哲族除了"达科苏鲁"送魂，"巴奇朗"治痫，"阿哈玛发"治瘟病，"佛日朗"专主祈祷，还有"伊车冷"看香头，"八车冷"上卦看病，"杭阿朗"上卦占卜。神通广大的萨满，对于这许多通神的事件件都能，但实际上萨满不能兼顾，于是就产生了各专一技的通神的萨满。

---

① 凌纯声：《松花江下游的赫哲族》，影印本，177 页，上海，上海文艺出版社，1990。
② 凌纯声：《松花江下游的赫哲族》，影印本，128 页，上海，上海文艺出版社，1990。

（五）占卜的萨满

占卜萨满赫哲语称"杭阿郎"，能力比治病萨满略低一点，平时，占卜萨满把供奉的天、地、水、火及各种动物神偶放在一间桦皮房里，每月初一、十五，点上香火，供奉食物。

占　卜（尤永贵画）

当有人前来占卜时，占卜萨满把神偶请到屋中，供上食物，点上香火，穿着打扮后开始占卜。

占卜的主要方式有：

骨卜——从前，赫哲人家都备有用鹿、狍等野兽的肩胛骨做的卜具。做法是将猎物的肩胛骨取下，以锅煮熟吃或剔掉其肉，需要注意的是，吃肩胛骨肉时不能直接用牙啃，用牙啃过的肩胛骨就不灵验了。

去肉的肩胛骨干燥后储藏起来,随时可拿出来用。占卜时,卜骨上沾点水,然后双手捧起卜骨,窄端冲上,对着卜者的嘴,开始作祈祷。祈祷的内容就是所要卜问的具体事情,如问狩猎者何时归来、如果不归应向哪个方向寻找、患的病是否能好、要多少日子、到何处可以找到丢失的马、何处能多得猎物等等。祈祷完毕,将卜骨放在火上烧,有棱脊的一面朝上,平面朝下。烧烤的火候要适宜,最好用炭火,等卜骨上烧烤出明显的裂纹就可以了。卜骨烧后,由卜者辨认,根据裂纹和棱脊的形状解释是凶是吉、是祸是福。

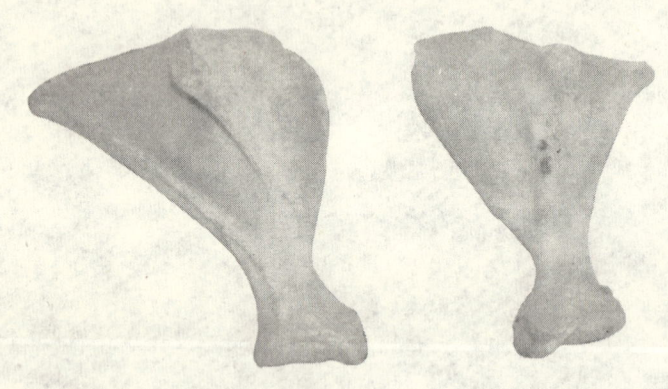

动物肩胛骨(作者摄于2006年)

筷卜——用三根筷子,一碗水。占卜时,先由占卜者问:"外出的可以回来吗?"然后将三根筷子并立于碗水中。如果筷子立起来了,外出的人可以回来,如筷子没有立起来,外出的人就不能回来。这时占卜的人再问:"应该向东南方向寻找吗?"再立筷子,如果筷子立起来了,证明说对了;如果没有立起来,证明没有说中。

蛋卜——用一个鸡蛋小头朝下使它立在木板上。如能立起来,证明说中了,如果鸡蛋立不起来,再问之,一直到鸡蛋立住,说中为止。

槌卜——一个小槌子,用一根绳将它吊起来,占卜者用手扯住绳头使槌稳稳下垂不摆动。占卜者问,然后看槌子是否摆动,如果摆动了,表明说中,如果不摆动,占卜者再问,一直问到槌子摆动为止。

碗卜——用一个碗，盛半碗小米，再用一块红布将碗包扎起来，占卜者拿在手中摇三圈，然后打开布，看小米在碗里的偏坡，确定吉凶祸福。

棍卜——用36根小木棍，双手握住，口念咒语，把手放到身背后不停地捣换，当有小木棍落地时，两手停住。分男右女左、大小、阴阳、远近等，对所询问的事情进行预测。

（六）萨满传承

赫哲族萨满的传承不是世袭的，也不受阶级或人的限制。他们相信，由谁当萨满完全要听神的意思。年龄在十五六岁至二十四五岁之间的人，害了精神病久不愈，请萨满跳神治病也不见效，才由萨满祷告许愿说："如病人病愈，愿意领神！"病人如果因此病愈，就要到萨满家谢神还愿。再经过数月或一两年后，许愿领神者如又患病，为领神时期的征兆。在病人处在昏迷状态的时候，扶之坐在炕上。一老人为甲立（二神），坐在他的背后，双手扶其双肩。在炕前地上，正对着病人供一爱米神偶，烧香草。萨满穿上神衣，戴上神帽，坐在炕沿上，击鼓请神，口中念念有词，大意是：

  十五根神杆耸立，
  杆下有一对朱林神，
  还有会飞的神鸠，
  巨大的阔力神鹰。
  身前挂着十五个铜镜.
  脊背后挂着护背镜，
  头上戴着五个杈的神帽，
  胸前挂着铜的布克春神，
  铁的萨拉卡神。
  穿上神衣，套上神裤，

系上腰铃，围上神裙，
手上套着神手套，
脚上蹬着神靴鞋，
拿起鼓槌，敲响神鼓。
腾云驾雾的老爷神、娘娘神，
在云城上和雾城上盘旋。
在三个山峰的中峰坡下，
有个爱米神、鹿神；
在天河中大石城内的神杆下，
卧着一个虎神；
鄂伦春人那边，
有柞树神和石头朱林神；
在北海岛上石门屋，
伏着一对虎神；
南海中三个山峰坡下的神；
乌苏里江南岸，
水涡漩处有鲤鱼神；
七星碇子坡下九个门前，
有能治病的娘娘神……

萨满所报的神名如果正好是领神的病人所当领的神，病人的双肩就不断地颤动，甲立（二神）就报说"抖了"；如果不颤动，甲立就报说"不抖"，萨满须改变其词，另外找某某神，直到说中，病人的双肩颤动，身子也渐渐随之而动时，知道神灵快要降临，就向神灵祈祷说：

室内已烧起了僧其勒香草，
如果你是真正的爱米神，
就请你不要害怕。
快快附入你的主身。

到了此时，领神的病人颤抖起来，向炕前移动，愈颤愈甚。到炕沿则两足垂下，两手张开做抱势，直向炕上的爱米扑去。那时病人尚处于昏迷状态，旁人将其搀扶起，并将萨满的腰铃及神裙解下系到病者身上。萨满把鼓与槌给病人，病人会自己击鼓跳舞，此时跳动若狂，必须两人搀扶着，跳行数周，愈跳愈急，鼓声也愈大。搀扶的人强迫他上炕休息。他休息片刻，喘息稍定，神智亦得恢复。他们相信此时爱米已经离去其身，神智定后，萨满把刚才请神的咒语从头至尾一句一句再述一遍，领神者须牢记在心，授神的仪式即结束了。此种领神仪式都在晚间举行。从这天起为期九天为领神者练习期。

授神仪式结束后，领神者须准备萨满用的铜镜、神刀、神鼓、神裙、腰铃等等。在西炕上供萨满的爱米神偶，每日三餐供酒食，焚香草。领神者早上坐在炕沿，击鼓念咒；下午练习鼓舞、摆腰铃。事前常找十余岁的小孩数人，摆铃敲鼓以助兴，然后领神者开始练习跳舞的步伐和摆腰铃的姿势。每天如此，九日一过，领神者就成为了萨满。但在三年内，不能为人跳神看病，只能在春、秋两季间跳鹿神。如在三年中这萨满得病，即可晋级，即可为人治病。[①] 据说，如果萨满学成不跳神，就会患病出事。传说一般新萨满头几年特别灵验，年轻气壮，威风逞雄。新萨满都戴初级神帽。但新萨满的先人如果是大萨满，而新萨满很有能力，也可以戴五杈神帽。新的男萨满也有戴女盔的，新的女萨满也有戴男盔的，这取决于祖先萨满的性别。

新萨满由老萨满传授，但没有终身以萨满为职业的。萨满跳神都是业余活动，平时照常和他人一样捕鱼打猎，养家糊口。萨满为人跳神治病，其报酬只是许愿或还愿者献出的猪、羊、鸡等供物的一部分。萨满平时也没什么特殊待遇，正像调查时赫哲人所说，人们"尊重他的神，并不是尊重他的人"。萨满的住房也和别人没什么区别，唯一的特点是，他家门口立着三根神杆，中间的高，两旁的矮，两旁的神杆上都供有鸠神。

20 世纪 20 年代发表的洛帕金著《果尔特人的信仰》一文详细介

[①] 凌纯声：《松花江下游的赫哲族》，影印本，114~116 页，上海，上海文艺出版社，1990。

绍了果尔特（即赫哲人）全能（大）萨满的形成过程：

当谢沃保护神在萨满梦中出现，吩咐他做一顶神帽并允许他进入阴间（布尼）时，这个萨满才能成为全能萨满。萨满做了这个梦后，就为自己做一顶大皮帽子、一条神裙、一副手套和一根手杖，请几个人做助手，一起沿黑龙江上溯，走到萨满所属氏族最边远的住地。当萨满往回顺流而返时，他穿上神衣，路过每个村庄都要进去跳神，同时宣布自己被选为全能萨满，并请人参加他的祭祀活动。所有想参加的人就跟着萨满朝下游走，这样一来，人越走越多。最后，萨满带着客人回到家里。在祭日前一天日落之后，所有的人开始跳舞。每个人都佩着铁腰铃、敲着神鼓，围着房中央的立柱起舞。最后，萨满穿上全套神服，从助手那里接过烤好的神鼓，开始边敲边唱。神歌的内容是颂扬自己的保护神，讲述自己被选为全能萨满，而自己觉得缺乏信心的心情。最后，他又代表谢沃神威严地大声转达履行他的使命的命令，并讲述萨满的故事，唱萨满神歌。当萨满唱完九首歌后，同姓人中的一位长者为萨满倒上一盅酒，跪着敬给萨满。萨满手指蘸盅里的酒，向四面溅点，向谢沃神献祭，接着把酒盅里的酒倒掉。如此重复三次，跳神活动一直到深夜，第二天一早便开始祭祀。萨满先唱歌，请他的保护神灵来享受祭品。接着，萨满在所有客人的陪伴下来到应当献祭的地点，那里已经躺着九口捆好的猪。萨满一发出信号，助手们立刻将猪从颈部杀死。每头猪的血都被盛到一个皮囊内，由助手递给因为兴奋而又跳又叫的萨满手中。萨满贪婪地大口大口地喝起猪血。一位助手用刨花擦萨满的嘴，萨满进入神魂颠倒的状态，歇斯底里地又喊又跳。这时，周围的人向他提一些关于未来、关于个人生活以及民族的问题。萨满的答复要记住，因为这被认为是附到萨满体内的神的声音。萨满疯狂地跳呀蹦呀，最后疲惫不堪地倒下地。

供奉神灵的祭品是猪内脏（心、肝、肺）和猪头。等萨满清醒过来后，换上普通服装来到客人中间。人们跪着向他敬一杯酒，他先用手指在杯中蘸一下，酹向四方，以祭祀谢沃神，然后将杯中的余酒一饮而尽。接着，他拿起酒瓶和酒杯，开始向所有的客人敬酒。第一巡酒过去，接着敬第二巡、第三巡，一直喝到深夜。客人们留在萨满家中,连续几天大吃大喝,直到把准备的几桶酒和九头猪肉全部吃完喝光为止。经过这次隆重的祭祀活动(沙玛麦乌利尼温吉奇米),萨满就成为全能萨满了。通常,萨满要到年老时才能拥有这种称号,因为同一住地或邻近几个住地,只能有一个全能萨满。只有在这个萨满过世后,另一个萨满才能继任。①

(七)萨满简介

齐九龄(约1870年—约1940年)

男,萨满,同江县额图村人,是傅文祥姥姥的亲叔伯哥哥。傅文祥10岁时,齐九龄已50多岁。傅文祥1917年生人,照此推算,齐九龄生于19世纪70年代。

萨满齐九龄像(选自《松花江下游赫哲族》)

---

① 《萨满教文化研究》第2辑,76~78页,天津,天津古籍出版社,1990。

1930年，我国著名民族学者凌纯声到松花江下游调查赫哲族时，在额图访问过齐九龄萨满，1935年发表的《松花江下游的赫哲族》一书中登载了他的照片。文中称著者"曾遇到额图地方一位姓齐的萨满，他是萨满而兼阿哈的。他所领的娘娘神有四种：瘟病娘娘、天花娘娘、疹子娘娘、黄病娘娘。每位娘娘是用一根旗杆为代表"。平时，神杆供在家庙里，过年过节，要焚香草，供祭品。

齐九龄萨满会跳鹿神，领着全村的人在春、秋两季跳，目的是驱魔避邪、消灾求福、祝愿太平、庆贺丰收。

他还常常给村里村外的人跳神治病，占卜寻物等。

毕长鲁（约1870年—1938年）

男，萨满，富锦县城东3里的下吉里村人，是葛德胜的外公，1870年左右生人，1938年村里闹天花去世，享年60多岁。毕长鲁生有三个女儿，长女嫁给葛德胜的父亲葛双印，生有一女去世，毕长鲁又将三女儿续嫁给葛双印，生有二男二女，即葛德胜、葛长胜、葛淑清、葛淑珍。

毕长鲁是村里有名的萨满，大事小情都找他，他也乐意为村里的人跳神治病、送魂、求子、占卜等，很有人缘，村里的人很尊敬他。

何山（约1870年—1940年）

男，萨满，同江县勤得利村人，是萨满吴进才老丈人的父亲，约1870年左右生人，比吴进才大40多岁。

他是位大萨满，神术很高。他睡觉时，他的灵魂可以外出，帮助别人战胜恶神妖魔，救人于危难之中。有一次，被他救过的萨满来到他家谢恩，要给他最好的神，何山婉言谢绝。那个萨满一气之下，把善神带走了，把恶神扔在了何山家。从此，何山家里经常患病闹鬼。何山知道是那个萨满干的事，所以就跳神，施展神力，把那个嫁人以患病闹鬼的恶神给撵走了。

莫特额（约1882年—1942年）

男，萨满，同江县三江口莫勒洪阔村人。他神术很高，能给村里的人跳神治病，还能给死人跳神送魂，另外还能帮助别人寻找丢失的东西。只要你把丢失的东西跟他一说，他照一照胸前的铜镜，就知道东西丢失在哪里了。有一次，村里一个人和他打赌："我把你的铜镜扔掉，你能马上找回来，我就送你一坛酒！"他点头同意。村里的人走了七八里地，来到冰封的大江上，打了个冰眼，把他的铜镜扔到了江里。等村里那个人回到他家，只见他念了一会儿咒语，打了一阵萨满鼓，跳了一会儿神，不一会儿，铜镜又挂在他胸前了。打赌的那人只好服输。

他还是村里有名的伊玛堪歌手，会唱《木都里莫日根》、《木竹林莫日根》、《希尔达鲁莫日根》等伊玛堪，培养了伊玛堪歌手吴连贵。

他在日伪时期病逝，享年60岁。

董广才（约1880年—1960年）

男，萨满，俗称董抗玛发（老董头），是同江县八岔村董凤禄、董凤喜的父亲，在村里是有名的萨满。1880年左右生人，大高个，一表人才。活到80多岁。

董萨满有两房妻室，生有4个儿子。他会跳神治病，从不收钱，凭病人家属自己给点东西，如杀头猪，杀只鸡什么的。他原先是乌苏里江人，后搬到八岔居住。

他跳鹿神时，头戴鹿角神帽，再穿萨满神服，手拿神鼓，腰系腰铃，从村东跳到村西，从村北跳到村南，边跳边唱，全屯的大人小孩子跟着，很热闹。

他的大房妻子在家做家务，二房妻子帮他一起给村里村外的人跳神治病。如小孩受了惊吓什么的，找他看，他说是让某某神给冲了，接着给跳神驱魔，跳完神，病就治好了。

平时，他领着小妻子出门打鱼、打猎和当地百姓没有区别。他的儿子董凤禄从父亲那里学会了跳萨满。

尤卡库（约1885年—1938年）

男，萨满，富锦县下吉里村人，1885年左右出生，1938年村里闹天花时去世，当时50多岁。村里原先有30多户80多口人，让天花一闹，全村的人差不多死了占四分之三的60多人，只剩下毕永库、苏光索、老葛家（葛德胜、葛长胜兄弟）等3家20来口人。

尤卡库当年是下吉里的萨满，能为人跳神治病、跳神送魂，主持全村祭祀仪式等。

吴国祥（约 1890 年—1965 年）

男，萨满，同江县勤得利村人，是赫哲族人吴凤英、吴汉章的父亲。1965 年去世，当时 70 多岁。他中等个子，四方脸，较胖。

据说当时和傅万玉在一起喝酒，两人酒后打嘴仗，吴国祥说："你别吵吵，我一会儿让你去死！"傅万玉急了，先下手为强，用布条把老萨满吴国祥勒死了。

吴国祥生前家中有鹿角神帽、萨满神衣、萨满鼓等。1962 年，拍摄纪录片《赫哲族的渔猎生活》时，吴国祥穿上神衣、戴上神帽，敲起神鼓，表演了萨满跳神动作。

每次上山打猎时，他都要给神偶供物祈祷，一边把酒酹向天空，一边口中祈祷说：

  敬请玛哥色翁（打围大神），
  敬请巴勒欺奥讷（掌管狩猎的司皮神），
  还请塔斯赫色翁（虎神），
  讷路科衣色翁（狼神），
  音达色翁（狗神），
  尼科特色翁（野猪神），
  科拉色翁（龟神），
  开嫩色翁（鳖神），
  瓦克申色翁（虾蟆神），
  僧格色翁（刺猬神），
  ……
  请各位神灵速速降临，
  接受我们的祭品，
  保佑我们出猎顺利，
  保佑我们多打猎物！

尤撮撮（约 1900—1960 年）

男，萨满，同江县街津口村人，40 年前去世，当时 60 余岁，村里人都叫他撮撮萨满。

他在村里很有威望，经常给村里的大人小孩子看病，每次都很灵。他看病时，敲着用怀头鱼皮做的萨满鼓，一边跳一边唱，唱词的大概意思是：

萨满持鼓像（选自《松花江下游赫哲族》）

×××有病了，
卧在炕上不起了，
是××神附体了。
××神啊请你网开一面，
开开恩，行行好，
别再折磨病人了。

> 我们许愿给你烧香,
> 还杀只大公鸡,
> 请您快点离开!
> 我们还愿给你磕头,
> 还杀头大肥猪,
> 请您饶了病人吧!
> ……

老尤头唱完,就直奔东北方向,找一个有杈的杨树,把大公鸡放在树杈上滴些血,烧点香。不久,患者的病好了以后,就抬着猪到老尤头家还愿,先跳神,请神,然后一起喝酒吃肉。

老尤头的老伴也常常一起帮着跳神治病。老头一跳起神就红脸,像喝醉了酒似的。平时,老俩口就以打鱼打猎为生。老尤头有个姑娘,嫁给了吴连贵的大哥。

尤赫金(约1900年—1965年)

女,萨满,姓尤,同江县街津口人,20世纪60年代60多岁。她是赫哲族人尤玉成的奶奶,在当地是个有名的治病萨满,村里人称她为"赫金妈妈"。

她能占卜、能治病。她家的房子西头早先有一个小屋,供着一些木头神偶,经常烧香请神。吴明新小时候淘气,一把火把这个神屋给烧了。

村里谁家小孩子病了,都抱着去找她,求她给跳神治病。她每次看病都一边跳一边唱神歌,然后告诉孩子的家长:"孩子得病,是因为让黄皮子(或狐仙)附体了,你们回家给神烧点纸,供些东西,好好祈祷一番,小孩子的病就会好的!"有时候,她用刀在孩子眼前晃来晃去,说是把鬼神吓走了,病就好了。

吴进才(1918年—1977年)

男,萨满,著名伊玛堪歌手。1918年生于同江县得勒乞村,后迁至八岔村居住。小时候十多岁时曾患伤寒,父母请村里的老萨满给他治病,病愈后跟老萨满学习"神术",当了初级萨满。

吴进才聪明过人,能歌善舞,记忆力很强,擅长说唱伊玛堪的萨满英雄故事。1957年接受刘忠波教授为首的赫哲族社会历史调查组访问时说唱了一部伊玛堪《安徒莫日根》，还演唱了十余首赫哲情歌。曾参加过省、地区少数民族文艺汇演，1977年秋病逝，终年59岁。

萨满吴进才（迟伟臣摄）

　　他家中供有神偶，当病者的家人来请他治病时，就穿上萨满服，抱着神偶前往。到了病人家中，先给神偶供上食物，点上香火，自己坐在木凳子上念起请神词，询问神灵是何方鬼怪作祟。然后敲起神鼓，唱起神歌，边唱边跳，求助于神灵帮助给病人治病。病轻的，跳完神不久就好了。对于病重的，他回到自己家中，继续给病人跳神3天或7天。如果病人好了，病人家就给他送些食物表示感谢，如果病人死去，他就说鬼怪如何厉害，自己的萨满神力不够，打不过鬼怪等等。

二、萨满信仰

(一) 自然崇拜

列宁曾说:"恐惧创造了神。"又说:"野蛮人由于没有力量同大自然搏斗,而产生对上帝、魔鬼、奇迹等信仰。"① 由此可见,自然崇拜的产生是基于对自然的恐惧。

赫哲人崇拜太阳,黑龙江沿岸的萨卡奇——阿梁岩画中有千姿百态的拜日图。赫哲人的婚礼都是在太阳初升时举行,认为日出是光明、幸福、兴旺的象征。他们称男子是"太阳的后代"②,这虽然是神话传说,但在某种意义上表现了他们对生命的源泉——太阳的尊崇。他们还尊崇月亮,把月亮当作黑夜中的太阳,当作幸福、自由的象征。有什么不顺心的事,就向月亮倾诉。他们认为月亮是最美丽、最美好的圣洁之地,是女性美的化身。有一则奔月神话,讲姑娘莫土不甘受辱,乘五色祥云奔月亮而去。③ 星宿是古代赫哲人夜间行走的指路灯,被称为"乌沙哈特"。打猎的认为天上的银河是由一名猎人踏着滑雪板,追赶鹿群到天上而形成的,猎人变成了大熊星座,滑雪板的轨迹变成了银河。打鱼的认为银河是天上捕鱼的场所,北斗星是晾鱼

---

① 《列宁全集》第 10 卷,62 页,北京,人民出版社,1960。
② 《赫哲族文学》,45 页,北方文艺出版社,1991。
③ 凌纯声:《松花江下游的赫哲族》,486 页,上海,上海文艺出版社,1990。

架变的。①

他们崇拜火,有很多关于火的禁忌:如点火时,要磕头;烧火时,木棍的根要朝里,枝朝外;打猎时,遇到灰堆要绕着走;做饭时,要往火里扔点食物;不能用锐器捅火等。有一则关于《护火神》②的神话,讲一位叫都热马林的老头以自己的生命保护火种,给人类带来光明和温暖。在所有祭祀活动中,对火神的祭祀是最为隆重的。他们认为火中住着一对老头、老太太和他们的孩子。火神能够帮助猎人打猎,当猎人外出狩猎时,在每日三餐之前都要拿点烟和食品献给火,以示敬意。据说火神还可以把得到的东西转交给土地神。

自然崇拜中,赫哲人对巨石的崇拜最普遍,认为巨石是某个英雄猎人、某个捕鱼能手或某个女英雄死后变的,把英雄和石头融为一体的神话传说有《镇妖石》、《七星砬子》、《德勒乞玛发》等。过去,住在街津口的赫哲人生了病或有什么疑难事,都要到德勒乞玛发(石头

石头神偶(徐国保存)

---

① 王士媛、马名超、黄任远:《赫哲族民间故事选》,12页,上海,上海文艺出版社,1986。
② 《赫哲族文学》,55页,北方文艺出版社,1991。

人）那里烧香磕头,用酒肉祭奠,祈求保佑,消灾治病。在街津口北面,过去有个克马庙,庙内有男女石头偶像供人祭拜。在莲花河汇入黑龙江的河口,迎江立着一块巨石,赫哲人称它为"钓鱼台",又叫"镇妖石"。过去每到开江捕鱼时,都到这里来祭拜,祈求捕鱼丰收,给人带来吉祥幸福。

巨石崇拜,笔者认为和石器时代人们的生活有密切的关系。因为,当时原始人使用的渔猎工具都是石器。石器给他们的生活带来了好处,因此对石器和制造石器的石头、石山产生了一种神秘感,认为石头、巨石、山峰也是活的、有生命的,因此就产生了巨石、山峰崇拜。

赫哲人还崇拜彩虹,认为这五颜六色的彩虹是"仙女的腰带"①变的,挂在天上,能让天下雨。这种奇特的想像不是随意的,它由一定的现实生活作为基础,反映了古代赫哲人的渔猎生活和一种原始的审美观,这种审美观在原始人当中是相通的。

赫哲人还崇拜江河,每年下江下河打鱼前,都要用酒祭拜江神和河神,祈求保佑他们打鱼顺利,网网见鱼。过去在黑龙江边伊尔嘎这个地方,有个白四爷(江神)庙,凡是江上来回经过的船只,只要一

江神崇拜——祭江神
(电视剧《赫哲人婚礼》剧组)

---

① 《佳木斯民间文学集成》,10 页,1991 年印刷。

见到白四爷庙,都要上庙里烧香磕头,祈求平安。有个关于"白四爷"的传说:有对爷俩下江打鱼,江里刮起大风,把小船吹翻了,爷俩掉进江里,脚下像有什么东西似的,把他们托上了岸。爷俩回头看时,影影绰绰看见江里面有一只大手。爷俩回到村里一说,立即传开了,都说是江神白四爷显灵。从此,白四爷庙前的香火更旺了。① 这个传说在赫哲渔民中间流传很广,和赫哲人捕鱼生产和敬江神习俗有关。

(二)动物崇拜

动物崇拜是图腾崇拜的重要形式之一。这种崇拜形式的出现是当时人们物质生活条件所决定的,因为在原始时代,动物是人类求得生存的必要条件。

赫哲族崇拜熊,认为熊是他们的祖先。他们的口头传说中流传着人熊结合产生新的"哈拉"(氏族)的神话,而且同熊结合的女人后来也变成熊,成为了子孙猎取的对象。② 另外,还有些是人变熊的传说。如《玛夫卡》③ 说的是兄弟俩进山打猎,弟弟打了好多猎物,最后被熊咬死。哥哥叫玛夫卡,在山里迷失了方向,最后变成了黑熊。

在他们的神话和民间史诗伊玛堪中,经常提到一种怪兽,名叫乌鲁古力,形状是半人半兽,能直立行走,力气很大,浑身黑毛。④ 这完全是以熊为原型的怪兽,表现了赫哲人对熊的崇拜。

据赫哲老人讲,过去的人从不单独猎熊。在发现熊穴后,要召集全氏族的人一起围猎,并由氏族中最年长者刺杀熊,但不能砍脖子。宰熊要按古老的习俗:发现熊的人先从肚子开始剥皮,其他人根据年

---

① 黄任远:《赫哲族风俗志》,106 页,中央民族学院出版社,1992。
② 《赫哲族文学》,37 页,北方文艺出版社,1991。
③ 王士媛、马名超、黄任远:《赫哲族民间故事选》,255~258 页,上海,上海文艺出版社,1986。
④ 《赫哲族文学》,37 页,北方文艺出版社,1991。

龄长幼依次帮助剥皮，然后分配猎物。发现熊者分得熊头、掌、肝、心、脂肪、后半个熊身和熊皮，剩余部分大伙均分。随后，发现熊的人把自己分得的熊肉用两口铁锅煮上，一口锅煮熊的头，另一口锅煮肉。肉煮熟后，请猎人们围坐在火堆旁。主人用一个专门的木盘盛熊头，让熊嘴朝着自己，恭恭敬敬地捧到长者面前双膝下跪。长者割下一块肉，对主人祝贺说："老天保佑你打到另一只熊。"接下去，主人又请长者喝第一杯酒，然后大家一起吃肉喝酒。他们对熊脂特别看重，如果谁把熊脂滴到地上，被认为是不可饶恕的罪过，宴会也就收场。妇女不能参加熊宴，也不准观看熊头。①

从以上举例可以看出熊崇拜的习俗是很明显的：从人熊结合的神话到熊变人的传说，从怪兽乌鲁古力像熊的描述到围猎刺熊，从宰熊的习俗到吃熊肉的禁忌，从每年一次的熊节到关于熊骨的树葬仪式，这一切都生动地反映了赫哲先人对熊的崇拜，对熊的图腾观念。

赫哲人对虎也十分崇拜，称它为"山神爷"。在黑龙江沿岸萨卡奇——阿梁村的岩画上，有一幅非常逼真的虎像。狩猎中有很多关于虎的禁忌：每到一处新的猎场，都要向"山神爷"祈祷；在山中遇到大树桩子不能坐，说是山神爷坐的；不许猎虎，见到老虎脚印要绕道而行；如果同老虎不期而遇，被迫伤害了它，事后一定要举行"赎罪"仪式。另外，还有不少关于虎的神话传说。有一则流传在桦川县的传说《绰绰》②中讲：有个猎人见到一只老虎被卡在树杈上，他上去救了老虎的命，老虎报恩，保佑猎手每一次狩猎都满载而归。

赫哲人也崇拜鹰，赋予它特有的神性，将它描绘成人首鹰身的形象。20世纪30年代，凌纯声在松花江下游考察，见到"萨满住房西首，竖有木杆三根，叫'托落'。中间的一杆最长，上面绘有蛇、龟、虾蟆、四足蛇、爱米等神形，在杆头上有鸠神"，③ 就是用木头刻的鹰形象。从黑龙江密山县新开流遗址挖掘到的"骨雕鹰头"，也说明了崇鹰观念由

---

① ［俄］洛帕金：《戈尔德人》，204~205页，弗拉迪沃斯托克，1922。
② 王士媛、马名超、黄任远：《赫哲族民间故事》，248页，上海，上海文艺出版社，1986。
③ 凌纯声：《松花江下游的赫哲族》，影印本，112页，上海，上海文艺出版社，1990。

来已久。在黑龙江下游的赫哲族中,流传着《三只日鸟》的神话;在民族史诗伊玛堪中,有许多关于"阔力"(神鹰)——人鹰互变的传说。这些都是赫哲先民遗留下来的鸟图腾或鹰图腾观念的反映。

赫哲人还崇拜鱼,他们认为自己是"鱼的后代"。这则神话传说讲:古时候,天底下只有泥地和海水。有一天,天神恩都力用泥土和着海水捏了一些泥人。不一会,天上下起雨来,恩都力怕雨淋了小泥人,就把它们放进了一条大鱼的口里。等到雨过天晴,恩都力想给小泥人晒太阳,谁知这些小泥人自己从鱼口中活蹦乱跳跑了出来,变成了活人。从神活可以看出,在赫哲族先民的观念中,鱼为图腾的标志,是性的崇拜物,是制造生命的工具。

(三)植物崇拜

植物崇拜也是和图腾崇拜联系在一起的。图腾是一种象征,具体象征的就是氏族。"氏族的神(图腾的真谛)只能是氏族本身,它透过用作图腾的动物或植物这些可见的形态,得到人格化的表现。"①

黑龙江沿岸各民族祭祀森林神。赫哲族崇拜的植物有树木,有花草,有野菜,有野果,其中最突出的是"飞由合"(神树)。这种神树有特异的征兆,被认为有神附在树上。树的根部,人们用刀刮去树皮,刻上人脸的轮廓,有眼睛、鼻子、嘴巴、耳朵。过去常有人去神树跟前烧香磕头,祭供食物,乞求神树告之天神,帮助消灾治病、保佑全家人太平无事、求神赐子、找到失物等。② 街津口赫哲老人尤青山讲过一则关于神树的传说,大意是一位无儿无女的老太婆求神树之后,生下了一个大胖小子。

---

① [法]杜尔凯姆:《宗教生活的基本形式》(1912年),渠东、汲喆译,上海人民出版社,2006。
② 《赫哲族风俗志》,102页,北京,中央民族学院出版社,1992。

树木崇拜——木刻神偶（作者摄于2006年）

神　树（吴福臣制作）

赫哲人崇拜树木，是因为树木既长寿又有很强的繁殖力。在赫哲人眼里，树木是活的，有灵性，有超能力。赫哲人传说，过去有一棵巨大的神树，树梢连到天上，上面站着许多"奥米亚嘎沙"（魂鸟），在投胎母腹之前，它们都栖息在"奥米亚莫尼"（魂树）的枝杈上。他们还认为，周岁以内的婴儿相当于一种抽象之物，倘或不幸夭折，他的"奥米亚嘎沙"还会飞到神树上，等待下一次的投胎。因此，赫哲人从不把死去的婴儿土葬，而是放到树杈上。

木头神偶（吴福臣制作）

这种对树木的崇拜，大同小异地存在于满－通古斯语民族中。例如雅库特人把树看作"生命树"[①]，就像养育自己的母亲一样看待。鄂伦春人认为巨树有神灵，有神力，能够给人治病，帮助猎人打到猎物。鄂温克人把神树称为"白纳查"（山神爷），进山的猎人见到后，都要

---

① 《中国神话》第1集，43页，中国民间文艺出版社，1987。

下马给"白纳查"装烟、敬酒、磕头,祈求保佑打猎丰收。锡伯族的祖先——鲜卑人,也曾有过"大会蹄林"的习俗。"蹄者绕树木而祭也,鲜卑之俗,自古相传。"①

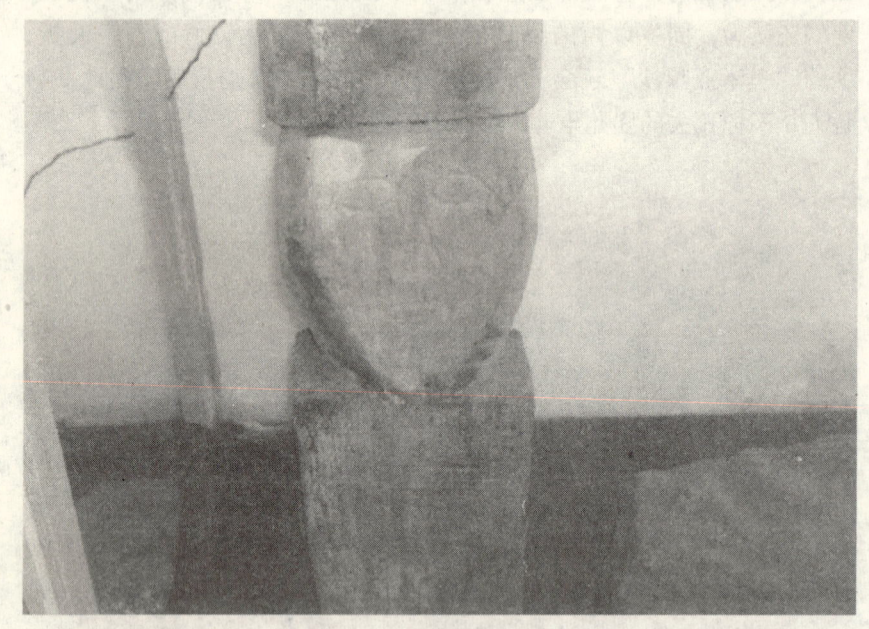

木刻神偶(徐国保存)

20 世纪 30 年代的调查资料表明,在赫哲人中间,祭天神和祭神树常常是联系在一起的。赫哲人认为天神(恩都力玛发)常依附在神树上。当人遇到极大的危险而得脱身、患重病而得痊愈或渔猎丰收时,他们都认为是得到了天神的保佑和恩赐,因此许愿祭祀天神。而这种天神祭祀,就是在神树面前祭祀。祭祀那天,许愿人请全屯的男子前来陪祭,妇女一律不能参加。等到日上三竿时,主人和来宾都来到神树前,以牛、羊、猪、鸡为供品,先由佛日朗(祷告的人)祝告迎神,献上供品,轮番磕头,主人和来宾也一一磕头。佛日朗又开始祝

---

① 《史记》卷 100《匈奴传》,中华书局,1972。

第二部分　萨满文化遗存 ‖ 113

木刻神偶（吴福臣制作）

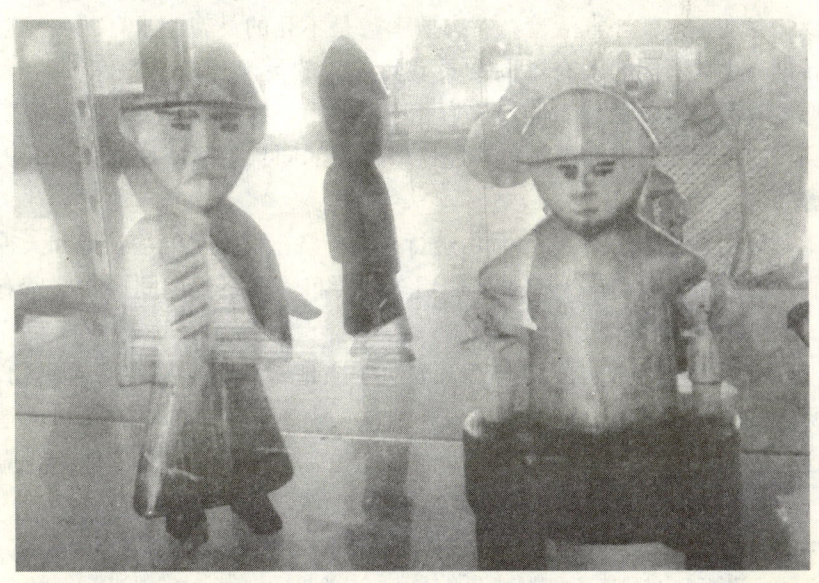

木刻神偶（吴福臣制作）

告，往献祭的猪或羊单只耳朵灌酒，主人和来宾又磕头。佛日朗继续祝告，供上煮熟的猪羊肉，主人、来宾又磕头。佛日朗再祝告送神，主人、来宾磕头谢神，到此礼毕。①

20世纪50年代的调查资料表明，"飞由合"是过去赫哲族家家都供奉的，是神树，还有"太平之神"的意思。附在神树上的有三种保护神，分别是"珠连额奇克"（保佑平安之神）、"雅日格"（金钱豹神）、"塔斯合"（虎神）。②

（四）神灵崇拜

赫哲人信仰万物有灵。他们认为整个自然界充满了神灵，人类周围的一切都是活的，用他们自己的话说是"赫乌鲁巴利齐"，即万物都活着，都有自己的灵魂。

赫哲人认为人有三个灵魂：一个叫"奥仁"，一个叫"哈尼"，另一个叫"法扬库"。"奥仁"是婴儿的灵魂；"哈尼"是人的生命，只要它存在，人就一直活着；"法扬库"是不死的灵魂，永存的，可以转世投生。不同的人有不同的灵魂：善人的灵魂形若鱼、鹿、鸟等；恶人的灵魂形若猛兽。他们认为江、河、山、林都有神灵，都可以听到人的声音、要求和愿望，未经这些神灵的同意是不能捕捉鱼类和野兽的。

祭祀天神在每年的12月份进行一次。祭祀仪式主要是款待和天神联系的神树，以请求天神给他们更多的野兽。在祭祀期间，收回所有的捕猎工具。

赫哲人认为狩猎成功与否，取决于土地神。土地神掌管着猎物，所以打猎前除了敬山神，还要敬土地神。凌纯声采集的一首祈祷词是这样的：唉唉噢！／天呀地呀！／你可怜我！／你赐我幸福！／你给我应

---

① 凌纯声：《松花江下游的赫哲族》，影印本，129页，上海，上海文艺出版社，1990。
② 《赫哲族社会历史调查》，173页，哈尔滨，黑龙江朝鲜民族出版社，1987。

得的幸福!①

　　猎人们有各种各样的助手——神偶。有的是木头刻的，有的是金属制的，具有人形或动物形状。他们把这些神偶常挂在自己的脖子上，随时祈祷，以求打猎顺利、驱邪除病。

20 世纪 30 年代调查记录的神偶有：

房山神——保护住宅平安；

司鬼神——平顶为男神，尖顶为女神；

避邪神——有男神、女神，都有两足；

山峡神——头有九个为男神，尖顶为女神；

痨病神——尖顶，有两手两足，刻有肋骨；

肚痛神——四足兽背上驮一小木神；

头痛神——头痛时投入水缸，痛止捞出；

马　神——有 9 个，长 19 厘米；

虎　神——长 11 厘米；

狼　神——长约 16.5 厘米；

狗　神——长约 19 厘米；

野猪神——长 21.5 厘米；

猪　神——长 18 厘米；

龟　神——长 12 厘米；

虾蟆神——长 4.4 厘米；

刺猬神——长 12 厘米。②

20 世纪 70 年代调查记录的神偶有以下这些，它们各有各的神通，各有各的用处。

第一类，以人形出现的神灵（神偶）：

爱　米——保护神，能请神治病，消灾免祸。

西瓦如玛玛——保护神，保护萨满。

波儿布肯——向导神，在钻洞时带路。

---

① 凌纯声：《松花江下游的赫哲族》，影印本，162 页，上海，上海文艺出版社，1990。
② 凌纯声：《松花江下游的赫哲族》，影印本，141 页，上海，上海文艺出版社，1990。

查　尼——保护神，保卫洞门。
额其和——助手神，传令调兵。
撒日卡——助手神，保护送信。
嘎尼科——助手神，帮助打仗。
朱　赫——保护神，看家守门。
飞由合——树神，治病、送子、寻物。
第二类，以动物形象出现的神灵（神偶）：
阔　力——神鸟或鹰，能送魂、领路、驮萨满。
布　云——狼，送魂时领路。
科　库——杜鹃鸟，能传话。
哼　格——刺猬，保护魂鸟。
熊木如——鲸鱼，帮助打仗。
朱日才力阿金——鲤鱼，帮助打仗。
朱　坤——水獭，寻找病人的灵魂。
眉　合——蛇，异能同上。
伊斯俄嫩——蜥蜴，异能同上。
阿　都——猫，过河越山时的助手。
牙日格——豹，可以请来帮助萨满。
塔斯哈——虎，同上。
马日银——猫，同上。
蹲　特——熊，同上。

　　从以上举例可以看出，赫哲人信奉的神灵，多数都是动物神灵和拟人神灵，这跟原始人当时的生产、生活有密切的关系，也跟原始人类的自然崇拜和"万物有灵"观密切相关。

（五）祖先崇拜

　　赫哲族的祖先崇拜意识很强，这可以从他们的神话、传说、故事、民歌、祭祀等诸方面表现出来。

在赫哲人的家中，至今还可以见到他们供在西炕隔板上的老祖宗神偶。此神偶为两个木偶，身裹熊皮，平头的是男性，尖头的是女性。①

在他们的神话传说中有关于熊、虎、鹿、鱼、鹰的后代等说法，反映了他们对氏族图腾崇拜。赫哲族阿克坚克氏族自称是虎的后代。其他氏族的人无意中打死了虎，得拿着赎罪供物到阿克坚克氏族居住的村子去举行赎罪仪式。主要经过是：由长者用木头块做一只小船，放上半瓶酒和一些肉、鱼干及小米等供物，所有参加赎罪仪式的人来到氏族树下，一起磕头。由年长者说："老爷子，请不要生气！他打死你的孩子决不是故意的，请你同我们一起唱吧，吃吧！把过去的事忘掉吧！"然后，把装着供品的小木船挂到树上，全体返回村里，摆开酒宴，把罪人交来的全部供品吃光喝光。只有受罚的人滴酒不能进口。② 有一则传说《阿克坚克氏族的来历》中讲的是，一位姑娘和一只老虎成了亲，生下了一个男孩，起名叫"阿克坚克"，意思是虎的孩子。后来男孩长大，娶妻生子，繁衍了后代，他们就成了"阿克坚克"氏族。③ 氏族成员认为虎既是他们的图腾，又是他们的保护神。

民族祖先的传说《白城人的后裔》④ 中讲：宋金两国对峙时，岳家军包围了金国的白城，用雀尾上绑火捻的办法，火烧白城，攻破了城池。金兀术带领士兵和百姓逃出火海，跑到黑龙江边。他们祈求神灵保佑，大江上出现了一座冰桥，使人马顺利过江。后来，他们在沿江一带住了下来。

这则传说说明了一个事实：赫哲人的一部分是从松花江上游迁来的，而且赫哲先民与金朝女真人的关系亲密。传说中的"白城"，从当时地图看，就是金初的首府——上京，后称"会宁府"。此地本是

---

① 凌纯声：《松花江下游的赫哲族》，影印本，141页，上海，上海文艺出版社，1990。
② 黄任远：《通古斯－满语族神话研究》，65页，哈尔滨，黑龙江人民出版社，2000。
③ 《赫哲族文学》，39页，北京文艺出版社，1991。
④ 王士媛、马名超、黄任远：《赫哲族民间故事选》，1页，上海，上海文艺出版社，1986。

勿吉七部之一安车骨部的故地。而赫哲先人在"南北朝时称勿吉",① 可见在当时的"白城"住有赫哲先人。传说中讲赫哲先人的一部分原居松花江上游的"白城"是可信的。后来由于白城失陷，逃往松花江下游等地。传说中提到的"金兀术"是八百年前金国的四太子，是一位在历史上产生过重大影响的女真英雄，其名在北方民族中间广为流传，尤其在金源上京（白城）故地，几乎家喻户晓，人人皆知。赫哲人自称是"白城人的后裔"、"金兀术的后代"，从一定意义上说明了赫哲先人与金朝女真人的密切关系。另外有关"自家雀"、"火烧白城"、"冰桥渡人"、"烧包袱"等传说，在女真族的后裔——满族人民中也是百讲不厌，世代相传，可为两个民族密切关系的佐证。长期的战争兵祸引起的苦难逃亡，给当时的人留下了深刻的记忆，这种记忆演变成口耳相传的传说，在赫哲人中间代代相传。由此可见，这则传说是由蒙古人在13世纪初东征灭金的史实演绎而产生的。

另外，传说还讲赫哲人是"七姓人的后代",② 主要讲的是：早年在部落间战争中，有七个人躲藏在羊群中逃了命。他们分别姓舒穆鲁、毕拉达克、傅特哈、尤克热、吴定克、葛依克勒、卢火如等七姓。为了生计，这七姓人中的三个（葛、卢、舒）迁到松花江与牡丹江交汇处定居下来，故该地称"依兰哈拉"（三姓）。③ 另外四姓（毕、傅、尤、吴）分别在松花江、黑龙江和乌苏里江边安顿下来，成了家，有了后代。

赫哲族的祖先崇拜，除了表现在上述神偶崇拜和神话、传说故事之外，还反映在每年的除夕烧包袱祭祖和为死者举行隆重送魂仪式上。过去在腊月三十，家家户户要给祖先"烧包袱"。其仪式是：用金箔叠成元宝形的锞子，与印有铜钱痕迹的黄表纸共同放进糊成口袋形的"搭子"中，用茅草或劈柴烧之，在上面洒些饭汤，意思是既送钱又

---

① 刘忠波：《赫哲族简史》，11页，哈尔滨，黑龙江人民出版社，1984。
② 王士媛：《黑龙江民间文学》第5集，黑龙江省民间文艺家协会，1981年内部版。
③ 《赫哲族社会历史调查》，130页，黑龙江朝鲜民族出版社，1980。

送饭。烧的时候,先烧几张黄表纸打发过路的鬼神,然后烧给祖先。据说年三十是白城被攻破的日子,这天祭祖,以表示对家族先人的缅怀和对白城死难者的纪念。

三、萨满仪式

世代过着渔猎生活的赫哲人既崇拜自然神，又崇拜动物神。他们信仰万物有灵，认为整个自然界充满了神，人类周围的一切都是活的。用他们自己的话说是"赫乌鲁巴利齐"，即万物都活着，都有自己的神灵。他们觉得从每一件事物、每一个现象的背后都可以看到一个强大无比的主人——神，由此出现了各种祭祀神的活动。

（一）祭天神

天神是赫哲人最尊敬的神，赫哲语称"恩都力"或"飞由合玛发"。天神常附在神树上。神树的特征：一是经雷辟的大树；二是有特异的形状，如三棵树成一半圆形。

赫哲人在这种神树靠近根的树干上刻出一人面形，作为天神偶像。供在庙中的天神形状是一个人形木偶。在富锦，每一族供一天神；而在额图，则每家都供天神。他们认为人遇到危难而得脱险，患重病而得治愈，或者渔猎而获丰收等，都是天神的保佑和赐福，因此要许愿祭祀天神。

黑龙江沿岸各民族祭祀森林神。而赫哲人突出的特点是，他们常把祭祀天神和神树（飞由合）联系在一起，把对天神的乞求拜托神树，让神树告诉天神消灾治病、保佑全家太平、求神赐子、寻找失物等愿望。街津口赫哲族老人尤青山讲过这么一则关于神树的传说。大意是讲一位无儿无女的老太太求了神树之后，吃寒葱生下了一个大胖

天神祭场（作者 2006 年摄于街津口）

小子。小子取名寒葱，长大后成了一名莫日根（英雄）。他为了拯救部落，和青龙搏斗，最后与青龙同归于尽，青龙变成了青龙山，寒葱变成了寒葱沟。

  20 世纪 50 年代的调查资料表明，当时街津口村北就有一棵常有人去祭祀的神树。赫哲人认为神树还有"太平之神"的意思。①

  俄罗斯那乃族调查资料记载，那乃人祭祀天神活动每年在 12 月份进行一次。祭祀仪式主要是款待与天神联系密切的神树，同时请求给他们更多的鱼和兽。在祭祀期间，收起所有的捕鱼狩猎的工具。②

  他们认为狩猎成功与否，还取决于土地神，因为土地神掌管着猎物，所以打猎前除了敬天神和山神，还要敬土地神。在他们印象中，土地神是穿着毛皮大衣的老人，如果猎人梦见了陌生人，是个好兆头；

---

① 凌纯声：《松花江下游的赫哲族》，影印本，173 页，上海，上海文艺出版社，1990。
② 梅利尼科娃：《黑龙江流域土著居民的原始信仰》，哈巴罗夫斯克地方志博物馆，1995 年编印。

如果梦见了土地神，就一定能够打到丰厚的猎物。

家祭天神（作者2006年摄于四排乡）

（二）祭吉星神

凌纯声在《松花江下游的赫哲族》中记载：赫哲人对吉星神的尊敬仅次于天神。在额图地方吉星神的脸有两面，一半为红，一半为黑。赫哲人以为吉星神为最清洁之神，生外科重症，他们即以为是触犯了吉星神，神怒而降灾于人，所以生了这种重病，须祭吉星神并许愿。病愈还愿，祭期亦由还愿者决定。祭祀之日，到了夜深人静后，在星光月色之下（不许点灯）才开始祭祀。先将祭品猪羊等物抬至神庙前，由佛日朗祷告，焚香草，以酒灌猪羊耳。祭毕，即将猪羊在野外宰杀，肉煮熟后即请来宾吃肉，惟妇女在经期中不得参加。酒须来宾自带，主人不备。食毕，每人均须漱口、洗手，又掘一大坑，将食剩的猪羊肉骨及漱洗的水，都倒在坑内，用土盖没。来宾中与主人非同姓者，去时须留下一物，如烟袋、手帕等，第二天来取。①

20世纪50年代的调查与30年代的调查记述略有不同。该调查称，在供奉的诸神中，以"三星神"（可能是记录有误，应该就是吉星神）为最重要。它在赫哲语中称"乌什卡"，是一大二小的三个木头神，大者高约一尺半，小者高约一尺。据说"三星神"是很清洁的，妇女和小孩都不能靠近。家中有人患头痛脑热的病，就祈求"三星神"保佑。病好之后，杀猪或杀鸡还愿；杀还愿猪必须在夜深人静、星辰出齐的时候。供奉完毕就请亲友和邻居们来吃猪肉。天亮后，不管还愿猪肉是否已经吃完，将剩肉和汤都倒至很远的人们不常去的地方，以免被妇女和小孩子践踏而触犯了神灵。所有参加吃还愿猪肉的人回家时，必须留给主人一件东西，如帽子等物，次日再来取回。据说不这样做，就会对主人家不利。②

在赫哲族神话故事中有一则《木竹林莫日根》的故事。"木竹林"是赫哲人所供奉的一种清洁木神，为众神的领神。而故事里用这一名字寓意了英雄有"木竹林"神那样的神通。这里所说的"木竹林"神很像上面所说的吉星神。

（三）祭水神

赫哲人每年下江下河打鱼前，都要以酒祭祀水神（也叫祭江神、祭河神），祈求水神保佑他们打鱼顺利，网网见鱼。黑龙江北的那乃族人，每年春天冰雪融化、秋天开始结冰的时候，都要举行祭祀水神的活动。祭水神时，他们用一种像鱼、像鸟、像鸭子的盛水的神具，平时把这个神具存放起来。祭水神只允许男人参加，以家族为单位，在水边祭祀。装水的工具里还放上已经做好的食物（带糖的雅格达）、

---

① 凌纯声：《松花江下游的赫哲族》，影印本，129页，上海，上海文艺出版社，1990。
② 凌纯声：《赫哲族社会历史调查》，影印本，121页，上海，上海文艺出版社，1990。

豆子、一些植物的根,并送到河里去。一家之长向水神乞求:"多送些鱼给我们吧!"一边说一边抛撒食物。如果撒的食物很快在水中消失了,他们认为是水神喜欢,来年会给他们带来很多鱼;如果撒的食物漂在水面,他们会认为是水神不爱吃,来年捕鱼就会少。在捕鱼遇到不顺利的时候,也举行祭水神的活动,而且这个家要停止撒网一两天。①

(四)祭火神

在祭祀活动中,赫哲人称火神为"佛架玛发"。祭火神是很隆重的,一般都是全屯的人都参加,围着篝火跳舞、唱歌,往篝火中扔酒和食物,献给火神,祈求渔猎丰收,驱灾去病,人畜两旺。他们认为火中住着一对老头、老太太和他们的孩子。火神能帮助猎人打猎,当猎人外出狩猎时,在每日三餐之前都要拿点烟和食品扔到火里,以示敬意。据说火神还可以把得到的东西转交给土地神。赫哲人祭火神时,还有一些禁忌:点火时,要磕头;烧火时,木柴的根要朝里,枝朝外;打猎时,遇到灰堆要绕行;做饭时,要往火里扔点食物;不能用锐器捅火。有一则关于《护火神》②的神话,讲一位叫都热马林的老人以自己的生命保护了火神,保存了火种,给人类带来了光明和温暖。

赫哲人祭火神和对火的崇拜,可以从早年猎人供奉的神龛得到证实。神龛当中绘有一株神树,树上挂着太阳,还供有一双人形偶像——猎人的保护神额其和③祭火神和火崇拜的产生、演变与发展,曲折地反映了人类社会发展的轨迹。人类从蒙昧时期进入野蛮时期,尔后由野蛮时期跨进文明时期,都是以火的运用技术程度作为标志的。可以这么说,人类的文明史就是火的历史。弗雷泽的《金枝》一书指

---

① 梅利尼科娃:《黑龙江流域土著居民的原始信仰》,哈巴罗夫斯克地方志博物馆,1995年编印。
② 《赫哲族文学》,55页,北方文艺出版社,1991。
③ 同上。

出:"火是一种巫术,以保证人和牲畜、五谷和果实,都能得到充足的阳光。火可以烧掉或消除可以导致疾病和死亡,威胁一切生物的物质的或精神的有害因素,而净化人和牲畜与作物。"① 这个论断道出了赫哲人祭火神和火崇拜的原因,火神在赫哲人众神中占有重要的位置。

(五)祭祖先神

赫哲人一般在渔猎之前或渔猎回来后祭祖先神,年三十晚上祭祖——烧包袱。

直到 20 世纪 50 年代,还可以在赫哲人家中见到他们供在西炕隔板上的老祖宗神偶。神偶为两个木偶,身裹熊皮,平头的是男性,尖头的是女性。② 在打鱼狩猎之前,或打鱼狩猎回来,常举行家祭谢神,所祭的神很多,其中就有祖先神。他们将祖先神等神偶供在西炕上,焚香献酒,家中的男子从长辈到小辈依次跪在地下,请萨满祝告神灵,击鼓唱神歌。歌词大意为:敬酒焚香,神速降临。

妇女不参加祭祀,在祭神时,必须避至屋外。③

早年,在腊月三十,家家户户要给祖先"烧包袱"。据说年三十是白城被攻破的日子,这天祭祖,以表示对家族祖先的崇拜和对白城死难者的膜拜。

《简明不列颠百科全书》指出:"在文明社会里,中国和日本的祖先崇拜是典型的,他们对待祖先的态度与其说是崇拜,不如说是尊敬。中国敬祖源于远古并强调家系绵延。"④ 赫哲族的祭祖和祖先崇拜意识,在他们口头流传的神话、传说、故事、民歌中也有强烈的表现。这种祖先崇拜是人们对自己的祖先执以宗教的信仰,是灵魂崇拜和血统姻缘观相结合发展而成的,表现了对死者的原始宗教态度。其核心

---

① [英]弗雷泽著:《金枝》,915 页,中国民间文艺出版社,1987。
② 凌纯声:《松花江下游的赫哲族》,影印本,141 页,上海,上海文艺出版社,1990。
③ 凌纯声:《松花江下游的赫哲族》,影印本,130 页,上海,上海文艺出版社,1990。
④ 《简明不列颠百科全书》第 9 卷,602 页,北京,中国大百科全书出版社,1986。

观念是深信祖先的灵魂不灭，并能够以不同的方式对其后代的生活产生影响。

（六）祭山峡神

20世纪50年代调查资料记载：赫哲族萨满供奉山峡神，赫哲语称"特格玛嘎尼克"，是一个男神像，它的头顶上有九个小神，意为山峰；另一个女神像，称"楚日莫嘎尼克"。这两个神像高34厘米，供在屋外西山墙上。据说这是最凶的神，萨满打败仗时，要祭祀供奉，请它助战。①

徐国保存的石头神偶（作者摄于2006年）

---

① 刘忠波：《赫哲人》，60~61页，北京，民族出版社，1981。

他们平时更多的是祭拜山上的巨石,认为巨石为英雄所变。街津口的赫哲人祭拜德勒乞玛发(石头人),祈求保佑,每到开江捕鱼时,都到被称做"镇妖石"的钓鱼台处祭拜,祈求捕鱼丰收等都充分表现了巨石崇拜意识。费尔巴哈在他著的《宗教的本质》一书中说:"人

徐国保存的石头神偶(作者摄于2006年)

们并不是崇拜石头、动物、树木、河流本身,而只是崇拜它们里面的神灵,崇拜它们的马尼托,崇拜它们的精灵。"崇拜岩石神的"阿哈玛发"萨满,将所领的"卓碌玛发"(石头公公)和"卓碌玛玛"(石头婆婆)的石刻偶像供在木板制的小庙内。庙前立有鸠神杆,是"阿哈玛发"给人治病时求助石头公公捕捉鬼怪时用的。七星河上游的七星砬子的山石形似女人,被认为是神女七姊妹的化身而受祭拜。

(七)祭熊神(熊节)

在20世纪初,黑龙江流域的赫哲人经常祭熊神,即举办熊节。当

代俄罗斯民俗学家梅利尼科娃考案例：举办熊节，这种祭祀活动可以使被打死的熊起死回生。换句话说，熊节的意义是，通过一定规则的杀熊吃熊活动，能够把熊的灵魂送还给"森林人"；重返自己世界的熊，能够把所有给它的食物和礼品带给"森林人"；熊在沿途洗掉身上的污泥，变化自己的身躯，成为"森林人"。当它见到其他"森林人"时，就会向他们描述熊节的盛况。如果一切都按规则进行，那么"森林人"会感到满意，就会给普通人带来好运。为了举办熊节，人们把小熊养活2～3年，有时得养5年。通常养熊的一家是那一年死者的亲属，其目的是为了纪念死者。熊得到很好的照料，人们精心地喂养它。每个月要给熊洗澡2～3次。冬天给它们特意准备一个暖和的木墙围栏。熊住的木墙围栏是养熊家族的私有财产，只有家族的成员才能管理。这木墙围栏一般设在家族成员中年龄最长者住处，其他家族成员和妇女绝不能靠近和接触它。熊节持续的时间一般为7～17天。熊节开始时经常先进行狗拉雪橇比赛。赛后做一种叫"莫西"（又叫"莫温古"，是把鱼肉切成小块与小米一起下锅，放点盐，煮成稀饭）的饭招待客人。人们牵着熊挨家挨户走的同时进行男子特殊竞技——跳熊脖，看谁有劲，比谁灵活。杀熊场地设在离村庄200～300步远的地方，用树杆、木杆做装饰。在杀熊之前，用仪式专用的画有熊图案的长柄勺把熊喂好、饮好，让熊在河的冰窟窿周围走一圈，然后举行迈门坎仪式。杀熊的场地只允许男人去，不允许女人去。按仪式规定，第一支箭先射到熊上方的树上，象征扫清熊归熊国的道路，第二支箭才能射死熊。在熊节结束时，大家一起围坐吃熊肉，比谁吃得多。仪式结束后，要把所有的熊骨头收集起来，挂在树上。如果不这样做，熊就不能死而复生，不能回到"森林人"那里去。可见熊节不仅具有祭祀意义，而且还是一种特殊的公共集会。[①]

从每年一次的熊节到熊骨的树葬仪式，从人熊结合的神话到熊变人的传说，从围猎刺熊、宰熊的习俗到吃熊肉的禁忌……这一切都生

[①] 梅利尼科娃：《黑龙江流域土著居民的原始信仰》，哈巴罗夫斯克地方克博物馆，1995年编印。

动地反映了赫哲先人对熊的崇拜、敬畏和图腾观念。

（八）跳鹿神

赫哲人叫"温吉衣尼"，是赫哲族过去的原始宗教活动，在春、秋两季进行，目的为驱魔避邪，祈求太平。跳鹿神的具体日子由萨满选定，并通知要还愿的人家预备好祭品。等到那天日上三竿时，萨满将爱米神等供在西炕上，点香敬酒，祷告自己所领三神，请求诸神为全屯消灾求福。屯中的少年若干人，击鼓摆腰铃助兴。每人走三圈，人数不限。接着萨满头戴神帽，身穿神衣等，众人往神帽、护心镜上喷酒。萨满取鼓坐炕沿上，再祷告一次，就下炕至门口开始跳神。自右而左跳转三圈，然后整队出发。神队的前面第一人手拿鸠神旗杆，第二人手提几个爱米神偶，第三人手托鹰神，第四人手拿神刀，第五人击鼓（也可以有几个人击鼓），接着是萨满，后面跟随一大帮屯中

跳鹿神（尤永贵画）

男女看热闹者。神队在路上唱鸠神歌。萨满领爱米神出门向西走，到屯中西方尽头，以此为起点，挨家挨户，由西而东跳至屯的尽头，然后面朝西回家。如果萨满不领爱米神，则出行路线和上面相反。神队每到一家，即鱼贯而入屋内，将爱米神偶供在炕桌下，神鹰放在桌上，神刀插在西炕前，刀头向下，刀口向外，点香，拿起一杯酒在爱米神偶和鹰神偶口中倒几滴。萨满进院到正屋门前开始跳神，跳进西屋，继续跳三圈。跳完，主人为萨满敬酒两杯，自饮一杯。接着神队离开这一家去下一家，所去人家事先早已决定，其数为奇数。有病人家不去，生孩子家不去。跳完最后一家，萨满坐下休息，主人敬酒食。萨满饮完酒，整队往回快走，并唱归来神歌。萨满到家走进院子，在入室之前，围绕房子转三圈，在有柱脚之处，以脚踏几下，让柱根坚固，才绕到神杆前。这时还愿者和许愿者一起聚集在神杆前。还愿者跪下，斟酒一杯，手指醮酒往杆上洒三次，叩头对神说："过去所许的心愿，今天虔诚敬献，祈求神灵收下！"然后把一杯酒（热酒）灌在猪或羊的耳内。猪羊送来时，缚其前后腿，放在神杆前。如果神示意收下，猪羊就会摇头，就可以从神杆旁带走宰杀。如果不摇头，为神意不愿受领礼物，萨满就请还愿者进屋，再击鼓祷告。猜中神意时，还愿者双肩抖动，就又以酒灌猪或羊的耳朵，猪羊必摇头。若始终不能猜中神意时，猪不敢收领，须退还原主。一些求子许愿者，在这时叩头讲述来意，听萨满吩咐。在神杆前举行的仪式结束，萨满才进屋，摆腰铃跳神三圈，坐在炕上祷告一次，脱去神衣休息。脱神衣的程序：先脱神帽，再卸护心镜，第三脱神服，第四去腰铃，第五去神裙。这时屯中能鼓舞摆铃者系上腰铃，摆铃击鼓，各翻花样，互相竞赛，十分热闹。等猪肉煮熟，将猪头、猪蹄各盛一盘，猪舌连心盛一盘，供在爱米神偶前，焚香草，献酒。萨满又穿上神衣，坐在炕上击鼓祷告谢神，并请诸神归各自的本位。祷告完，萨满以杨柳条编成柳条圈，先跳三次，然后由萨满家人先跳，接着其他人跳，每人跳三次。摇车内小孩的父母用柳条向摇车套三次。此时唱鸠神歌。跳柳条圈寓意在神威范围之内，灾病不能侵犯，永保平安。跳完柳条圈，萨满又祷告，然后脱去神衣，一手拿猪舌，一手拿猪心，大家每人摘一块吃下，以喻神食。最后众人饮

第二部分　萨满文化遗存 ‖ 131

还　愿（尤永贵画）

酒食肉。富克锦地方在吃完肉后，将猪头下颚、牛羊角悬挂在神杆的横木上。①

跳鹿神除了在本屯（村）跳以外，还有到外屯跳的。去外屯通常坐两三只大舢舨船去，选几位身强力壮的人划船。除了萨满，还有拿爱米神领路的和几个陪跳的。出发前，萨满穿上神服，先绕家跳三圈。然后边击鼓边走到江边，上船出发。在船上，萨满就不击鼓了，由陪跳的人缓慢地击鼓。快到那个屯子时，就开始击响鼓。船一靠岸，小伙子拿着爱米神引路，两个陪跳的和萨满一起跳。屯里来迎接的人纷纷抓着萨满腰带上的皮条跟在后面跳。

对于这种热闹场面，在《松花江下游的赫哲族》一书中记录的《跳鹿神歌》一段有如下描述：

---

① 凌纯声：《松花江下游的赫哲族》，影印本，122~126 页，上海，上海文艺出版社，1990。

……
　　前面走着博胡哥，
　　后面跟着海福哥，
　　代福哥拿着烟管。
　　法秃哥提着荷包，
　　茶米哥捧着茶壶，
　　四福哥背着褥子。

歌词虽然很简单，但通过对不同陪跳者形象的描述，写出了跳鹿神欢快、热闹的场面。凡是被附近的村屯请去跳鹿神的，一般都是在当地有威望的萨满。而且两屯离得比较近，相互比较熟悉。萨满跳完鹿神，就卸装吃饭。如果路远天晚了，就在屯里住下，第二天继续走。

在赫哲族民间说唱《满斗莫日根》中详细描述了跳鹿神的热闹场面：

出太阳的时候，满斗穿戴上神衣、神帽，拿起神鼓，边敲边唱："神灵啊，来享受这野物的供奉，享受敬上的香烟吧！"唱完，满斗走在前头，后面跟着四个莫日根。这五位好汉，转着圈儿跳，再后面是五位德都。那头上的神帽有鹿角、一般有五杈的，有四杈的，有三杈的，也有七杈、八杈的。他们敲着神鼓，围绕着神杆跳呀唱呀，一面跳一面走到村头，往东、往西、往南、往北，围着全屯跳个遍。百姓跟随在后，也欢蹦乱跳地舞个不停。唱完跳完，全屯百姓把二十锅肉，一起吃个精光……①

从萨满的跳鹿神仪式，到萨满神帽上的鹿角、神衣上的鹿皮条，反映了赫哲族同北方狩猎民族一样与鹿有着特殊的关系，表现了他们历史上形成的对鹿的依赖、崇拜意识，表现了萨满教中鹿文化特征。

---

① 《伊玛堪》上卷，113页，哈尔滨，黑龙江人民出版社，1997。

(九) 跳舞神

赫哲人叫"得日科衣得衣尼"。这是一种舞蹈式的跳神,每当病好了以后,病人的家人把许愿的鸡、猪送到萨满家,放在房西头插好的三棵带枝子的柳树"布如堪"跟前。这时萨满戴上神帽,系上神裙和腰铃,左手握鼓,右手执槌,叉开两腿,每迈半步,扭两下腰,敲两下鼓,这样绕屋地跳三圈。出门跳到房西头,站在还愿物的前面,一边晃动腰铃,一边击鼓,一边唱诵。这时,屠宰的人往鸡或猪的耳朵跟里倒数滴酒。如果动物摇头甩耳,说明诸神同意了这个还愿物,才可以动刀宰杀。萨满同时围绕"布如堪"跳三圈。然后把鼓夹在腋下,用鼓槌轻轻地敲击鼓边的木架。屠宰的人端来半碗还愿动物的血,萨满代替神喝一口,用鼓槌擦嘴后,边跳边回到屋里卸装。

在褪毛煮肉时,有些爱好跳舞神的人,不管男女老少,不戴神帽,不用神裙,只扎腰铃,击鼓欢跳,把平生跳舞神的技艺全部施展出来。所谓跳舞的技艺,是指步伐稳健,扭腰姿势优美,腰铃声音响亮,鼓音节奏悦耳。比如击鼓,握鼓的左手回击出低音,右手鼓槌击出高音,双音合皆,才能发出有节奏的音律,时而用鼓槌敲击鼓沿的木架,形成的节奏更加令人欣悦。也有跳得不太好的,但都是一本正经地跳,没有胡乱跳的。人们一边跳,一边相互评论谁跳得好。

跳舞神一直跳到肉煮熟为止,然后把猪头或鸡摆在屋内的饭桌上,点燃达子香枝子。萨满坐在炕边,击鼓叨念,表达酬劳诸神的心意。然后用刀割一块肉扔到屋外,再把一盅酒泼在外边,算是敬神了。最后,把肉都装在盘子里,端在桌子上,所有参加跳舞神的人又吃又喝,直到把肉吃完。①

这段关于跳舞神的记录,基本上跟20世纪30年代凌纯声记录的跳舞神的后一部分,即萨满跳鹿神后回到家中跳神吃肉这段没有什么区别。

---

① 《中国赫哲族》,419页,哈尔滨,黑龙江人民出版社,1999。

（十）跳神求子[1]

求子之俗，自古有之。赫哲妇女年过三十而不生育的，被视为没有第三灵魂，就去请萨满找魂。在跳鹿神时，神队的归途中，求子者悄悄跟在萨满背后，在神帽或神裙的飘带上挽一结，当时不使萨满知道。萨满到家至神杆前，则问某结为何人所结，挽结者就跪下以酒洒在神杆上，叩头许愿。若能得子则敬献牛、马、猪、羊等物来还愿。萨满击鼓向神祷告，让求子者过三四天到萨满家来跳神，取胎儿的魂灵。

富克锦地方的求子仪式，在跳鹿神后三四日举行。在这几天中，萨满在自己睡眠的时候出外找魂，能将那胎魂盗来，或捕捉死后不久的小儿灵魂。取得灵魂后，放在家里，令其各处乱飞。求子者夫妇于约定的日子来萨满家取胎魂。萨满等求子者来到，就向娘娘神烧香草，叫求子者夫妇二人男左女右坐在炕上。同治病跳神一样，甲立（二神）跪在他们背后扶肩。萨满在屋内东吹西吁击鼓找魂，找寻了一会儿，萨满问甲立是否魂已附体。如未附体，再击鼓找寻，直到男女中有一人两肩抖动时，立即向男子坐的炕前地下扑过去，把鼓放下，双手拿求子者带来的小鹿皮袋，向袋内吹一口气，旁人立刻把袋口扎紧。此时该人的第三灵魂已被捉入袋内，拿袋子的人将袋挂在萨满的神帽或神裙上。到这时求子仪式结束。

额图地方的求子仪式，不是在跳鹿神后，而在萨满送魂时举行。萨满送魂时，在萨满知道的情况下，在他神帽的飘带上挽一结。然而神鹰早已知道。神鹰在往返阴间的道上即抓魂带回，当日在除孝服人家的屋内，等席散后，即举行求子仪式。

赫哲人称求子仪式为"捉雀"，所以收魂袋叫做"雀的魂"。他们

---

[1] 凌纯声：《松花江下游的赫哲族》，影印本，126~128页，上海，上海文艺出版社，1990。

以为小儿死后,魂变为雀,雀飞入室内不许捕捉。有小儿的家人用草扎成一鸟巢形,放在送子娘娘背后竖立的杨柳枝杈上为小儿灵魂寄住的地方。

四、萨满神歌

赫哲族的萨满神歌就是萨满在祭祀跳神时唱的歌,主要有请神歌、祭神歌、驱魔歌、谢神歌、祈神歌、送魂歌、咒语歌、赴阴歌等。

(一)请神歌

请神歌(之一)

arimali　　　　　suo li kəini
阿日马力　　　　所力给尼
xiu yi mi koi
休日米科衣
poər pu kən　　　sarka sələ
波尔布肯　　　　萨日卡铁
ətʃ'i hə　dʒuruŋ　mwuŋ　dʒ'ani　səwən
额其和　　两　　　银　　查尼　　色翁
sengk　səwən　sələ　adʒn　səwən　tʃak'un　tan
僧格　　色翁　　铁　　阿真　　色翁　　八　　庹
shukun　səwən　ilan　tan
朱坤　　色翁　　三　　庹
xioŋmoru　səwən　dʒuan　tan
熊木如　　　色翁　　十　　庹

kuoli　　səwən　　sələ　　tʃʼiakotʃ　　səwən
阔力　　色翁　　铁　　其牙科除　　色翁
tʼɔr i　　tʼŋi n　　tʼɔpʼxun
托力　　胸前　　十五
tʼɔr i　　tarm　　uyun
托力　　脊背　　九
tʼaoru　　səwən　　tʼɔpʼxun
套如　　色翁　　十五
ikətʼun　　səwən　　uyun
伊格墩　　色翁　　九
çiu səŋ　　səwən　　tʼɔpʼxun
秀陈　　色翁　　十五
kəku　　səwən　　uyun
科库　　色翁　　九
tasəxə　　səwən　　fisumi　　tʼua
塔斯合　　色翁　　喷　　火
iarəkə　　səwən　　kutʃ ʼkʼuli
牙日格　　色翁　　漂亮
kanikə　　səwən　　ma kə
嘎尼科　　色翁　　厉害
marənin　　səwən　　uiləini　　kʼatən
马日银　　色翁　　能干
xatʃ un　　uykən
哈俊　　山响
dusptin　　xətʼirə　　xətun
神裙　　扫　　风
xuyeki　　uyun　　karkʼən
神帽　　九　　权
siykəʃun　　tuin　　tʃʼi
神刀　　四　　尺

aimi　　səwən　　su　　rkiyini
爱米　　色翁　　你们　　来吧
su　　xɔtun　　tɕəfərə　　ɔmirə
你们　　快点　　吃　　　喝

意译：
阿日马力——所力给尼
休日米科衣——
带路神呀
铁的护身神呀，
一对银的护身神呀，
守门神啊，
铁的刺猬神呀，
八庹长的鳇鱼神呀，
三庹长的水獭神呀，
十庹长的鲸鱼神呀，
铁的鹰神，大雕神呀，
胸前的十五个铜镜呀，
背后的九个铜镜呀，
十五位鸟神呀，
九位布鸪神呀，
十五位老鹰神呀，
九位杜鹃鸟神呀，
能喷火的虎神呀，
漂亮的豹神啊，
强悍的凶神呀，
烈性的猫神呀，
震山响的腰铃呀，
扫风起的神裙啊，
九个权的神帽呀，

四尺厚的神刀呀,
忠厚的保护神呀,
你们各位神灵快点来吧,
你们各种神灵尽情享用吧!

说唱翻译:吴进才
采录整理:黄任远
采录时间:1975 年 11 月 20 日
采录地点:同江县八岔乡

请神歌(之二)

təŋnimot'untə	səwən
腾尼莫蹲特	神灵
aimi	səwən
爱米	神灵
kuoli	səwən
阔力	神灵
çiwarumama	səwən
西瓦如玛玛	神灵
chani	səwən
查尼	神灵
kəku	səwən
科库	神灵
poərpukən	səwən
波尔布肯	神灵
mokət'untə	səwən
木克蹲特	神灵
turmalin	səwən
都热马林	神灵

atu　　　　səwən
阿都　　　神灵
shulian　　səwən
珠连　　　神灵
urken　　　ənduli
乌尔科　　恩都力
fiuxə　　　səwən
飞由合　　神灵
tasəxa　　　səwən
塔斯哈　　神灵
iarəkə　　　səwən
牙日格　　神灵
imaxa　　　səwən
伊玛哈　　神灵
shukun　　　səwən
朱坤　　　神灵
məxə　　　səwən
眉合　　　神灵
su　　əit'an　səwən　xoto　amap'
你们　诸位　神灵　村落　光临
munu　topu　tçəfə
我们　祭供　吃

意译：
主管人间万事的神灵，
能够护身的爱米神，
帮助领路的鹰神，
保护安全的护身神，
看守门户的神，
帮助领路的杜鹃鸟神，

帮助带路的神,
帮助狩猎的神,
保护火种的神,
帮助翻山越岭的神,
帮助看守护院落的神,
帮助打猎的山神,
帮助狩猎的虎神,
帮助打仗的豹神,
帮助捕鱼的鱼神,
帮助寻魂的水獭神,
帮助找魂的蛇神,
请你们降临村落,
请你们享用祭品!

说唱翻译:尤树林
采录整理:黄任远
采录时间:1979年9月
采录地点:同江县街津口村

(二) 祭神歌

祭神歌 (之一)

urkən ənduli urkən ənduli
山　　神　　山　　神
bi sit'ə mərkən jafu ənduli puyi
我 希特 莫日根 抓　 神　 献给

niani məni ilan sək'sə əyu kunə xərpə
他　　让　　三　　血　　流下　　拿去

jəfuro urk'ən ənduli na
吃吧　　山　　神　　啊

意译：
尊敬的山神啊山神，
我把英雄希特抓来献祭，
让他的血流淌下来，
供山神尽情畅饮吧！

说唱翻译：尤金良
采录整理：黄任远
采录时间：2000年1月
采录地点：哈尔滨市

（三）驱魔歌

驱魔歌（之一）

aimi səwən
爱米　　神

kanik səwən
嘎尼科　神

kuoli səwən
阔力　　神

Xioŋ moru səwən
熊木如　　　神

t'unt	səwən
蹲特	神
adʒən	səwən
阿真	神
iarəkə	səwən
牙日格	神
tasəxa	səwən
塔斯哈	神
marnin	səwən
马日银	神
əitn	səwən
诸位	神

kələt'	ankiə	we	səwən
找	寻	向	神
wutɕami		we	səwən
追踪		向	神
antɕ'i	edubisi		
没有	这地方		
kələtanki	ətɕə	tu	
找	寻	别	
ənuk'unə	ulukuli		
让走	怪兽		
ənəuk'unə	səwən		
让走	神灵		
ənt'i	du	kələt'anki	atɕətu
没有	这里	找寻	别处
ənəuk'unə	pusiuku	ənəuk unə	səwən
让走	鬼怪	让走	神灵
ti	kələt' ankiə	ti	pirən
哪儿	我	哪儿	有
pakt'tɕ'iji	pak'tɕ'iji		
搏击	搏击		

neˊtie	səwən
诸位	神灵

意译：
帮助治病的护身神，
帮助打仗的护身神，
帮助领路的鹰神，
帮助降敌的鲸鱼神，
帮助渔猎的熊神，
帮助打仗的鳇鱼神，
帮助打仗的豹神，
帮助狩猎的虎神，
帮助护身的猫神，
以上诸位神灵，
请帮助前往查寻，
请帮助前往追踪，
此处没有再寻找别处。
也许被过路的怪兽带走，
或许被过路的闲神拖走，
这里没有去寻找别处，
说不定被鬼怪骗走，
有可能叫某神领走，
哪儿有就到哪找，
应该搏击就搏击，
请诸位神灵都显示本领！

说唱翻译：吴进才
采录整理：黄任远
采录时间：1975 年 11 月 20 日
采录地点：同江县八岔乡

(四) 谢神歌

谢神歌（之一）

ai mi	səwən
爱米	神
puktʃ'ɔ	səwən
布克春	神
sarəka	səwən
萨日卡	神
kuoli	səwən
阔力	神
ɕiwaru	mama
西瓦如	玛玛
ʒtʃ'ihʒ	səwən
额其和	神
kanikə	səwən
嘎尼科	神
Xioŋ moru	səwən
熊木如	神
shukun	səwən
朱坤	神
məxə	səwən
眉合	神

əit'ən səwən du pak'tɕ'iji
各位   神灵   这场 搏斗
əntɕ'ixənni pirən sakəti
本领   有   大

əinin　lalaputa　tɔpuujə　su
今天　　拉拉饭　　祭供　　你们
səŋk'ir　faiurə　su
圣克列　烧　　　你们
aitɕi　tɕəfə　omi　su
好好的　吃　　喝ˋ　你们
əinin　ət'əuk'unə　munu
今天　　得胜　　　我们
pak'tɕ'iji　at'əuk'unə　pusiuku
搏斗　　　　胜利　　　　妖魔
əit'ən　səwən　dʒɔk'utu　ənixən　əfinərə
各位　　神灵　　家里　　　回　　　睡觉
pait'əi　pirən　əit'ən　ne　səwən
事情　　　有　　各位　　　　神灵
ilan　untin　xotun　m　p　su
三　　神鼓　　快　　来　　　你们

意译：
帮助治病的护身神，
保护争斗的护身神，
协助送信的护身神，
帮助领路的鹰神，
保护安全的护身神，
帮助斗法的护身神，
帮助打仗的护身神，
帮助降敌的鲸鱼神，
保护作战的鲤鱼神，
帮助寻魂的水獭神，
帮助找魂的蛇神，
诸位神灵在这场战斗中，

立下很大功劳，
如今供上拉拉饭，
把圣克列香烟祭烧，
慰劳你们诸位神灵，
请大家吃好喝好。
今天我们得胜了，
与妖魔搏斗结束了。
诸位神灵请回自己住处休息，
等有事情再通告各位，
三通鼓响后按时赶到。

说唱翻译：吴进才
采录整理：黄任远
采录时间：1975年11月20日
采录地点：同江县八岔乡

（五）祈神歌

祈神歌（之一）

paxa　　əntuli
巴哈　　恩都力

xiaotənə　mafa
奥得鹅　　玛发

tasəxə　　səwən
塔斯合　　色翁

mafuka　　səwən
玛夫卡　　色翁

kuoli　　　səwən
阔力　　　色翁
kəku　　　səwən
科库　　　色翁
iarəkə　　səwən
牙日格　　色翁
nelukəi　　səwən
讷路科衣　色翁
adʒən　　　səwən
阿真　　　色翁
xioŋmoru　səwən
熊木如　　色翁
məxə　　　səwən
眉合　　　色翁
molin　　　səwən
木林　　　色翁
nikətə　　　səwən
尼科特　　色翁
kəla　　　　səwən
科拉　　　色翁
kainən　　səwən
开嫩　　　色翁
wakəi sxn　səwən
瓦克申　　色翁
əit'ən　　　səwən　　su
各位　　　色翁　　你们
aitçi　　kasən　munu　ət'əmatç'i
好好　　村　　我们　　保佑
malxuŋ　pixanxulir　munu　ət'əmatç'i
多　　　打猎　　　我们　　保佑
wurkə　niuuxən　ətin　xətun　munu　ət'əmatç'i
门　　　出　　顺　　风　　我们　　保佑

antɕ'i	wunk'uləxən	munu	ət'əmat'ɕi
无	病	我们	保佑

意译：

至高无上的天神，
保佑平安的吉星神，
帮助狩猎的虎神，
保护村屯的熊神，
帮助领路的鹰神，
能够代言的鸠神，
帮助打仗的豹神，
帮助狩猎的狼神，
保护萨满的鳇鱼神，
帮助降敌的鲸鱼神，
帮助狩猎的马神，
帮助寻猎的野猪神，
帮助打猎的龟神，
帮助捕猎的鳖神，
帮助多猎的虾蟆神，
你们各位神灵，
请保佑我们村屯平安，
请保佑我们渔猎丰收，
请保佑我们出门顺风，
请保佑我们无病无灾。

说唱翻译：吴连贵
采录整理：黄任远
采录时间：1979 年 10 月
采录地点：同江县八岔乡

祈神歌（之二）

paxa	əntuli			
天	神			
naxa	əntuli			
地	神			
pi	çi	ək'ə	sənk'uli	nanixao
我	你	同情	那尼傲	
pi	aitçi	çi	ət'əmatç'i	
我	好好的	你	保佑	
pi	aitçi	çi	tn	
我	好好的	你	给	

意译：
至高无上的天神啊，
养育生灵的地神啊，
请你可怜我赫哲人，
请你保佑我们幸福，
请你赐给我们幸福！

说唱翻译：吴连贵
采录整理：黄任远
采录时间：1979 年 10 月
采录地点：同江县八岔乡

祈神歌（之三）

ala　mala　ənduli
阿拉　玛拉　恩都力
elu　ni　ya　ənduli
额路　尼　牙　恩都力

```
mini    eni    xani   wəni
给我    额尼    魂     把
xunji   nuku   rki    ro
快      送     回     吧
xunji   nuku   rki    ro
快      送     回     吧
```

意译：
聚魂的神灵，
送魂的神灵，
请把我阿妈的魂灵，
快送回来吧，
快送回来吧！

说唱翻译：尤金良
采录整理：黄任远
采录时间：2000年1月
采录地点：哈尔滨市

祈神歌（之四）

```
əit'ən    səwən    su
诸位      神灵      你们
xɔtun     əmeəp'    su
快        来        你们
kiaulirə  nəp'     su
浆划      做        你们
k'urərə   nəp'     su
舵掌      做        你们
ɔt'i  ətin  xɔtun  ətin  ɔre  su
东     风   虽    刮
```

tiak'ən　fulikiəmi　su
帆船　　　吹　　　你们
xɔtun　tɕulk i　əuə　su
早　　　向前　　走　你们

意译：
诸位尊敬的神灵，
你们快点降临吧，
请你们帮助划桨，
请你们帮助掌舵，
请你们帮助早刮东风，
请你们帮助让船飞起，
请你们帮助快走快行。

说唱翻译：葛德胜
翻　　译：傅万金
采录整理：黄任远
采录时间：1981 年 3 月
采录地点：佳木斯

祈神歌（之五）

əit'ən　　nɛwən
诸位　　　神灵
su　　tɔltip'　su
你们　听着　　你们
əinin　aiɕin　kumak'ə　wulə　suni
今天　金　　鹿　　　肉　　把
su　　tɕull　su　　tɔpu
你们　前面　你们　供奉

kərənkurun əmkʼən tə
大家　　　一个　　也

ətçɑ tʼutʼar su
别　　落下　你们

çaxu əltʼu tçəfə ɔtimi tçəfə
全都　跑　吃　　　　完

su munu wə aitçi ətʼəmatʼçi
你们　我们　把　好好的　保佑

su munu wə pəitçʼimi ətʼəukunə
你们　我们　把　帮着　　胜利

意译：
众位神灵呀，
你们大家听着：
今天我把金鹿的肉，
供奉在你们大家面前。
请你们众位神灵，
一个也别落下，
全都吃饱吃好。
请你们众位神灵，
要好好保佑我们。
请你们众位神灵，
要帮助我们获胜。

说 唱 者：葛德胜
翻 译 者：傅万金
采录整理：黄任远
采录时间：1981年3月
采录地点：佳木斯市

祈神歌（之六）

əit'ən　nɛwən
各位　　神灵
munu　xɔtɔ　əməp'
我们　村落　光临
əitən　nɛtie
各位　神灵
munu　tɔpu　tçəfə
我们　祭供　吃
əit'ə　nɛwən
各位　神灵
munu　pixanxulirə　malaxuŋ　ət'əmatç'i
我们　　狩猎　　　　多　　　　保佑
munu　imaxa　malaxuŋ　ət'əmatçi
我们　捕鱼　　多　　　保佑
munu　atinhətun　ənərə　wurk'ə　ət'əmat'çi
我们　顺风　　　出　　门　　　保佑
munu　aiji　dʒɔkutu　ət'əmat'çi
我们　幸福　家　　　保佑
ilan　piia　ilan
三　　月　　三
uyun　piia　uyun
九　　月　　九
malaxuŋ　tɔpu　munu
多　　　　供品　我们
əitən　nɛwən　tçəfə
各位　神灵　　吃

意译：
各位神灵，
敬请降临我们村屯。
各位神灵，
请来享用我们供品。
各位神灵，
保佑我们多打猎物，
保佑我们满船而归。
保佑我们出门顺风，
保佑我们全家幸福。
每到三月三，
九月九，
我们多准备供品
请各位神灵享用。

说唱翻译：尤树林
采录整理：黄任远
采录时间：1979 年 9 月
采录地点：同江县街津口村

祈神歌（之七）

xərilə　　xrilnani
赫力勒　　赫力勒那尼
xərikəikə
赫力格衣格
əitən　səwen
诸位　　色翁
aiji　　dɔlidibus
好好　　听着吧

ədu	aiji	jowə	ət′ə matɕ′i	pi	
在这	好好	家	保佑	我	
yadu	dəmankkə	pakəki	əitən		
哪儿	在 历害	得到	诸位		
səwən	minə	wə	pələcian		
色翁	我	把	帮助去		
tolətixən	əcixən	arna			
听着	记住了吗	哪尔哪			

意译：

赫力勒——赫力勒那尼——
赫力格衣格——
请诸位神灵，
好好听清楚，
你们在这里，
保卫好家园，
如果我有难，
请来搭救我。
听清记住了吗？

说唱翻译：吴进才
采录整理：尤志贤
采录时间：1957年夏
采录地点：同江县八岔乡

（六）送魂歌

送魂歌（之一）

xiao rən xiaorən
奥　任　奥　任
çi　səwən　ət'əmatç'i
你　色翁　　保佑
kuoli　səwən
阔力　色翁
çi　puni　əniə
你　布尼　去
dʒɔkutulə　əntç'i　kasər
家　　　　不　　担心
si　xitə　ərki　tn
你　孩子　酒　给
tuol ji　tə　inakin　t'ɔp'xun
拖拉乞　坐　狗　　十五
puni　əniə　ətin　xətun
布尼　去　　顺　风
puni　əniə　aitçi
布尼　去　　好好的

意译：
灵魂可怜灵魂，
神灵保佑着你。
在鹰神的指引下，
送你去阴间。

你不用惦念家里，
孩子给你倒酒喝。
你喝完酒坐上十五条狗拉的爬犁，
顺顺利利去阴间，
平平安安去阴间。

说唱翻译：吴连贵
采录整理：黄任远
采录时间：1979 年 10 月
采录地点：同江县八岔

（七）咒语歌

咒语歌（之一）

əji　　jikələ　　siun　　təktəxən
东　　方的　　太阳　　升起来了
siun　　niu tuni　　sitə　　mərkən
太阳　　诞生　　希特　　莫日根
si　　ili　　rkir
你　　站　　下来
ksini　tili situ　komaka
你把　头上的　　鹿皮
pi　pa uilətuni　əurki
我　高空上从　　劈来
sini　　ju f si　　ənə
你把　　两半　　劈

意译:
太阳从东方升起,
迎着太阳诞生的英雄希特,
你快站住滚到一边。
把你头上的鹿皮帽子摘掉,
我从空中劈下来,
把你劈成两半。

说唱翻译:尤金良
采录整理:黄任远
采录时间:2000年1月
采录地点:哈尔滨市

咒语歌(之二)

ǝit'ǝn sǝwǝn ami ǝni
诸位   神灵   父   母

toitip su sap su
听到   你们 知道 你们

pi ami ǝni saŋ nin mǝni
我   父   母   烟   把

çirani   mǝt 'ǝk'i
继承   能做

pi xotoŋ ǝtçn tami mǝt'ǝk'i
我   村子   主子   变   能做

pi aiçin k'umak'an tçafǝmi mǝt'ǝk'i
我   金   鹿   抓   能做

pi ǝi forkun pik'in
我   这   福   有

pi t'alǝ jiç ank'i ǝmluk'u tu
我   那处   到时 一箭   就   来

pi	forkunji	antç'i	tak'in
我	福	没有	变时
pi	irknji t	antç'i	taren
我	命 也	没有	变了
pi	əçi	xurk'uk'iji	kiamusə
我	现在	跳	骨头
pi	piji	k'əfur	ənərən
我	身子	粉碎	去

意译：
各位神灵听着，
我父母的神灵听着，
我如果能继承香火，
我如果能当上首领，
我如果能抓住金鹿，
我如果能有这福分，
就让我一箭就射中金鹿。
我如果没有这福分，
我这条命就没有了，
我这一跳就是粉身碎骨！

说　　唱：葛德胜
翻　　译：傅万金
采录整理：黄任远
采录时间：1981 年 3 月
采录地点：佳木斯市

咒语歌（之三）

xərilə　　xərilənani
赫力勒　赫力勒那尼

xərikikə
赫力格衣格
os　katən　səwən
哪个　厉害　色翁，
pikini　mini　səwən　mei　ətəkini
有时　我的　色翁　把　胜了
mi ni　kujukuli　jonaləi　ilianki
我的　美丽　家园地方　占上了
pi　tiaxələmi　ilan　tauən　xa
我　愿意　三　百　里
olimi　xuli　əi　palə
绕着　走　这　地方
tə　əmerkimi　əkələusu　kəltər　sən
也　回来到　坏处　找　不
mini　jonai　pərti　titu　pui
我的　家园　永远　他　给

意译：
赫力勒——赫力勒那尼
赫力格衣格——
如果哪个有能耐的神，
若是把我的神战胜了，
占领了我可爱的家园，
我甘愿绕三百里走过，
也不回到这里找麻烦，
把我的家园永远让给他。

说唱翻译：吴进才
采录整理：尤志贤
采录时间：1957年夏
采录地点：同江县八岔乡

(八) 赴阴歌

赴阴歌（之一）

xərəni　　xərəya
赫热尼　　赫热呀
xərəkikə
赫热格衣格
çi　okusun　okusun　punilə　ənəi　çi
你　步　　　步　　　阴间处　去　　你
sainpira　tulu　nəki　təpuni
阴阳河　　过去　就　　阴间
pi　ya　əncixən　təanci　tuni
我　什么　办法　　也没有　时
təni　çini　xanin　məçi　məixərərə　kajirkixəi
才　　你的　灵魂　把　　背着　　　拿回来了
xənin　məçi　pəituçi　jukurkiən　kunəxəi
灵魂　　把　　身体你　附上　　　让了
tuinmi　təni　palətikixə　çi
这样　　才　　活过来了　　你

意译：

赫热尼——赫热呀——
赫热格衣格——
你是步步走向阴间，
过了阴阳河就是阴间。
我实在没有法子，
才把你的灵魂背了回来。

把你灵魂附上了身体,
这样你才活过来了。

说唱翻译:吴进才
采录整理:尤志贤
采录时间:1957年夏
采录地点:同江县八岔乡

赴阴歌(之二)

munu　kata　tulə　əmərkiyini
我们　千里　从　　回来了
tul　əmərki　yini
家　　回来　　了
ən　　kiamsə　wəni　saktol　tako　rkixəyi
额民　尸　　　骨　　都　　收拾　好了
əki　ausi　su　tortiro
姐　　姐夫　你们　听着
su　əmə　ilan　matan　senkəli　tayoro
你们　一天　三　　遍　　　香　　　烧
ilan　matan　untin　lanktoləro
三　　遍　　　鼓　　　敲
su　mini　per　joto　ləni　tərə
你们　我的　身体　屋　里　桌子
kiotəkuli　patu　nətəro
凉快　　　地方　放
pi　punio　patuni　ənərə
我　阴间　　地方　　去
əni　we　xaniwəni　kərtəvkiyi
额尼　的　灵魂　　　找

uyun   ini   pi   əmərkiri
九天   头   我   回来
əni   mini   saman   səwən   xəni
额尼   我的   萨满   神灵   传给
unpao   mafa   siənbiao   mama   su   tortisu
温包   玛发   深彪   玛玛   你们   听着
su   tuin   isalə   sakti   suyan   inakintu
你们   四   眼   大   黄   狗
korki   tuni   pirə   xunji   mintu   əmərkikunaro
爬   犁   我   快   我给   打发下来
xuyəki   tusptin   xajun   sirkafun
神帽   神裙   腰铃   神刀
untin   miaun   toli   jakəwə
神鼓   护心   镜   东西
saktol   mintulə   nukuro
都   我给   送来

意译：
我们从千里之外赶回家了，
阿妈的尸骨一定要保护好。
请姐姐和姐夫记住，
你们一天要烧三遍香，
敲三遍鼓。
你们把我的身子，
放在屋里凉快的地方。
我要去阴间，
寻找阿妈的灵魂，
最多九天之内就回来。
阿妈把萨满神传给了我，
温包老头和深彪老太太神，

你们听清了,
把你们的四只眼睛的大黄狗爬犁,
赶快给我送来吧!
还有神帽神裙腰铃神刀神鼓护心镜,
都给我快送来吧!

说唱翻译：尤金良
采录整理：黄任远
采录时间：2000 年 1 月
采录地点：哈尔滨市

五、萨满艺术

萨满艺术包括萨满舞、萨满调、萨满乐器、萨满服饰、萨满绘画、萨满神偶等。

（一）萨满舞

这种萨满舞一直保存在赫哲族萨满跳神过程中。可细分为四种：神鼓舞、神刀舞、神杖舞、鹿神舞。前三种是萨满独舞，在为病人治病时跳的；后一种是集体舞，是春秋之季，全村的人跟着萨满围着村子前街后街跳一圈，其目的是消灾祈福，跳神还愿，庆贺丰收。

萨满舞的动作可以分为手、身、足三部分。跳舞时，萨满手持鼓槌击鼓，手法是斜击鼓面，发出"咚咚"的声音，身子随着鼓声左右摇动，身上的腰铃也跟着摇摆，发出清脆的声音。萨满的两脚分开站立，刚开始左脚在前，以脚趾着地，身子摆动三次，右脚就前进一步；然后右脚趾着地，身子摆动三次，左脚又前进一步。如此反复动作，不断往前走。平时跳神，都在室内，只有跳鹿神这样的大型舞蹈才在室外跳。

萨满跳舞的姿势有三种：一是立舞，上半身稍微弯曲；二是伛舞，上下身子成直角；三是蹲舞，两腿蹲下而舞。萨满跳神刀舞时，舞步和前面说的不一样，一般左脚在前，右脚在后，脚趾着地。移动步子时右脚向右移一步，左脚跟随，在室内环舞三圈。

第二部分 萨满文化遗存 | 167

萨满舞(同江市赫哲族文工团在日本北海道演出,1994年)

萨满舞(桦皮画,吴明新制作)

萨满舞不仅流传至今,在近几年的赫哲族乌日贡大会期间,赫哲族青年演员还把传统的萨满舞搬上了舞台,那活泼激昂的舞姿,受到了广大群众的欢迎。

(二) 萨满调

萨满跳神时唱的神歌为萨满调。萨满跳神时,身穿神衣、神裙,头戴神帽,手持单面神鼓,敲几下,跳几下,唱几句,边歌边舞。唱时有时喃喃吟诵,有时放声高歌,有时疯狂喊叫。其声调时高时低,抑扬顿挫,十分和谐。

如《跳鹿神歌》的曲调:

1 = F　4/4

5 5　5 6　5　3　/　i i 2 6 5　3 2　1 //

如《跳神归来歌》的曲调:

1=A　4/4

(一) 5 5　5　3 2　2 / 2 3 5・3　5 6 5 / 3 2　7 6 7 5 — //

(二) 3 3 2　1 2　3 3 2　1 2 / 3 3 2　1 2　3 3 2　1 2 //

(三) 4 5 5　5 6　5　3 / i i 2　6 5　3 2　1 //

如《家祭神歌》的曲调:

1 = A　4/4

1 1　5 5　6 5 / 1 1　2　1 1　6 /

3 3　2　3 3　2 / 2 2　5 5　2 2　5 5 //

萨满唱的曲调中有很多衬词如：

赫哩啦赫哩啦给赫咪，赫哩啦啦赫哩啦——
赫尼呐里赫尼呐——
给给给给根呐，给根呐——
赫哩啦赫哩啦改根——
阿郎——嘎嘎嘎——阿尔呐——
赫呐——给给给给嘎呐阿尔呐
赫尼呐唻赫尼呐，赫尼呐唻赫尼呐——
赫力勒，赫力勒那尼，赫力给格

（三）萨满乐器

主要有神鼓、腰铃。

神 鼓 赫哲语称"温替恩"，是萨满重要的神器之一，在跳神时是必不可少的。赫哲萨满认为神鼓代表宇宙，灵魂能坐神鼓上天入地。神鼓式样有圆形和椭圆形两种。其制作方法是，用鹅蛋粗的长柳木制成三楞形，然后用水煮软，制成2尺多长、上大下小、鸭梨形状的鼓架，用鳇鱼鳔把接头贴好晒干，顺着圆圈外缘枢一小槽，放上小石子，做助响用。再在木圈的上下左右钻上4对小孔，穿上皮条，把这四根皮条集中到木圈的中心，拴在鸭蛋大的铜环或铁环上，用来握鼓。然后把一张狍皮去毛，用鳇鱼鳔贴在鼓架上，晾干就可以使用。鼓面上画有对称的蜥蜴、蛇、蛤蟆，还有龟，反映了动物崇拜和神灵崇拜。另外，敲神鼓的鼓槌，打鼓的一头用狍腿短毛皮包好。这样击鼓的声音柔和，还能防止击坏鼓。鼓槌一般用旱柳木或桦木制作，槌背上刻有神偶、蛇、龟等。平时，神鼓和神槌放在一种特制的皮带鼓袋中，挂在通风干燥的地方。

鱼皮神鼓（作者摄于2006年）

吴明新手敲神鼓（作者摄于佳木斯市，2006年）

腰　铃　赫哲语称"哈俊",在用结实的厚皮条做的腰带上面拴一圈铁铃。当萨满跳神时,腰铃发出"锵锵"的声音,能帮助萨满驱赶恶神和妖魔。一般的腰铃由46个铁管分2个或3个一组,穿在一小铁圈上,用皮带扣在黄牛皮上。牛皮阔32厘米,分2层,铃即扣在2层皮上。皮的中间,穿一皮带系在腰间。萨满认为,腰铃一响,神就到来,腰铃声声,妖魔心惊,所以腰铃又是镇邪之拘。

神　镜　赫哲语称"托力",是萨满神服上的佩饰,用铜制成,又称为铜镜,据说具有特殊的魔力。大的铜镜直径就有1尺左右,小的有2寸。在大型的跳神活动中,萨满一般有多少铜镜就挂多少,小的跳神活动只佩带一个最小的护心镜。神帽上的铜镜叫护头镜,背后的是护背镜,胸前挂的是护心镜。按萨满的话说,铜镜都有神灵,和鬼怪作战时,可以保护主人。萨满身上的铜镜越多,法术越高明,神威越大。萨满铜镜,背部刻有饰纹。铜镜有大有小,一个个用皮条拴在神衣的胸前和背后,胸前有3、5、7个,背后有2个或3个。背后的铜镜挂在一起,胸前的小铜镜在下部,往上一个比一个大。萨满跳神时,既有"咚咚"的神鼓声,又有"锵锵"的腰铃声,还有铜镜的碰撞声,给人以神秘森然的感觉。

(四) 萨满服饰

萨满服饰主要有神帽、神衣、神裙、神手套、神鞋、神镜等。

神　帽　赫哲语称"胡也刻",也叫鹿角神帽,由帽头、帽角和角带组成。帽头是用皮子做的,帽角是用铁制的鹿角神帽上人。鹿角的只数多少因派别而不同,每只鹿角的权数多少因级别高低而定。初级神帽赫哲语称"奥刻坡替",是一个铁圈,外面包皮或布,铁圈的前面有一个小铁神,下面缀以琉璃珠,珠下有流苏,数目不一,有多达10余根的。据说,神帽飘带多是熊皮做的,飘带没有固定的数。神帽前面的几条飘带要短一些,遮住眼睛,露出鼻子。旁边和后边的飘带很长,一直拖到后脚跟,下边还拴上几个小铃铛。神帽的前面正中有一面

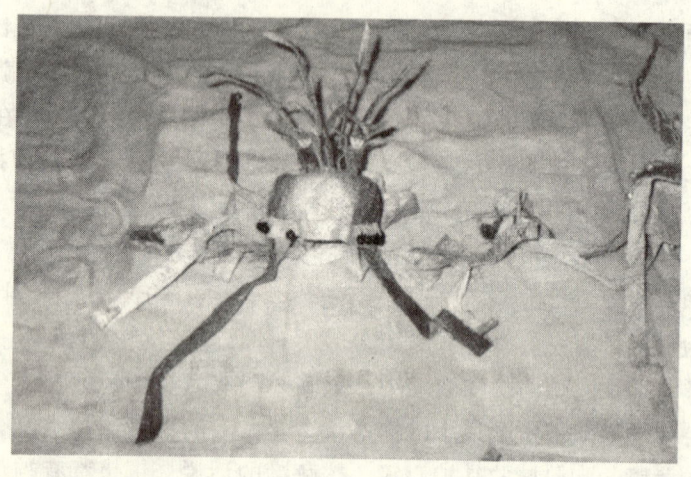

鱼皮神帽（刘升制作）

小铜镜，功能是保护头，所以叫护头镜。神帽的鹿角中间有一只用铜或铁做的鸠神。萨满为不能生育的妇女向神求子时，神帽上挂求子袋。最简易的神帽，是把干树枝削成一条条的刨花，在头上围起来就行。

神　衣　赫哲族语称"希克"，是一条一条的，像鸟的羽毛一样。早年用龟、四脚蛇、虾蟆、蛇等爬行动物皮拼接而做。到20世纪30年代，已有鹿皮染成紫红色做的神衣，再用黑色的皮子，剪出各种爬行动物的形状，缝在神衣上。神衣伸开时像鸟的翅膀，后面像鸟的尾巴。制作这些条子的材料，长度、位置都是由萨满的保护神决定的。神衣上绘的各种图案，都具有一定的含义。赫哲萨满认为龙、鸟、鹰、牛虻能把萨满带到空中；虎、豹能把萨满带到森林中去，鱼和海

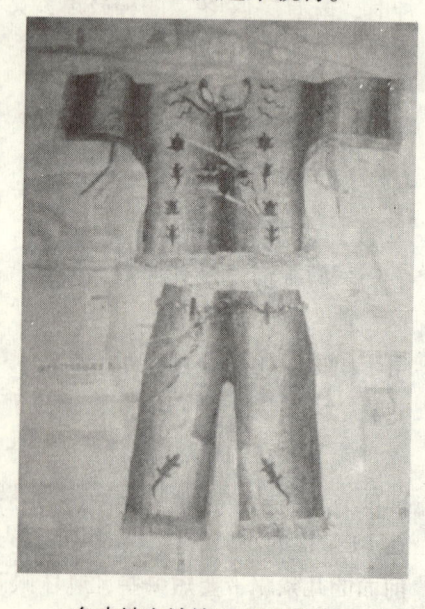

鱼皮神衣神裤（刘升制作）

上动物能使萨满飞过江河海洋；蜥蜴能让萨满穿越沼泽。此外，蜥蜴能给萨满速度，蛇能给萨满力量，蛙可以带来成功和幸福。这些动物图案都给萨满很大帮助，使萨满的声音更加宏亮，跳神时增强力量，更有精神。每个萨满都以自己的一套方式装饰衣物，其图案的数量各不相同。

萨满服（选自萨满文化展览馆）

神裙 赫哲语称"都匹必替恩"，其腰带是用狼皮做的，穗子是由各种兽皮做的，每隔一条兽皮条子，夹一条棉布条子，其长过膝，无固定数目。神裙的式样很多，裙上的附属品多少，根据萨满的级别而定。据萨满介绍，神裙上的飘带，在初领神时有36条，前后各18条。裙前幅有铃铛3至7个。吴进才老萨满用过的神裙，前幅有布带20条，皮带4条，后幅有布带20条，皮带4条，前幅裙上铃铛9个，小铜镜5面，龟3个，蛇3个，四足蛇3条，珠子3串，求子袋9个；后幅裙上只有铃铛4个。

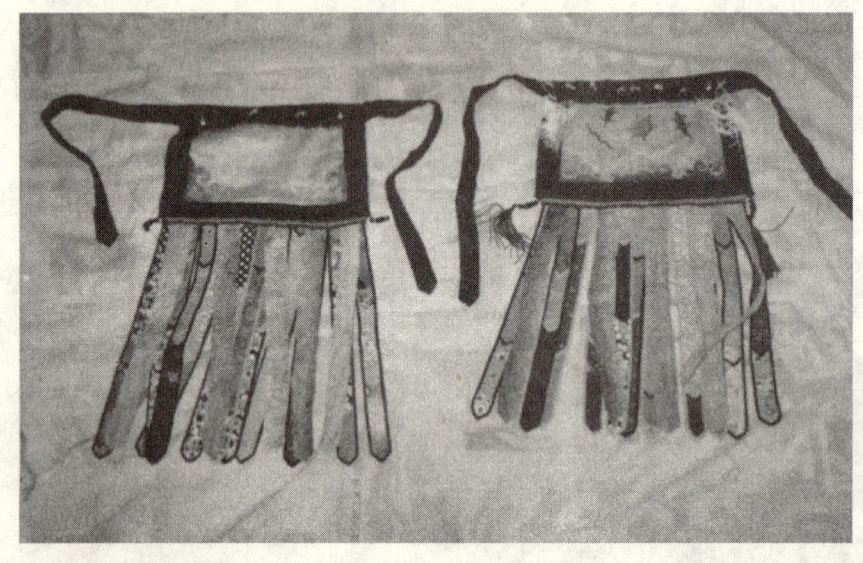

神　裙（刘升制作）

神手套　赫哲语称"克拉卡迟牙玛"，是萨满在晋级戴五杈鹿角神帽时才能使用。两只神手套上各缝有龟1只，四脚蛇2条。听赫哲人讲，神手套从前是用乌龟皮做的，后来改用狍皮和鹿皮做。皮染成紫红色，用黑色的皮镶边制成。

神　鞋　赫哲语称"乌拉"，又称"温塔"。早年是用蛙皮做的，所以又称"瓦克沙乌拉"，后来用牛皮、野猪皮做，前面系一铜铃，只有戴五杈鹿角神帽时才能穿此神鞋。穿神鞋时，袜子是用狍、鹿皮做的，袜背上缝有黑皮剪成的龟形。

（五）萨满绘画

萨满绘画是用绘画的形式反映萨满信仰的一种萨满造型艺术。

在俄罗斯境内各大博物馆收藏有那乃族用于狩猎、治病的神像画几十幅，形态构图各异，是研究那乃族萨满教造型艺术的珍贵资料，也是一种特别的绘图神偶。笔者于1996年3月参观哈巴罗夫斯克地方志博物馆时，见到过类似的萨满治病神图。

黑龙江下游赫哲族治病神图

在黑龙江下游的萨卡拉奇阿梁村发现的一幅萨满治病图，1910年被送到彼得堡人类学与民族学博物馆收藏。是一幅用墨线勾勒的麻布画，上部有天空和两相对着的雷神，正中央是雷的主人，一副清朝官员的打扮。两边各站着四位头戴瓜皮帽、身穿长袍马褂、手持三角旗的侍卫。在两侧侍卫的上方、雷神的下方绘有两条相对的小蛇。主人（神）的前边有一张供桌，下面站着的两个叉腰的人，衣着与上面的侍卫相同。左右两边绘有胸前画着三条小蛇的"爱米"神和虎形的"色翁"神。果尔特人称这种画像的主神为"伟大的达昂托神像"，其灵魂能帮助病人。整个画幅似平视体构图法，墨线勾勒流畅而准确，比例适当，描绘简炼，是赫哲族萨满教绘画中的优秀作品。

俄国学者什姆凯维奇早年发表的另一幅神像画，从内容到风格和上图都很相似。此画亦来自黑龙江下游的赫哲人，收藏于莫斯科原苏联民族博物馆内。画幅为79厘米×78厘米。画面上绘有一条云状波浪线，其上有四块墨色示雷。其下为两对雷神（巨蛇神或龙神），瞪目张口，吐舌相向，似舞动状。上面两条似蛇，无足；下面两条有足有角，似龙。身躯之上绘满图案化的鳞片；其下正中坐椅者为"达昂托"神，戴着特大的"顶子"（清朝官帽）。左右各有三个身穿长袍短褂的侍者，中间绘立杆，带三角形神旗，其上有兵器。中央绘有一个供桌，上置祭祀用具。供桌前有一个很大的爱米神，其胸前加挂"额其和"神。两旁有虎形和狼形色翁神，两边还绘有两个屋形，内置神旗、神龛和其他器物。左右上方各绘三个手持三角形神旗的使者。1926 年，俄国人柯兹曾请萨卡拉奇阿梁村一位 106 岁的女萨满英卡绘制了神灵形象。她画的主神同样是一个顶戴花翎的清朝官员形象，反映了赫哲人对清王朝官员的敬畏心理。①

还有一种被称之为"萨满的药方"的神图，是萨满绘制的。病人家将这些神图刻成木刻图形，分别挂在特定的位置，而将固定在一根木棍上的"药方"留在屋里。②"药方"有各种各样，上面分别画着虎、豹、狼、猪、鸟、鱼等等。

1885 年，在黑龙江以北那乃地区发现了一幅萨满药方图，该图是萨满送到病人子女居住的房子里的一种"药方"。右侧画着一棵带根的小树，树上挂着两个"额其赫"神偶，中间绘着一只大头小耳的虎图形。其左侧绘着一只形态与之相同的小虎。图画上部绘着九个身着特有条服的吉尔基猎神，正中间的一个大图形是吉尔基的"圣人"或爱米神。③ 这幅治病神图多由线条勾绘，简洁流畅，十分生动形象。

凌纯声于 20 世纪 30 年代在松花江下游搜集到的两幅打围神画像。画面均为中间是一棵大树，树两边分别绘着数量相等的骑马或站立着的男子，他们都身穿清代官服，上部绘着腾空而飞的龙。人物形象栩栩如生，构图匀称，表现了画图人相当高的绘画水平，这是一幅为祈求狩猎成功而绘制的打围神画像。

---

① 华泉：《赫哲族萨满教神像画中的历史真实》，《文物》，1975 年第 12 期。
② 孙运来编译：《黑龙江流域民族的造型艺术》，195 页，天津古籍出版社，1990。
③ 郭淑云：《原始活态文化》，568 页，上海，上海人民出版社，2001。

俄罗斯学者搜集的一幅赫哲族狩猎祭祀图，画面上绘有三棵并排而立的大树，枝叶茂盛。在两边树木之间扯一根长绳，上面挂着九个木刻的吉尔基神形，其脸部画有眼睛、鼻子和嘴。在中间大树树干的中间位置，绘有一个由若干个同心圆组成的大圆（伊万诺夫学者考证后认为是太阳的标记）。在树干的中下部，悬挂着双人形的"额其和"神。树的两侧立着两个人，身旁图案装饰丰富的满式礼服，头戴有顶带的圆帽。树的后面摆着一张很长的供桌，上放一只碗和一把茶壶。桌旁站着一个牵马的人，在画面的右侧和左侧分别画着两个、三个与牵马人穿着相同的骑士。画面的底部绘着长满野草的起伏的土地。据苏联民族学家 П·Л·什姆凯维奇的考证，占尔基神偶是为了很好地捕获野兽，特别是捕获貂而制作的。其形体由九个人形偶组成。如果野兽逃脱捕猎，在出发打猎时就随身携带着专用的用匣子装着的吉尔基，休息时挂上它，并用被打死的野兽的血、心、头来祭奉它。如果神偶确实帮助打猎顺利，那么回家后，猎人便画出被称作"倍尔基—吉尔基"的画，保存起来。[①] 以上俄国学者的调查和凌纯声的调查大体一致，都表明狩猎神像画来源于狩猎神偶，并与狩猎生产密切相关。

赫哲族民俗画家尤永贵（1911—1995 年）生前绘了百余幅民俗画，现已被誉为"国宝"。日中友好协会收藏了他的作品 40 余幅，黑龙江省民间文艺家协会收藏他的绘画近百幅，而且 2006 年由黑龙江美术出版社出版了他的《赫哲族风俗画》。他的有关萨满的画，比如《神偶图》、《跳鹿神图》、《跳神治病图》、《求神乞子图》等，都是老人给后代留下的珍贵的民间艺术财富。

（六）萨满神偶

赫哲族萨满供奉的神偶有几十种，有人形的、动物形的、植物形的、还有抽象形象的。主要的神偶如下：

[①] 郭淑云：《原始活态文化》，562～564 页，上海，上海人民出版社，2001。

天　神　巴哈恩都力，是赫哲人最敬仰最崇高的神。能保佑全族平安、渔猎丰收。其神偶是一个大人形，左右肩下是两个小人形。

吉星神　奥得鹅玛发，是仅次于天神的神。赫哲人认为吉星神是最清洁的神，在星光下祭祀。能保佑人平安，有重病的人可以治愈。其神偶形象是中间一个大人形神偶，左右两边分别是圆顶的尖顶的小人形神偶。

地　神　那哈恩都力，如果梦中遇到了地神，就意味着神喜欢猎人，是个好预兆，狩猎肯定能顺利，能多获。其神偶形象是穿着毛皮大衣的人形神偶，其功能是掌管猎物。狩猎者想多获猎物，就得祈求地神保佑。

石头神　卓碌色翁，一般供奉在庙内，是捉拿鬼怪的神，帮助萨满治病的神。其神偶形象是头部圆形和尖顶的两块刻有眼睛和嘴的石头，又称为"卓碌玛发"和"卓碌玛玛"。

山峡神　卡尼科色翁，是能驱鬼伏妖的神。其神偶形象是上头有九个小神偶的男山峡神和尖顶的女山峡神。

鸠　神　克库色翁，其神偶形象为杜鹃鸟，立在屋外庭院的神杆上，能代替萨满说话，是萨满的领路神鸟。在春、秋两季跳鹿神时，由一个少年手持鸠神杆，在神队前面走。鸠神杆，赫哲语称"托罗"，上面绘有龙、蛇的形状。过去赫哲人家在"托罗"杆上置斗，内贮谷米以饲鹊鸟，每逢祭祀则向斗中撒放谷米。如见群鸟飞集啄食，则认为是祖宗和神灵来领受祭品。

鹰　神　阔力色翁，能帮助萨满送魂、领路、驮行。其神偶姿态像飞行的鹰，送魂萨满常请的神送魂萨满将死者的灵魂送到阴间和回来的时候，由"阔力"领路。去送魂时，萨满请人用手提着鹰神神偶往前走，一路上必须小心，保持平正，如果鹰神头向上或向下，萨满会觉得路难走。

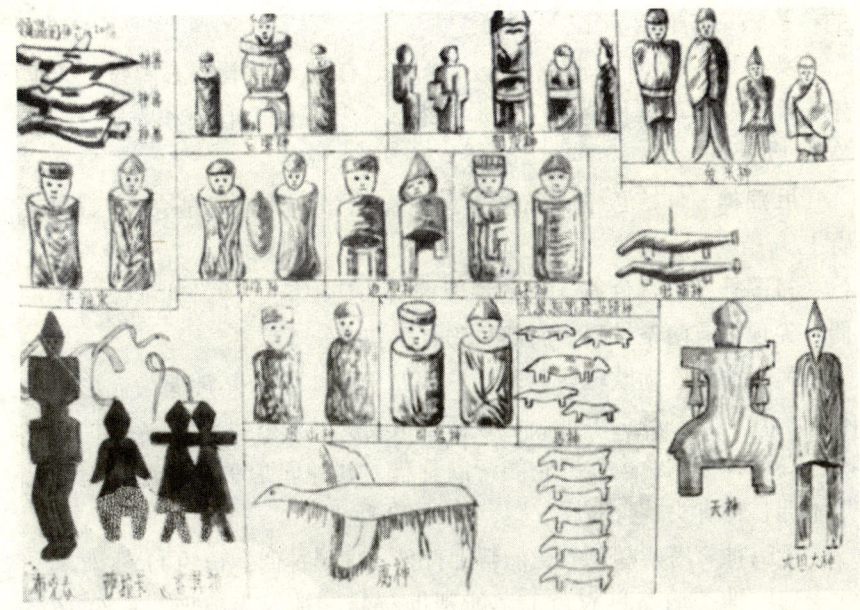

神偶图（尤永贵画）

熊 神 蹲特色翁，它能保佑整个村屯不受熊的侵害。其神偶头部为圆形，顶部凹下，脸部画有圆圆的眼睛和大嘴，有些像熊的模样。

树 神 飞由合或飞隆赫恩都力，能保佑百姓全家平安，渔猎丰收和降福赐子。其神偶是在大树树干上刻成的人脸。以前几乎所有的人家都供奉树神。

祖先神 沙格地玛发，它能保佑家人无病无灾、家庭人丁兴旺。其神偶是一个平头，一个尖头的身裹熊皮的两个人形木偶，平头为男性，尖头为女性。平时供在西炕墙上的搁板上，家祭时放到西炕上，和别的神偶放在一起祭拜。

司鬼神 坡鹅卡色翁，它能帮助萨满治病。其神偶是一个平顶和一个尖顶的两个人形木偶，有头和躯体，眼、鼻、嘴俱全。

避邪神 喝鹅日鹅色翁，它能帮助萨满治病。其神偶和司鬼神偶相似，也是一男一女两个人形木偶，只是多了两足，其中尖顶女神偶的一条腿只有半截。

头痛神 特日格地色翁，头痛时把有头无躯干的木偶投入水缸中，痛止捞出。其神偶由三个木偶组成，其中两个有头和躯干，一个有头无躯干。

肚痛神 幕哈色翁，它能帮助萨满治病。其神偶是一个四足兽，背上骑着一个小木头神。

打围神 玛哥色翁，它是管理狩猎一切事宜的神。其神偶为人形偶，尖顶，有两条长腿，面部只刻有眼和嘴。

司皮神 巴勒欺奥讷色翁，它执掌狩猎事宜。其神偶为人形，刻有耳、目、口、鼻、手足。全身裹红布或皮，大小共5个。

马　神 木林色翁，它能帮助狩猎，其神偶是9个串在一起的马形木偶，刻有头、身、尾、腿，长约20厘米。

虎　神 塔斯赫色翁，能帮助狩猎。虎形神偶，长约11厘米。

狼　神 讷路科衣色翁，能帮助狩猎。神偶为狼形，长约16.5厘米。

狗　神 音达色翁，能帮助狩猎。其神偶是狗形，长约11厘米。

野猪神 民科特色翁，能帮助狩猎。其神偶是野猪形，长约20厘米。

龟　神 科拉色翁，能帮助狩猎。其神偶是龟形，长约12厘米。

鳖　神 开嫩色翁，能帮助狩猎。其神偶是鳖形，长约12厘米。

虾蟆神 瓦克申色翁，能帮助狩猎。其神偶是虾蟆形，长约5厘米,

刺猬神 僧格色翁，能帮助狩猎。神偶为刺猬形，长约12厘米。

萨满助手神的神偶有几十种，主要有以下这些：

爱米色翁，能帮助萨满请神和治病，还能托梦、传达指令、能勾摄灵魂、使人遭灾生病、帮助萨满洞察神明抵抗恶魔。神偶是人形，木质，有四种，分别称为波尔布肯爱米、呼勒横科衣爱米、都讷得爱米、布泡爱米。过去赫哲人在胸前挂爱米神偶，据说能保护主人消灾免祸，一生平安。

第二部分 萨满文化遗存 181

木刻神偶（迟伟臣摄）

布克春色翁，与妖魔争斗时能保护萨满，一旦力不能敌，就发挥其行动迅捷的长处，到处去报信求救。神偶为人形，无双手，铜质，长5厘米。

萨拉卡色翁，能保护萨满、传递信息、请求救援。其神偶是人形，用铁片制成，手脚齐全，长约4厘米。

人形神偶（迟伟臣摄）

人形神偶（作者摄于2006年）

第二部分　萨满文化遗存 | 183

街津山上的木刻神偶（作者摄于2006年）

街津山上的木刻神偶（作者摄于2006年）

额其和色翁，能帮助萨满与鬼怪斗法、驱逐兽类。其神偶是一对人形偶，铅质。

西瓦如玛玛色翁，能保护萨满。神偶为人形，木质。

查尼色翁，能保卫洞门。神偶为人形，金属质。

嘎尼科色翁，能帮助打仗。神偶为一男一女人形。

朱林色翁，能看家守门。其神偶为人形。

布云色翁，萨满送魂时领路。其神偶为狼形。

熊木如色翁，能帮助萨满打仗。其神偶为鲸鱼形。

阿金色翁，能帮助萨满打仗。其神偶为鳇鱼形。

朱坤色翁，能帮助萨满寻找病人的灵魂。其神偶为水獭形。

眉合色翁，能寻找病人的灵魂。其神偶为蛇形。

伊斯俄色翁，能寻找病人的灵魂。其神偶为蜥蜴形。

阿都色翁，能帮助萨满过河越山。其神偶为猫形，有两翼，呈飞行状，背上有个小人。

牙日格色翁，能帮助打仗。其神偶为豹形。

塔斯哈色翁，能和树神供在一起，是萨满的保护神。其神偶为虎形。

马日银色翁，是萨满的保护神。其神偶为猫形。

木克蹲特色翁，分别主管狩猎和捕鱼。神偶为熊形、为龙形两种。

腾尼莫蹲特色翁，主管人间事。其神偶形似不倒翁，用塔头做的，没有手脚，身子圆。

阔勒吉勒蹲特色翁，能主治腿疼、胳膊疼等病。其神偶为蹲坐的狗熊。

都热马林色翁，能保护火种。其神偶为男性人形。

乌什哈哈色翁，专治疮、癣疥之类的病。其神偶为人形。

拖日乞色翁，萨满送魂时死者的灵魂坐其上。其神偶形如爬犁。

依那奇色翁，能帮助拉爬犁。神偶形如狗。

卡日嘎色翁，主管捕鱼，狩猎。其神偶为人形，一男一女。

根据调查资料，在黑龙江省下游居住的那乃人那里，也有许多人形神偶和动物形神偶，列表介绍如下：

表一　人形神偶

名　称	种　类	异　能
阿伊卡格江	助手神	帮助萨满
阿姆巴鲁埃宁	助手神	帮助萨满
巴利玛玛	助手神（女神）	帮助萨满
阿林格塔里	天神（住在四重天）	
宝阿	天神（住在九重天）	
宝阿阿玛	天神之父	
布丘瑟文	凶神	使人患病
拜伊阿玛	助手神	萨满之父
凡佳哈阿玛	助手神	萨满之伯父
维龙	助手神	萨满之战士
旮久阿姆达	凶神	和萨满对话
旮利阿姆巴尼	凶神	使人溺死
基尔乃季·塔利安季	助手神（雷母神）	持锤响雷
戈罗多	凶神	使人精神崩溃，患胸病
达德卡玛玛	助手神（女性）	帮助萨满
焦格宝尔杜恩泰	凶神	使人患病
焦格德尔杜恩泰	凶神	使人患病
季鲁玛玛	助手神（女性）	帮助萨满
季利格达	凶神	使人患头痛
佳奥兰季玛玛	守护神（女性）	守护灵魂
卡尔旮马	林神	致病，帮助渔猎
克尔根	凶神	致病
利维奈季鸟林	助手神（男性）	帮助萨满
伦盖恩都力	保护神（七重天的女神）	保护产妇
麦佳玛玛	守护神（二重天的女神）	守护魂库

续表

名　称	种　类	异　能
麦佳玛发	守护神（二重天的男神）	守护魂库
玛麦利季	阴间主神	
玛玛里	保护神	保护婴儿
马西	保护神（住一重天）	保护居民
米亚奥格宝尼	凶神	
穆凯恩都力皮克	助手神（水神的孩子）	帮助萨满
泰尼		
讷穆阿玛	助手神（大海之父、怪神）	跳神时冲在前面
娘娘	保护神（八重天的女神）	保护孩子
奥佳尔玛玛	民族神（女神）	保护民族
奥佳尔阿玛	民族神（男神）	保护民族
奥宁卡阿玛	民族神（男神）	保护民族
帕卡里	保护神	保护婴儿
帕萨尔阿玛	民族神（男神）	保护民族
皮克泰伊帕塔兰	幼女神	帮助萨满
萨格季阿玛	民族神	保护霍吉尔民族
桑基亚埃宁	天上女神	
桑西	天神（三重天主神）	
西翁	太阳神	
森格盖玛玛	助手神（女神）	帮助萨满
瑟鲁迈·皮克泰	助手神（裸体婴儿）	帮助萨满
托尔基鲁	助手神（男神）	帮助萨满
泰穆皮克泰尼	助手神（水娃娃）	帮助萨满
翁格丘富埃杰尼	鼓神（女神）	帮助萨满
乌米奈埃杰尼	鼓神（男神）	帮助萨满

续表

名　称	种　类	异　能
乌帕	少女神	参谋
哈多	天神（神话中的英雄）	
霍西阿恩都力	天神（住九重天）	
霍托	保护神	保护奥宁卡民族
胡图·恩都力	天神（一重天主神）	
恩都力阿玛	最高神	
恩都力埃季伊	助手神（女萨满的丈夫）	保护萨满
埃宁玛玛	助手神	引导萨满出马

表二　动物神偶①

名　称	形　象	种　类	异　能
阿尔哈奈克泰	野猪（住四重天）	天神	
阿姆班瑟文	虎豹	凶神	预防疾病
阿奥江	毛虫	凶神	致病
阿尔穆基	虎头	凶神	致头痛
阿塔卡	蜘蛛	凶神	致眼病
阿扬	龟	凶神	致病
布尼旮萨	鸟	助手神	帮助送魂
旮格列希	蛙虫	助手神	帮助萨满
旮西库	虫	助手神	吞食前面一切阻碍
焦格德尔马里	豹	凶神	
焦格德尔亚尔旮	雪豹	凶神	
泽维	胡蜂	凶神	致病

---

① 林杉：《通古斯满语族那乃人萨满教诸神称谓》，《北方民族》，1993 年第 3 期。

续表

名称	形象	种类	异能
季利格登	虎头	凶神	致头痛
季卢埃克泰	苍蝇	助手神	帮助萨满
季马林	犬	助手神	送灵魂去阴间
杜鲁尔季	鸟	阴间神鸟	
杜恩泰阿扬	幼熊	林中之神	防病
杜恩泰瑟文	熊	林中之神	防各种病
杜恩泰恩都力	熊	林中之神	
佳勃江	蟒	蟒神	
佳尔划利	兽	兽神	
佳里格达	熊头	保护神	防头痛
英格达奥拉	犬	保护神	治腹痛
英格达季利尼	犬头	保护神	治头痛
伊瑟兰	蝎虎		
卡佳	犬	助手神	赴阴间的先锋
基尼阿洛	燕	助手神	帮助萨满上天
科利安	蛇	凶神	帮助萨满
科奥里	鸟	助手神	帮萨满去阴间
凯伊玛德	犬	助手神	帮助萨满
凯伊奇恩	幼犬	助手神	帮助萨满
凯库	布谷鸟	助手神	帮萨满飞天
肯格盖莱凯库	布谷鸟	助手神	同灵魂对话
拉奥巴托尔	蛟龙	助手神	帮助萨满
卢格卢基	蛇	凶神	统领戈罗多诸神
马巴马亚尼	虎爪	保护神	治手臂痛

续表

名　称	形　象	种　类	异　能
木都力	龙	助手神	帮助萨满
木伊基	蛇	助手神	致病
木汉	蛇	凶神	致病
木埃木伊基	水蛇		
木埃杜	水獭	凶神	致病
木埃辛格盖莱	水耗子		
迈杜力皮克泰	龙子	助手神	帮助萨满
米亚英格达尼	犬	凶神	
奥尔戈马	蛇		
蓬奇尔肯	刺猬	凶神	致腹痛
普尔米勒杜恩泰	蚋		
普连阿母巴尼	虎	凶神	帮助萨满
西沓克塔	牛虻	凶神	致病
西木尔	蛇	凶神	致脊椎病
西木尔皮克泰	幼蛇	助手神	帮助萨满
西木尔埃登圭	蛇	蛇神之首	
索利霍利奥季尼	狐狸	凶神	
瑟莱奈克泵	野猪	助手神	帮助萨满
瑟莱迈沓萨	鸭	助手神	守护灵魂
瑟莱迈基杭	鹰	助手神	帮助萨满
瑟莱西木尔	蛇	助手神	帮助萨满
托伊科尔普	鳄鱼		
顿格多尔亚尔沓	豹	保护神	防胸病
托普托	鸟	阴间神鸟	
图尔布埃	犬	助手神	守护灵库

续表

名　　称	形　　象	种　　类	异　　能
泰木杜恩泰	熊	保护神	防治各种病
哈庞	虎	凶神	致病
胡连埃杰尼	熊	山中主神	
赫莱	蛙	助手神	帮助萨满
亚波罗皮克泰	蛇	助手神	帮助萨满
亚尔旮	雪豹		
亚尔旮皮克泰	幼雪豹		

从以上神偶可以看出，赫哲人（俄罗斯境内叫那乃人）所信奉的神偶，多数都与生产、生活关系十分密切的动物和人物形象。中国三江流域的赫哲人所保存的神偶比俄国境内黑龙江下游的那乃人所保存的神偶要少。主要是清皇多次派兵镇压、疾病流行、日本侵略者残酷统治等历史原因，使中国境内赫哲人口大量减少，到1949年时仅剩下300余人，其中只有个别萨满能提供保存的几十个神偶，多数都已被遗失了。在俄国境内据统计现有15000多人，比中国境内赫哲族4245人高出3倍多。人口多，萨满也多，所以保存的神偶也多。

（七）萨满神器

赫哲族萨满常用的神器有神杆、神庙、神箱、神旗、神器皿、神刀、神杖等。

神杆 赫哲语称"托落"，立在萨满住房的房西头，3根或4根。中间的一根最高，杆上画有蛇、龟、虾蟆、四脚蛇、爱米神等。在杆头上立有鸠神。杆脚下有2个木头人形偶，称"朱林"，平头的为男神，尖头的为女神。右杆头上有一个神兽木偶，带翅膀，称"卡科衣"。神杆皆南北方向排列，鸠神和神兽都是在萨满跳神时领路的。

神庙 赫哲语称为"乌飞哈",有吉星神庙、石头神庙、山神庙、龙王神庙、娘娘神庙、老爷神庙、瘟神庙等。石头神庙立于高225厘米的木柱上,庙前立一鸠神杆子,高度与庙相同。吉星神庙设在大树前,神庙置于一个大木头凳上,庙内除供有吉星神外,还供狗神、虎神、豹神、鹿神。龙王神庙、老爷神庙和瘟神庙较大,跟人住的草房差不多,庙前有庙门和神杆。据20世纪50年代调查资料,街津口村北山坡上有一座小庙,当地人称克马庙,其中有男女石头神像。毕长顺老人房后大树下也有一座庙,里边供奉很多牌位,供土地神、河神、山神、虫王、龙王等神。

神箱 萨满平时用来放神帽、神裙、铜镜等神具,高40厘米,长69厘米,阔36.5厘米,箱正面绘有花纹。

神旗 萨满用来治病的娘娘神以不同颜色的旗帜做标记。四海娘娘的神旗为蓝色或紫色的;根给娘娘的神旗是淡青色的;苏言娘娘的神旗是黄色的。德斯库神有7杆神旗,其中有2杆是一个颜色的。这些神旗供在小庙里或挂在屋檐下。小庙多是用木板钉起来的蜂箱式的小木房子,底下用柱子支1~1.3米高的腿。神旗一般用兽皮或布制成。

神器皿 萨满祭祀神时用的一些盛水或盛供品用的器皿,形状像鱼、鸟、鸭子、船等。另外,还有杀牲用的木槽、刀、锅、香炉、神桌、神凳等祭神用品。

神刀 赫哲语称"西拉玛丰",萨满与魔鬼斗法时用。神刀柄是用蛇皮包的。初领神的萨满只能用木柄神刀,晋级到三权时,才能用蛇皮柄神刀。神刀一般刀长26.5厘米,柄长118厘米。赫哲萨满认为神刀具有神力,能帮助萨满与魔鬼战斗,而且它们能够透入病体,使病人康复。

神杖 赫哲语称"布拉丰"。杖头有一铜偶(布库春),高约7厘米,杖柄裹蛇皮,长114厘米。萨满送魂时,如果与鬼怪对敌,就将铜偶向上。铜偶威力甚大,能破坏一切障碍物。在天旱的时候,赫哲人将神杖的铜偶浸入水中以求雨。另外还使用一种龙头杖,是在祈祷时用的。神杖头上的铜偶,赫哲语称"布库楚思"。铜偶口中有活动的铜钱,将神杖拿在手中摇动时哗哗作响。神杖下端是四楞尖,用铁包头。萨满认为神杖和神刀、神枪、神棒一样,都有神力,都能起到消灾祛病、镇邪驱魔的作用。

第三部分

萨满文化实录

一、萨满访谈录

时　　间：1975 年 11 月 20 日
地　　点：黑龙江省同江县八岔赫哲族民族乡
访 问 者：佳木斯市广播电台驻县记者 黄任远
被访问者：同江县八岔赫哲族萨满 吴进才

黄：大叔，您好！您是哪年生人？

吴：我是 1918 年出生在拉哈苏苏（同江）得勒乞村，在街津口村的东面，有几里地远。

黄：听说您小时候就学当萨满，是这样吗？

吴：我小时候，十几岁那年，得了一场伤寒病，差点送了命。家里请来了村里的老萨满为我跳神治病。这位老萨满对我父母说："这孩子如果答应当萨满，萨满神灵就会把他的病治好。"父母为了让我的病快点好，就答应等我的病好后，跟这位老萨满学习当萨满。不久，我的病真的好了，我也就跟着这位老萨满学习"神术"，学唱神歌，学跳神舞，三年后当上了村里的小萨满。

黄：听县里的人介绍，您会唱伊玛堪（民间说唱）、会唱嫁令阔（民间歌谣），是吗？

吴：小的时候，常听赫哲族伊玛堪歌手古托力、嘎鹤特、三福玛发等人说唱，就学会了《安徒莫日根》、《杜布秀莫日根》、《尼逊萨满》等几部伊玛堪。1957 年，北京的刘忠波教授带领调查组来八岔访问时，我给他们说唱了《安徒莫日根》。这部伊玛堪主要讲的是：安徒是个萨满英雄，他离别故乡踏上征途，途中结交了不少朋友，娶了不少妻子。这些朋友和妻子帮助他神灵附体、赴阴追魂、复仇西征、战胜敌手，最后找到了安徒的父母，一起凯旋重建家园，过上了幸福的日子。除了唱伊玛堪《安徒莫日根》之外，还给调查组唱了不少赫哲民歌，他们都做了录音和记录，当时调查组中有我们赫哲人何景山、尤志贤。

黄：萨满有男的，也有女的吗？

吴：萨满有男的，也有女的。最早先是女萨满多，慢慢地到后来男萨满多了起来。八岔的几个萨满，都是男萨满。

黄：萨满在村子里主要做些什么？

吴：萨满为大家做的事情主要有这么几件：一是在村里主持全村的祭祀仪式，二是为患病的人跳神治病，三是春秋两季跳鹿神，消灾驱魔、庆贺丰收，四是为无子女的人跳神求子，五是为死者的亡灵送魂，六是用骨卜的方法为人判断吉凶祸福，寻找丢失的物品等。

黄：萨满还有别的称呼吗？

吴：不同的萨满有不同的称呼。送魂萨满赫哲语叫达特苏鲁特科切，治病萨满叫巴其兰，治小病小灾的萨满叫佛六兰，专治瘟病的萨满叫阿哈玛发。

黄：萨满是怎样传承的？

吴：萨满都是由上一代的萨满来选拔的。听老萨满说，神灵让谁当，谁就得当，不愿意当就会有祸有灾，病就不会好，甚至会变成残废。如大屯有一个叫臭松萨满的，他在年轻时答应当萨满了，但他不愿意干，一推再推，后来他变成了驼背。在勤得利村也有一个不愿意当萨满的人，后来他的眼睛瞎了，以后他又不得不学习萨满神术。

黄：新学萨满要学几年？

吴：最少要学三年，才能开始算正式萨满。刚开始学，要由外来的老萨满教，本家萨满不能教。老萨满先教击鼓，唱神歌，然后再教扭腰、跳神。初步学会后，要跟老萨满一起到有病的人家去跳神，一边跳一边向老萨满学习。

黄：萨满有哪些神具、神服和神偶？

吴：神具有神鼓、神杖、神棍、神刀、神杆、神旗、神箱、神器皿、腰铃、铜镜等。神服有神帽、神裙、神鞋、神袜、神手套等。神偶有天神、地神、石头神、山峡神、鸠神、鹰神、熊神、树神、祖先神、司鬼神、避邪神、痨病神、头痛神、肚痛神、爱米神、布克春神、萨拉卡神、额其和神等。萨满供奉的神偶有几十种，有多少动物，几乎就有多少神偶。

黄：大叔，你家里的亲属有当萨满的吗？

吴：我老丈人的父亲是个萨满，过去在勤得利村住。有一天晚上，他感到身上不舒服，对家里人说："不好，有仇敌来找我来了！"他一出门，就和仇敌打了起来。他出去时身上什么也没有佩带，但是那天屯子西头的人都听到了刀枪厮杀的声音。他的老伴点燃桦树皮火把出去找人，看到他身上穿着萨满服，倒在了地上，旁边有一片血迹，周围的草都倒了。他的老伴让村里的人帮着把他抬回了家。

黄：您给讲讲最早萨满的来历吧？

吴：听老萨满讲，在开天辟地的时候，有这么老两口，生了个儿子。那时天上有三个太阳，天气很热，把老两口的独生子给晒死了。老头非常悲愤，拿了弓来到太阳升起的地方，一连射掉两个太阳，让第三个太阳跑掉了。回家的路上，老头采柳树的叶子做铜镜，用它的枝芽做神帽角，削木头做木头神偶，回家后跳神，为儿子送魂。这老头就是最早的萨满。

黄：送魂是怎么回事？

吴：送魂，赫哲语叫撂档子，就是萨满跳神，把死者的灵魂送到阴间去。能送魂的萨满级别最高，法力最强。

黄：萨满跳神治病时都唱那些神歌？

吴：萨满跳神治病时唱的神歌有《请神歌》、《问病歌》、《驱魔歌》、《谢神歌》等。

黄：大叔，请您给我们唱一下好吗？

吴：我给你们唱一段《请神歌》吧：

阿日马力，所力给尼，

鱼骨制的萨满神冠（徐国制作）

休日米科衣——

波儿布肯（带路神），

铁萨日卡（护身神），

一对银额其和（护身神），

查尼色翁（守门神），

铁僧格（刺猬神），

八度长的阿真色翁（鳇鱼神），

三度长的朱坤色翁（水獭神），

十度长的熊木如（鲸鱼神），

铁打的阔力呀（神鹰）

力大无穷的其恰科陈（大雕神），

十五个胸前托力（铜镜），

九个脊背托力，

十五个套如（神鸟），

九个伊格墩（布鸹神），
十五个秀陈（老鹰神），
九个科库（杜鹃神），
能喷火的塔斯合（虎神），
漂亮的牙日格（豹神），
强悍的嘎尼科（凶神），
烈性的马日银（猫神），
震山响的哈俊（腰铃），
扫风起的都匹必替恩（神裙），
九个权的胡由科衣（神帽），
四尺长的西日俄啊分（神刀），
忠厚的爱米呀（保护神）！
敬请所有的色翁（神灵），
快来享用丰盛的供品吧！
……

黄：《问病歌》怎么唱的？
吴：根据患者的病情唱，有长有短，下面我唱几句：

是不是患者得罪哪路神灵？
嘿！咚咚咚！
是不是有过许愿至今未还？
嘿！咚咚咚！
是不是身子不洁冲撞神灵？
嘿！咚咚咚！
是不是家庙各神有过不敬？
嘿！咚咚咚！
是不是南山鬼怪兴风作浪？
嘿！咚咚咚！
是不是北山妖魔摄去灵魂？

嘿！咚咚咚！
是不是吊死冤魂前来讨债？
嘿！咚咚咚！
是不是狐仙鼠精迷住灵魂？
嘿！咚咚咚！
是不是有个萨满寻找替身？
嘿！咚咚咚！
是不是某个恶神寻找上门？
嘿！咚咚咚！

黄：《驱魔歌》主要唱什么？

吴：唱《驱魔歌》时，萨满前仰后合地猛敲萨满鼓，有时能跳起半尺高，敲一阵以后，边敲边唱：

敬火神（作者摄于1990年）

人无病不能卧炕不起，
请顺着战神方向查寻，
请沿着供神方向追踪，
请往各处庙堂去打听，
这里没有再去寻别处。
也许被横道而行的怪物带走，
也许让过路的闲神拖走，
此处没有再寻找别处。
说不定被鬼怪骗走，
有可能叫妖魔拐走，
哪儿有就到哪儿去找，
应该攻击的就攻击，
应该讲和的就讲和，
愿诸位神灵多多努力！
……

黄：大叔，再唱段《谢神歌》吧？
吴：《谢神歌》又叫《送神歌》，唱的时候鼓声很轻，慢慢地唱：

××神，××神，
在这场驱魔的战斗中，
各位神灵有很大的功劳。
如今供上拉拉饭，
还有美酒和煮肉，
并把圣克列香烟祭烧，
用来慰劳诸位神灵，
请你们都吃好喝好。
现在我们得胜了，
与妖魔的战斗结束了。

赫哲族图腾柱(2002年8月,作者摄于饶河县四排乡)

赫哲族护身神偶"额其和"(迟伟臣摄)

各位神灵可以回去了,
祝你们一路走好。
回到你们的住处,
好好休息睡个好觉。
等有情况再给大家报信,
请你们听到三通鼓声后赶到。
听清记住了吧,
千万别忘记了!

同江市街津口民族乡的图腾柱(作者摄于2006年)

唱完《谢神歌》,病人的家属用手指挑点小米饭粒抹在爱米神的嘴上,再向空中和地下弹点小米饭粒,敬萨满的神灵,跳神治病的仪式就结束了。

黄:萨满治病要不要报酬?

吴:一般是没有报酬,吃顿饭喝点酒就算完事了。如果遇到较重的病人，一天半天治不好，病人家就许诺萨满神一头猪或一只公鸡，这叫"许愿"。要是病人的病好了，就把许愿的猪、鸡送到萨满家中，这叫"还愿"。

萨满跳神鱼皮画（作者摄于2006年）

二、萨满文本

（一）萨满故事

一新萨满

（一）

明末清初的时候，松阿里①南岸有一个人名叫登吉五莫尔根②，占据松阿里南岸三姓③附近一带，自称本德汗④。在三姓东面五六十里，有一个禄禄嘎深⑤，屯中有一富户，户主名巴尔道巴彦⑥，娶妻耶勒氏。夫妻俩性情温和，生平乐善好施，信神敬仙。二人年近四十，膝下无儿女，因此夫妻时常忧虑，恐无后嗣承香火，因此更加虔诚行善，常祝祷天地神明，求赐一子，果然在耶勒氏四十五岁的时候，怀孕生了双胞胎男孩。生得方面大耳，声音洪亮，具非凡之相。巴尔道夫妻二人欢喜非常，远近亲友都来贺喜。众人都说，他

---

① 松阿里：赫哲语，松花江。
② 莫尔根：赫哲语，英雄。同莫日根。
③ 三姓：原名依兰哈拉。"依兰"，三，"哈拉"，姓，故译称三姓。即今黑龙江省依兰县。
④ 汗：赫哲语，有城主或国王之义。
⑤ 嘎深：赫哲语，村屯。
⑥ 巴尔道巴彦："巴尔道"，人名；"巴彦"，富翁。

们夫妻二人平素虔心敬神，行善好施，感动天神，如今得到一对好儿子，真是上天赐予的。巴尔道听了众客恭喜的话，更觉欢喜，叫家人杀猪宰羊，预备酒饭，厚待了那些贺喜的亲友。

巴尔道夫妻二人对一对儿子宝贵得视如掌上明珠。大儿子取名斯勒福羊古，小儿子取名斯尔胡德福羊古。兄弟二人面貌相似，从小聪明，长得眉清目秀。到七八岁的时候，就学习弓箭刀枪；到了15岁，箭法已很纯熟，百步之内百发百中。枪刀也很熟练，时常带领家丁，在本屯四方附近打猎。巴尔道巴彦夫妻常常嘱咐这两个儿子，不要往远处去打猎，倘若山中遇见虎豹猛兽，不免受伤。他们兄弟两个因遵守父母之命不敢远游，只在近地打猎。不过那屯附近所有獐、狍、兔、鹿等野兽，被他弟兄打得一天少一天了。因此，他们和父亲商议说："近处所有的野物，已被我们打完了，人家说在正南百里外，有一座大山，名叫赫连山，周围二三百里，山中野兽很多。我们兄弟两个想到那赫连山境内去打猎。一来我们能多打野物，二来我们看看山水景致。"巴尔道巴彦听说他两个儿子要往赫连山境内打猎，同时观看山水风景，就同妻子商议说道："如今咱们两个儿子已经十五岁了，未曾出过远门，现在他们兄弟二人，一定要上赫连山打猎，我总有些放心不下，你看怎么办法？"妻子说："照我的意思，还是不叫他们去为是"。斯勒福羊古兄弟二人，看他父母商量多时，结果还是不叫他们出门，只好遵从亲命暂时作罢。

过了几天，又在父母面前请求往赫连山境内打猎。一连商量两三天，巴尔道夫妻二人暗地里商议说道："我们两个儿子，一心要去找猎，明天不如准许他们前去一遭，同时看看山景，料想也不会有什么意外的事情发生。"次日清晨起来，把两个儿子叫到面前说："你们天天要上赫连山，今日你们可带领几十名家丁，一同前去打猎，"随后，又叫忠心的家丁二名，一个叫阿哈金，一个叫巴哈金，吩咐道："今天二位小主人上赫连山打猎，同时观看山景。故令你们二人带着五十人马护卫他们二人前去，路上一切事情，应当格外小心。现在快去预备马匹,收拾帐房①锅灶等物。"两个家丁听得主人吩咐,急忙退下去准备各物。福羊古兄弟二人听得父母应允,都很欢喜,随带弓箭武器,收拾妥当,拜别父母,各上坐骑,带了五十余名家人,直奔正南而去。前面有阿哈金引路,后面有巴哈金护卫。

走了一天,到日落的时候,才到了赫连山境界。就找了一块平地,扎下帐房,众人一齐埋锅造饭。饭烧好后,众家人用饭随后将马匹喂好。到了晚上,阿哈金、巴哈金二人吩咐众人说道:"你们都在二位小主人帐房四周围着睡觉,不要远离!"众人一齐答应,各自安眠。明日很早就起来,用完早饭之后,斯勒福羊古,斯尔胡德福羊古弟兄一看天气晴和,山中雀鸟乱叫,二人精神焕发,催着阿哈金、巴哈金急速收拾,准备上山打围。家丁听得主人着急,各将马匹备齐。阿哈金、巴哈金把二位小主人的马匹拉过前来,兄弟二人攀鞍上马,带领众人直奔山林而去。

来到山麓,吩咐家丁一齐排好,走进山林,齐声喊叫,不准乱走。众家丁答应一齐催马进林,一面喊叫,一面向林中前进。野兽听着众人的喊叫声一齐惊逃。斯勒福羊古兄弟二人另带领着阿哈金、巴哈金,从这树林旁边,绕道而行。跑到前头找那紧要的路口,等候野兽。主仆四人正在一高岗上,听众家丁在那树林中乱叫乱喊,不到一时,看见那树林中跑出两个大马鹿直奔过来。斯勒福羊古兄弟二人,在这边急忙拿起弓箭,看那两只鹿跑近前来,他们一人瞄准一只大鹿,一齐把箭射出去。这两枝箭都中了鹿身,一只当场倒下,另一只带着箭向旁边跑去。兄弟俩又各加射一箭也都中了;那鹿未跑出十步,就倒下死了。二人看见射死两只大鹿,欢喜非常。正在观看那死鹿的时候,阿哈金、巴哈金在前面说道:"那边又来了野物了。"二人听得有野物,抬头一看,果然又有六七只狍子奔来。弟兄俩又各射死一只,剩下的五六只狍子都转身向后跑去。此时后边的家丁也都赶到,把这五六只狍子四面围住,乱打乱喊。不多时,把这几个野物,打死的打死,活捉的活捉。众人将打死的狍鹿都放

---

① 帐房:露宿用的布棚。

在一处,欢欢喜喜地依次把皮剥去,解开骨肉,收拾完毕,都载在马上。斯勒福羊古说:"你们仍旧回到昨晚住宿的地方住下便是。"众家丁听主人吩咐,便一齐回到了原处。

斯勒福羊古俩人带家丁二人从西山脚绕道回去,一路在马上观看山景。四人在途中说说笑笑很是快乐。走到离昨晚住宿的地方三里地时,忽然从西南方来了一阵大旋风,就在斯勒福羊古兄弟二人马前马后转了两三个圈子,又往西南方刮回去了。当那风旋转的时候,他们兄弟二人都打了一个冷战,当时心中感觉非常难过。阿哈金、巴哈金两个忠心家丁看见这情形,很是惊慌,急忙上前护卫。不一刻,来到昨晚住宿的地方。家丁们早已来到,正在生火造晚饭。大家看见二位小主人忽然面色如土,吃惊不小,都面面相看。阿哈金、巴哈金把小主人扶下马来。众人连忙就地铺好被褥扶他二人来到铺上坐下。弟问兄道:"你心里怎样?"兄答道:"就是那旋风过去之后,我心里不知何故一阵阵的昏乱起来,现在更觉得昏迷了。"他的兄弟斯尔胡德福羊古惊异地说道:"奇怪极啦!我们兄弟二人怎么会同时得了一样的病症?莫非我们得罪了哪方的神仙不成?"便叫阿哈金、巴哈金二人急速往那方各位神仙焚香祝祷。阿哈金、巴哈金不敢急慢,就向天空跪拜,祈祷说:"当地山神大仙以及远方家朝诸神听着,今因我家小主人兄弟二人,忽然得了疾病,难以回家,因此祈求诸位神仙,保佑他们兄弟病愈回家,自当杀宰猪羊祭祀诸神,酬报保佑之恩。"

祈告完毕,起身来到主人面前一看,兄弟二人痛得大叫不止。此时已经日落天黑,二人愈见沉重。到了半夜,病势更加厉害。阿哈金、巴哈金着急万分,只得吩咐众人迅速去寻找大树的外皮,快快制成两架卧板。众人一齐急快上山找大树,剥去外皮,做成两个抬板。众人急速收拾,预备马匹,随后将二位小主放在两个抬板上,八个人用杆子把两个抬板抬起,连夜起程回家。走了二十多里,阿哈金向前探望,斯勒福羊古已经气绝而死。当时阿哈金未敢骤然说出,恐怕二小主人知道悲伤,病上加病,只对巴哈金低声说道"大小主人已经死去多时了,暂时勿令他阿弟知道,等到天明再说便了。"他二人暗地里悲叹，恨不得一时便回到家中。走到东方发白的时候，已离赫连山境五十多里，阿哈金听见二小主人哼了几声，后来也就没有动静了。向前一看，只见他面如金纸，瞪眼不语。阿哈金吃惊不小，就叫众人站住，众人一齐向前观看，那时斯尔胡德福羊古也气绝长逝了。此时众人方知大小主人已经死了多时，众人大哭不止。阿哈金、巴哈金哭得死去活来。

哭了多时阿哈金止住悲泣，对巴哈金说道："我们众人就在此地哭死，也是无益，况且人死不能复生，依我看来不如你先骑马火速回去禀报老主人知道，我与众人抬这两位小主人的尸首，随后赶到。巴哈金急忙骑马飞奔而去。不多时，进了屯子，来到大门外下马，将马拴在门旁，一直来到上屋。巴尔道巴彦和卢耶勒氏夫妻二人正在屋中闲谈，忽然看见心腹家人巴哈金来至近前，双膝跪下，尚未开口，就不住的流泪，后来竟放声大哭起来。巴尔道惊问道："巴哈金，你哭什么？莫非两个小主人打了你么？"巴哈金听了愈觉悲伤。巴尔道巴彦追问了两三声，巴哈金仍旧啼哭。巴尔道看此光景，大怒说道："可恨的奴才为何只是啼哭，不发一言？你再不说，我也要打你了。"巴哈金看主人动怒，便止住悲伤，抹去眼泪，往上叩头，把两个小主人在山上忽然得病，半路相继身亡的事禀告老主人。巴尔道夫妻听到两个儿子相继身亡的话，二人都是哎呦一声，往后仰倒，顿时昏去，不省人事。

（二）

巴尔道夫妻二人昏过去后，屋中所有人看了都很惊慌，上前把老夫妻慢慢扶起，众人一齐叫唤多时，始见他夫妻二人渐渐苏醒过来，喊到："巴那！"① 随后就放声大哭，哭得死去活来。后来巴尔道止住了悲伤，说道："巴哈金，速备两匹快马，我带你去迎接你两个小主的尸首。"巴哈金听了，哪敢迟慢，立刻出门，到马棚内拉出两匹快马，把鞍架预备妥当，回上屋禀明。巴尔道来到大门外，巴哈金把马拉过来，巴尔道向前攀鞍上马，巴哈金也上了马，在前引路。主仆二

---

① 巴那：赫哲语，天地。

人快马加鞭，走出十里多路，看见阿哈金率领众人，抬着两个死尸，迎面走来。

阿哈金看见老主人前来接灵，遂吩咐众人站住，把尸首放在地上。巴尔道走近前来一看两个儿子的死尸，好似钢刀刺心，几乎从马上掉下来，幸有巴哈金急忙向前扶着。老主人走到两个尸首面前，抱住了两个爱儿放声大哭，众家人也都是悲伤切切地哭了一场。阿哈金、巴哈金看见老主人一边守着一个尸首哭得昏迷过去，二人怕老主人伤了身体，便向前跪下，苦苦地相劝。巴尔道止住悲伤，歇了一会，吩咐阿哈金、巴哈金令众人把两个尸首抬走，众家丁急忙抬起，向禄禄嘎深走去。巴尔道自己骑马在前，自思自想："我夫妻年事均六旬，虽有万贯家财，也无人承继了。我的两个儿子死得也真奇怪呀！"想着想着，不觉已到自己家门，便吩咐把尸首抬进上屋，卢耶勒氏见两个亲生儿子的尸首到家，向前抱住一对儿尸，痛哭起来，巴尔道也痛哭不止，家中婢仆人等，无不悲伤落泪。

这时候屯中远近亲友都来慰问，众亲友见他夫妻哭得十分厉害，一齐向前解劝，夫妻二人方才收住眼泪。随后吩咐家人，把两个尸首放在屋中。卢耶勒氏上炕，开了衣箱，取出新衣服数件，亲自将两个儿子的旧衣服脱下，换上新衣。又命家人抬过两架新板床来，把两个儿子放在板床上，① 仍旧痛哭不止。巴尔道叫阿哈金、巴哈金两个家人来到面前吩咐说道："你们二人向那马群里去挑选红马十匹，白马十匹，青马十匹，黄马十匹，樱色马十匹，快去快来，预备作为二位小主人过火②之用。"阿哈金、巴哈金二人听了，即去选马。又唤一个家人名叫库克库来至面前，吩咐道："你领着几个人捉肥猪十只，肥羊十只，牛十头，立刻宰杀把肉煮熟，预备祭奠。"库克库遵命下去办理，随后又唤一个家丁名叫年麻喀的前来，家丁上前跪下，说道："老主人叫奴才前来，有何使唤？"巴尔道吩咐道："你去买纸箱两大

---

① 赫哲风俗，人死之后，在屋中板床上挺卧三日，方行入殓。

② 过火："赫哲人丧礼，人死之后，焚化纸箔，再用活马从东北向四南在火上走过去，便是过火。"过火以后的马能到阴间，不过火的马不能到阴间。

车，烧酒一百箱，作为祭奠之用，快去快来！"年麻喀领命下去。又叫来十几个女婢吩咐说道："你们快快做成散吉哈①、五巴其库②和泥泥如③各一百。明日就要应用，务须赶速办齐，不可有误！"

吩咐完毕，众人分头办理去了。巴尔道夫妻二人守着一对儿子尸首，悲痛不止。幸有亲友人等都来劝解。到第三天，家丁阿哈金、巴哈金、库克库、年麻喀以及十多个女婢一齐前来叩头禀道："我们已把主人所吩咐的物件，一一预备妥当了，请老主人过目。"巴尔道听说所要的东西都备齐了，就走到门外向院内一看，果然预备得整整齐齐。巴尔道正在院内查看这些过火用的物件之时，有一个守大门的家丁，名叫布库力，来至巴尔道面前禀道："大门外来了一个老头儿，要给两个小主人祭灵，我们看他的模样大概是讨饭的乞丐，因此没有准他进院。"巴尔道听说有一个讨饭的老头要来祭灵，随即吩咐家丁布库力快去领他进院，叫他随便吃喝。

家人布库力领命来到大门外，请老头儿进院喝酒吃肉。谁知这老头儿进来不吃不喝，直奔向屋内的两个尸身。走到前面，他就放声大哭。巴尔道一看这老头儿哭得如此伤心，亲自向前劝阻说道："你老不必过于悲伤，你且歇息，到厨房随便吃喝去罢！"这老头儿正色说道："我并非吃喝而来，我听说你家两个儿子死在山中，死得甚是奇怪。你何不去请一个萨满来过阴捉魂或许能有回生的希望。否则再过几天，死尸腐烂，那时即使有萨满能行这个过阴法术，也是难以复活。"巴尔道听到这话，急忙让这老头儿坐下，问道："你老人家倘能知道有本领的萨满就请你告诉我，以便前去拜请。"这老头儿说道："在这西面离此五十里，有一泥什海毕拉④，河东岸有一个嘎深，嘎深北首有一位女萨满，外人称她一新萨满，是一个寡妇。她的婆婆年近八旬，婆媳二人相依度日。我听人说，她能过阴追魂，使死者回生。"老人略略指说一会，往外就走。巴尔道苦留不住，一直送到大门外

---

① 散吉哈：赫哲语，用小米粉做的油炸食品，形如蛄。
② 五巴其库：赫哲语，用麦粉做的油炸食品，形如鞋底。
③ 泥泥如：赫哲语，用柳条编成的大筐。
④ 毕拉：赫哲语，河。

面,他一路走去,也不回头,出门走了十多步,一会儿这老头儿连影儿都不见了。巴尔道和众亲友都惊讶不已。

(三)

巴尔道巴彦看这老头儿一转眼便化风而去,就知道是神人前来指引。他回到上房,把神人指引的话告诉他妻子说道:"有一位老人,嘱我前往泥什海毕拉邀请一新萨满来行过阴法术。我去了以后,你须格外小心,看守这两儿的尸首!"他又嘱托亲友众人帮助看守,随后吩咐阿哈金、巴哈金说道:"从速给我备上一匹快马,套上一辆小车,我骑马先去,你们两个随后乘车赶来!"说完往外就走到大门。这时早已有人拉过马来,巴尔道上马往西奔去。不多时,来到了泥什海毕拉。河东边果然有一屯子。巴尔道直奔屯的北首,到了那里,看见有两间小正房,有一个中年妇人在院中洗衣裳。巴尔道急忙跳下马来,把马拴在大门一旁,来到院中,站在那洗衣的妇人面前,恭恭敬敬地施礼说道:"富金格格①,借问一声,北屯有个一新萨满在哪所屋子里住?"这个妇人带笑答道:"你向那边的几个人一问便知。"

巴尔道抬头一看,在南面不远,果然有几个修盖房屋的人,便谢过妇人,走出大门,将马牵着来到几个人的面前,施礼说道:"这几位莫尔根阿哥②,我借问一声,此屯有个一新萨满在哪里居住?仰求指示。"这几个人中,有一个老者向北一指,说道;"方才在那院子里和你讲话的那个妇人就是一新萨满。"巴尔道谢过了众人,急忙的回到原处,又把马拴在外边,往内便走,来到里屋,一看北炕上坐着一个白发老妇,在南炕上坐着方才讲话的那位中年妇人。巴尔道向着那妇人双膝跪下,眼中落泪,说道:"萨满格格,可怜我年老丧子,素知萨满格格神通广大,法术无边。今因我家两个儿子,在赫连山行猎,忽然得病,死在半路。因此特来邀请萨满格格替我想个法子,或能过阴捉魂还阳,使我那两个儿子起死回生,我情愿将家中所有牛马牲畜

---

① 富金格格:赫哲语,对妇人的称呼。
② 莫尔根阿哥:赫哲语,英雄哥哥。

等物，分一半给你，务望不要推却！"说罢连连叩头。

　　这位一新萨满急忙把他扶起，让他坐下，随后说道："我虽是个萨满，不过法术也很平常，没有什么大的本领，今日你老既然到此求我，待我请神下山看看你那两个儿子死去的原因"。一面说话，一面拿过一分清净清水，把脸洗净。在西炕上摆了桌案，上边放了一个香炉，炉内燃着僧其勒①，右手拿着鼓鞭左手拿着神鼓，跪在尘埃上，一面敲鼓，一面口中喃喃念着请神的咒语。不多时，神便下来附在她的身上，口中便唱道："巴尔道巴彦听着，你那大儿子斯勒福羊古因注定寿数已到，无回生之理。不过你那次子斯尔古德福羊古如果请有本领的萨满，依赖神力过阴，急速找寻他的真魂，摄回阳间，叫他附在原身，就能复活。"说完这话，神就离身去了。

　　巴尔道听说次子还有回生之路，再向一新萨满跪下叩头，苦苦哀求。她看这光景，知道无法推辞，只得答应。对他说道："你老快快起来，我跟你前去便了，但有一件事情，你要应允。"巴尔道应声答道："萨满格格别说一件事，就是十件、二十件，我也情愿应允。"一新萨满说道："既然如此，我就替你过阴，寻找斯尔胡德福羊古真魂。如能摄魂还阳，你要年年秋后，预备肥猪十只、肥羊十只、牛两头，祭祀我所领的众神，其余别的谢礼，一概不收"。巴尔道连声应允说道："萨满格格请你放心，别说一年一次的祭祀，就是一年两次，也能办到，决不食言。"此时阿哈金、巴哈金二人早已赶着一辆小车来到了。一新萨满一看车马已在外等候，就把前去之事，禀明婆婆。随即上炕将衣箱打开，拿出几件新的衣服穿上。梳洗完毕，令巴尔道把萨满所用的神鼓，神帽，神裙等件，用皮口袋装好，送到车上。这位女萨满走到婆婆近前说道："我去禄禄嘎深不知何时回来，你老人家在家好好的看守门户。家中若有事情，我自能知道。"告辞后往外就来。来到车前，不慌不忙地上车，坐在当中。巴尔道吩咐阿哈金、巴哈金迅速赶车，自己在车后骑马前进。

　　不多时来到禄禄嘎深。一新萨满在车上看见大门外有许多妇女前

---

① 僧其勒：赫哲语，香草名，用来敬神。

来迎接。车到近前,众妇女围着车辆。一新萨满随即下车。这些妇女向前扶着,纷纷道辛苦。她说道:"我们坐车来的,没有什么辛苦。"一面说话,一面向院里走去。众妇女在后面跟着,一直来到上房门首。众人让进屋内,请她坐下。她看见兄弟两个死尸放在板床上,心中也很悲痛。丫环们装烟的装烟,献茶的献茶。卢耶勒氏这两天守着两个死尸哭得两眼都睁不开了。这时听说一新萨满来了,一时又忧又喜,便让小丫环扶着,来到一新萨满面前跪倒,号啕大哭起来。

　　一新萨满上前双手扶起,劝解说道:"请大嫂不要过于悲伤,我在家已经把你两个哥儿死的原由查明了。你大儿子斯勒福羊古万无回生之法,因为是依尔木汗①注定他在十五岁某月某日某时归阴。你两个儿子在赫连山得病的日子,阴间的依尔木汗差遣一个鬼头,名叫德那克楚,前来捉拿斯勒福羊古的真魂。这个鬼头,领着依尔木汗的命令,用旋风来到禄禄嘎深,看不见斯勒福羊古再追踪到了赫连山。他兄弟二人正在骑马赶路,德那克楚看他兄弟两个,容貌完全一样,分不出哪一个是斯勒福羊古。当时旋转两三回,终究没有认明。后来出于无奈,便把兄弟二人的真魂,一齐捉回阴间。查看之后,方才认出哪一个是斯勒福羊古。遂把兄弟二人的真魂,先领到自己的家中,将斯尔胡德福羊古的真魂,留在家中,令他的妻子好好的看守。后来又带领斯勒福羊古来到依尔木汗的面前交代完毕。回到自己家中与他妻子商议说:"这个小孩子长得令人可爱,我们不如把他留下,当作亲生儿子。"他的妻子听丈夫的话,欢喜非常。现下斯尔胡德福羊古的真魂,就在他家。今天不是我夸口,三天以内必叫他还阳,起死回生。说得众人十分惊异,都是半信半疑。巴尔道吩咐厨下急速预备上等菜饭,不多时,酒菜一齐摆上,巴尔道亲自敬一新萨满酒,还有多个女亲戚陪着。不多时,吃完了。家人把碗撤去装烟斟茶。这时候巴尔道专等一新萨满替他的二儿子过阴捉魂,附体还阳。

---

① 依尔木汗:赫哲语,阎罗王。

（四）

一新萨满吃完了酒饭，对巴尔道说道："过阴之事不可迟延，恐怕死尸腐烂，就不好办了。你快快去请一个熟通甲立①的人来和我所请到的众神对答，以明过阴之理，急速请来为要！"巴尔道急忙吩咐阿哈金、巴哈金二人在本屯请来两三个有名的甲立。一新萨满看见请来两三个甲立，就吩咐在院中摆上香案，上面放着香炉。一新萨满走出门外，来至香案前面，亲自焚烧僧其勒，随后将自己带来的皮袋打开，拿出萨满所用的胡也其②，什克③，竹什必廷④，喀钟⑤等物，把过阴穿戴的东西穿戴整齐，手里拿着闻田⑥，就在院中跳起来了。跳舞一回，那神便附身问道："为了何事请我们至此？"这两三个甲立对答了几句话，那神就不问了。一新萨满对巴尔道说道："这几个有名的甲立，全然不通神理，请你再急速邀请一位懂神理的人来！"巴尔道听一新萨满说那几个甲立全都不明神理，就向前说道："萨满格格，我这屯中就出了这几个甲立，此外再无别人能当甲立了，恳求萨满格格你若知道外屯如有神理的甲立，请告诉我，以便火速请来。"一新萨满听得他如此说法，就对他说道："倘使你们屯中实在没有甲立，让我来指明一个吧。在西南方离这屯三十里地，有一个竹布根嘎深。这个屯中有一人名叫那林福羊古，此人熟通甲立之道。你急速差遣家人前往，把他请来，我好放心过阴。他若是不愿前来，你们就说一新萨满有口信请他快去。他知道我在这里，就一定来了。"巴尔道就差遣阿哈金、巴哈金二人骑着快马，又带了一匹马到了那屯请那林福羊古去了。

二人领命飞奔前往，来到竹布根嘎深。看见屯前有一群人正在那

---

① 甲立：汉人称为二神，萨满请神时和他对答之人。
② 胡也其：赫哲语，神帽。
③ 什克：赫哲语，神衣。
④ 竹什必廷：赫哲语，围裙。
⑤ 喀钟：赫哲语，腰铃。
⑥ 闻田：赫哲语，神鼓。

里练习弓箭，阿哈金下马来至近前，和那些众人施礼口称："众位阿哥，借问一声，这个屯中有一位那林福羊古吗？请问他家住哪里？"阿哈金话还未完，从那人群中间走出一个人来，向前问道："你是从哪个屯中里来的？你问那林福羊古的家有什么事情？"阿哈金答道："我是禄禄嘎深巴尔道巴彦的家人，因为我家两个小主人死后，我主人把一新萨满请来过阴，无奈缺乏甲立。因此一新萨满叫我们来请那林福羊古。"这时候后面又来了一个少年，手指着问话的人向阿哈金说道："这位就是那林福羊古。"阿哈金急忙深深行了一个礼说道："小人不知你老在此，所以当面提起贵人名字，请你恕罪。"那林福羊古笑道："既然如此，你们跟我来吧！"转身往屯中走去。阿哈金、巴哈金二人跟他来到一家门前。那林福羊古回头说道："你们二人暂且在此略等片刻。"说完这话，进院去了。他到上屋，向他父母禀告，把巴尔道巴彦来请他的事细说了一遍。他的父母说："人家即来请你，你就去吧！"那林福羊古就脱去旧衣，换上了一身新衣，穿戴完毕，拜别了父母，转身来到大门外。阿哈金急忙拉过马来，请那林福羊古上马。阿哈金与巴哈金二人也上了马，阿哈金在前头引路，巴哈金随后跟着。策马加鞭，飞奔前来。

不多时，到了禄禄嘎深巴尔道巴彦的大门前，这时候早有家人禀报巴尔道。他听得那林福羊古已经请到，急忙到大门外去迎接。那林福羊古看见有人前来迎接，不用人说就知道他是巴尔道巴彦，急忙跳下马来。巴尔道慌忙向前施礼说道："有劳莫尔根阿哥，不避辛苦，远道而来。"那林福羊古应声说道："巴彦马法①，谁都免不了有急事的，不要太客气了。"说罢走进院内。一新萨满正在屋内谈话，忽听得门外有人说话，留神一听，知是那林福羊古的声音，急忙离座上前迎将出来，在里间屋内相遇。一新萨满带着笑容说道："我知道你是谁请的贵客。"那林福羊古也笑着说道："你这个萨满真是难伺候，今日我若不看巴彦马法的分上就不来的了。"巴尔道请那林福羊古坐下，便吩咐家人预备酒饭，不多时酒饭已备好，就请那林福羊古和一新萨

---

① 巴彦马法：赫哲语，富老头。

满喝酒吃饭。此时一新萨满向巴尔道说道:"现在甲立已经来了,你可以到院中设立香案,以备请神过阴。"

巴尔道听说,便急忙把香案和一切所用物件布置妥当,一新萨满起身走出门外,来到香案近前,又将神衣神帽等物,穿戴整齐,手拿着神鼓,跪在香案面前,一面敲喜鼓,一面口中念念有词。那林福羊古也到香案前焚烧僧其勒。不多时神来附体,一新萨满忽然站起身来,绕着香案四面跳起舞来。那林福羊古也手拿着鼓,对答半天随后向巴尔道说道:"急速预备板床一个,公鸡两对,黄狗一只,黑狗一只,酱十斤,盐十斤,纸箔百锭,将鸡狗宰了和酱纸箔一并焚烧,以备萨满过阴时带到阴间,在路中使用,迅速办理为要!"巴尔道急忙吩咐家人照样办理不可有误。家人不敢怠慢,立即办妥了用火焚烧。这时候一新萨满躺倒在地,就像死人一般,过阴去了。那林福羊古看见一新这般光景,就知道已经过阴去了。他急忙吩咐巴尔道把卧床抬来,放在院中,再把一新萨满抬到卧床上面。又用白布盖好她的身体,另用大布棚在上边遮蔽着日光,差人看守着,自己也不离开。

一新萨满正在院中跳舞,忽然头昏眼黑,立即不省人事。不多时忽然明白过来,睁眼一看,他所请的众神,威风凛凛,都在面前围绕着。唯有那林福羊古在院中看守着一具死尸。近前仔细观看,原来就是自己的身体。这才省悟,自己已经过阴了,就向那林福羊古说道:"我赴阴之后望你小心看守我的身体!"一连说了几次,只见那林福羊古仍和巴尔道讲话,不来理她。这时她的爱米①走过来对她说道:"你在阴间,他在阳世,阴阳相隔,别说说话听不到,就是你打他也是不会觉的"。一新萨满才明白了,回头见那方才叫他们焚烧的鸡狗酱纸人等物,仍在院中,那些鸡狗还是用绳绑着,随即拜托众神,携带所用的物件,又令她的爱米前头引路,往西南大路走去。不多时到了一座高山。一新萨满问她的古热②是什么山。古热答道:"这阿林③就

---

① 爱米:赫哲语,神名,保护神。
② 古热:赫哲语,神名,问事神。
③ 阿林:赫哲语,山。

叫卧德尔喀阿林①，凡人死后到此山顶，才知道自己已死。"话未说完，已到了山顶，一新萨满站住了脚步，回头看见禄禄嘎深好像就在眼前，看见那林福羊古和巴尔道还在院中看守着她的身体，连巴尔道两个儿子的死尸也都见了。她心里想往四面观看，但众神等一齐催促她往前赶路。一路上众神不离左右前后护卫。又走了一会，眼前有一条贯通南北的大河，到河边一看，两岸并无船只，一新萨满一看并无渡船，就把手中的神鼓抛在河中。这鼓到了水面上，立时变成一只小船。她和众神一齐上鼓。这鼓自己飘飘荡荡地渡到西岸。

　　一新萨满等大家上了岸，回头把船拿起时，船仍变成了一面小鼓，再向西南方向大路走去。尚未，坐此鼓动上，走出一里路，路旁有一个安吉那安库②，里面出来一个人挡住去路。一新萨满一看，就是三年前死去的丈夫德巴库阿。原来他三年前因病身亡之后，他的真魂就在这阴阳河边居住，打猎捕鱼时常截路劫财。今日看见一新萨满携带许多东西打这路上经过，心里想道："这必定是富人归阴，我何不向前抢劫他的钱财等物呢？"想罢，手拿着木棍，跳出来挡住了去路。近前仔细一看，认得是自己妻子，向前惊讶地问道："你为了何事来到阴间？"一新萨满说道："禄禄嘎深富户巴尔道巴彦的两个儿子死了，求我过阴，追魂还阳，因此我现在赴阴寻魂，经过此地。"德巴库阿听了这话，上前一把抓住一新萨满的衣襟，大怒说道："你这个贱妇，能与人家过阴追魂，起死回生，何不将我的魂追回阳世呢？一来我们夫妻仍得团圆，二来家中七旬老母，有人奉养。你今日须先送我还阳之后，再赴阴寻找巴尔道儿子的真魂。否则，我决不能放你过去。"一新萨满说道："你想还阳，可是万难了，因为你的身体早已腐烂完了，身体不全，无法还阳。"德巴库阿听到不能复活的话，俞加恼怒，紧紧地拉着他妻子的衣襟。一新萨满一看这个光景，忽然心生一计。说道："丈夫，你倘要复活，请你将手放下，我将你送回阳世

---

① 卧德尔喀阿林：赫哲语，望乡台。
② 安吉那安库：从前赫哲人在山林中活动时，夜间就用草或树叶四面围住，当中烧火，人睡在火旁。

就是了"。德巴库阿听说使他还阳,就在那鼓面上坐了下来。一新萨满看他坐在鼓面上,回头吩咐她的萨满神名叫爱新布克春①,急速带他到那括文库阿林②后面,把他掷下。爱新布克春就把鼓和人一齐抬将起来,一会儿早已不见影踪了。一新萨满仍奔西南大道去了。不一刻到了一个关口,不少饿鬼拦住道路,不让她过去。

（五）

一新萨满来到关口,原来就是鬼门关。两旁出来许多饿鬼冤魂拦住去路,向她要关钱。她就把携带的金,银,酱,盐等物,都给了一些。他们便各自散去了。一新萨满一看鬼魂散了,就过关往前奔去。正走着,看见爱新布克春坐在鼓上从西南飞来了。来到近前,一新萨满问道："你把他带到什么地方掷的?"爱新布克春答道："我把他送到那括文库阿林后面掷下了"。说着,一面赶路。走了一会,看见这条大路分了三条支路。一新萨满走到那三岔路口停住脚步,问她的众神道;"赴阴的路为什么有三条呢?"众神答道："世人若被枪刀打死的都奔左边的那条支路,若是上吊水淹服毒而死的都走右边的那条支路,若因注定寿数已终而死的都走这中间的大路。今天我们走这中间的大道就是了"。一新萨满听了众神的话,就向那当中大道走去。

不多时,见前边有一小河阻路。一新萨满又问众神："我们到了什么地方了?"众神说道："这就是富尔金毕拉③,世人死后,来到北河岸的时候,非常口渴,看见河水,总想饱饮一顿,如若饮了这水,他就会忘掉了在阳世的一切事情"。说这话时,已经到了河岸一新萨满喊叫一声,当时有人答应。从上流来了一只小船,船中坐着一人,手执小竿,顺流航来。船到近前,一新萨满仔细观看,此人甚是面熟,就说道："请问这位老仗尊姓大名?"老人说道："我名叫达哈"。她听到达哈二字,忽然想起来了,这达哈便是她娘家的一个心腹家丁,在十年前已经死了。当他在世的时候,一新萨满还没有出嫁,所以听说

---

① 爱新布克春：萨满所领一种神。
② 括文库阿林：阴山。
③ 富尔金毕拉："富尔金"红色,"毕拉"河。

是达哈,她就想起来了。一新萨满叫道:"达哈你认识我吗?"达哈在小船上站起身来,揩着眼睛,仔细一看说道:"你不是安邦德斗格格①吗?"一新萨满答道:"正是"。达哈听了这话急忙跳上河岸,向前施礼,说道:"德斗格格你不在阳世居住,反到这阴间来是何原因?"她就把赴阴寻找斯尔胡德福羊古的事说了一遍。达哈说道:"我离开阳世十余年了,在这十年中,德斗格格学成了这样神通广大的萨满真是奇事"。一新萨满说道:"我赴阴赶路要紧,你急速把我送过对岸去罢。"达哈就把小船靠近河岸。她和众神等一齐上船,达哈也上了船,送他们到了那一岸。送给达哈酱盐纸钱等物,然后仍奔阴路。

走了多时,看见前面有一座大城。一新萨满回过头来问众神道:"前面的城是什么城,竟这样的庄严高大呢?"爱米在前头接口答道:"这就是那个依尔木汗的城池,这城周围有三道城墙。进城时要经过三道关门,各门都有守门官把守"。说着就已经来到第一道城门。门有两个门官把守。这两个门官一叫斯立克土,一叫斯合勒土。面貌凶恶,手执铜叉,向前拦住去路。问道:"你进城所为何事?"一新萨满说道:"因为城内鬼头德那克楚前天在阳间错捉斯而胡德福羊古的真魂,因此进城向他要回这个真魂。我今天经过你们这个城门,当奉上些金银,请你放我过去"。就吩咐跟随的神给他们每人五千纸钱。斯立克士斯合勒土一见纸钱到手,各自退后,放他们进去了。一新萨满便领了众神向前走去,不多时又到第二道城门,仍有几个把门的恶鬼拦住去路。她也送他们许多的纸钱,又得过去。走了一刻,到了第三道门,一看有八名鬼头把守,他们都面貌奇特,凶恶非常,向前拦路。一新萨满央求多时,终是不得过去,多给纸钱,亦是无用。她看来实在是不能过去的了,便摇身一变,变成一个阔里②。一霎那间竟腾空而起,飞进城中去了。

飞不多时,到了德那克楚的屋子上面,往下观看,院中并无一人,便轻轻地落在屋面上,但是不知斯尔胡德福羊古居住在哪个屋子里。

---

① 安邦德斗格格:"安邦",大,"德斗格格"小姐。
② 阔里:赫哲语,神鹰。

正在左思右想的时候，忽然看见那东厢房门开了，从屋内出来一人，看约十五六岁，长得眉清目秀，真是一个俊秀人物。一新萨满一看，心里想道："我在阳世，虽然未曾见过斯尔胡德福羊古，大概此人就是他了"。看他一出门外就往这院子的西南角上走来，她从屋上急忙飞来，到他的面前，轻轻落到地上说道："你是不是斯尔胡德福羊古吗？"斯尔胡德福羊古一看有个阔里落在地下，同他说话，便答道："正是我没错。你是谁？"一新萨满说道："这里不是说话的地方，请你急速坐在我的背上，我把你带回阳世去罢！"斯尔胡德福羊古听说回阳间的话，心中欢喜非常，急忙走上了这阔里背上，坐定下来。一新萨满嘱咐他千万不要睁眼。斯尔胡德福羊古连连答应，将眼紧紧地闭住。她便腾空飞起，飞到阴城第三道门外，轻轻地落下。众神还都在此等候。一新萨满叫斯尔胡德福羊古下来，自己又摇身变成原形，催众神带领斯尔胡德福羊古照旧路回去，自己在后面跟着。不多时回到福尔金毕拉的岸边。一新萨满又把达哈唤来，一齐上船，渡到东岸，又送给达哈许多纸钱离去。

那鬼头德那克楚自从那天把斯尔胡德福羊古收留在家以后，他夫妇二人，待他似亲生儿子一般，命他家人好好看守，自己每日上阎王殿前听令，如有公事，他就去办，无事便回到家中，天天如此。这一天清晨上殿听令，阎王命他往阳世去办理公事。德那克楚办完了公事，回阴间。走到半路，遇见一新萨满迎面而来。德那克楚看见一新萨满身上穿着护身神衣，头戴神帽，一身的神威令人害怕，又见她领着一个少年。留神看时，并非别人，就是那斯尔胡德福羊古。德那克楚看见他收养的儿子被她领走，大怒向前问道："你是哪里来的萨满？为何把我的儿子拐来？你若是知道情理，快快给我留下，万事都休，如若不然你休想回阳"。一新萨满站住了脚步，不慌不忙地对那德那克楚说道："我在阴间没有工夫来问你罪，你在此地吵闹，实在是讨苦吃。我今问你，你为何将斯尔胡德福羊古的真魂捉到你家，私养为儿？今日我遇见了你，正是凑巧，你我二人同回阴间，上殿见阎王，按照法律治罪便了"。说完这话，就要走回阴间。

（六）

德那克楚听一新萨满说出同去见阎王的话，立时吓得面孔变色，就在一新萨满面前跪倒，苦苦哀求，说道："萨满格格不必如此动怒，只因那日我奉阎王的命令，上阳间去捉拿斯勒福羊古的真魂，正遇见他弟兄二人，一同骑马行猎。我一时不能分辨，因此将他两个的真魂一并捉到阴间。后来方查明他们是弟兄两个，就把斯勒福羊古送交阎王，把斯尔胡德福羊古领到家中。我想当时就将他送回阳世，又怕延误阎王的公事。况且阎王如若知道此事，不但我有擅专的罪名，并且遭抄家之难。所以和我妻子商议将斯尔胡德福羊古暂留家中。如有人知道的时候，就说他是我的亲生儿子。现在已被萨满格格将他捉回，阎王既没有知道我的过失，那再侥幸没有的了。今日我因一时粗鲁，多多失礼，请勿见怪！"说完连连叩头，一新萨满向前将他扶起，说道："你若是已经知道有罪，我也不愿和你争论。不过一件事情要你帮忙，你若答应我的请求，我一定重重谢你。这个斯尔胡德福羊古虽然回阳得活，然而他的寿限太短，我求你回阴之后，在阎王面前恳求，替他再添上几十年的寿。我现在送给你金银一袋，公鸡两对，黑黄狗各一只①。德那克楚听得此言，应声说道："替他添上三十年，你意下如何？"一新萨满算了一算，斯尔胡德福羊古原有的寿是五十八岁，再添上三十岁，共有八十八岁的寿命。一个人活到八十八岁，也算长寿了。就把所带的鸡、狗、纸钱等物都送给德那克楚。二人又说了许多话，随后德那克楚向一新萨满告辞而去。

一新萨满领斯尔胡德福羊古的真魂和众神，欢欢喜喜地奔往阳世去了。不多时，来到禄禄嘎深巴尔道的院内。将斯尔胡德福羊古的真魂一直领到上屋。来到斯尔胡德福羊古的死尸前面，就把他的真魂推进他的死尸里面，使他附入本体。随后自己走到院中，看见那林福羊古仍旧在她自己身旁看守着，随即扑入原身。不多时，也就还阳了。

---

① 赫哲人相信鸡和狗在阴间是一种贵重礼物。

那林福羊古在旁听得一新萨满渐渐呼吸，又见她手脚动起来了，那林福羊古急忙令人焚香，自己击鼓，口中不住念还阳咒语。过不多时，一新萨满翻身坐起来，跳在地上，至香案前喝了三口净水。然后来到上屋，吩咐巴尔道将斯勒福羊古的尸首抬到外边，预备入殡葬埋。巴尔道急忙吩咐家人一一照办。

这一新萨满绕着斯尔胡德福羊古尸首跳起舞来。跳了一会，就令巴尔道向前用手摸斯尔胡德福羊古的身体，看有无热气。巴尔道还未来得及动手，他妻子卢耶勒氏早已向前，把手伸入她儿子的胸膛，摸了一会，说道："萨满格格，真有点儿热了"。一新萨满仍旧在地上跳舞，打鼓，口中不住地唱着萨满还阳歌。那林福羊古跟着她敲鼓唱歌。巴尔道夫妻一看斯尔胡德福羊古身上有热气了，夫妻不住地伸手探摸。又等了一会儿，只听得斯尔胡德福羊古徐徐地吸气。夫妻在傍听得儿子吸气的声音渐渐大起来，二人欢喜得不得了。过了片刻，斯尔胡德福羊古左右手脚齐动，随后翻身在床上坐起，睁眼往四面观看，只觉得好像做了一场大梦似的。但是他在阴间的事情记得很清楚。今见一新萨满在前跳舞，就认得她是领自己回阳的妇人。一新萨满见斯尔胡德福羊古醒过来了，就把所穿的萨满衣帽一齐脱下，坐在了炕上。

斯尔胡德福羊古见一新萨满坐了下来，他就急忙站起身来走到她近前，深深地行了一个全礼，说道："多谢萨满格格救命之恩，实在无以为报。"一新向前拉起他说道："请起坐下谈话吧！"斯尔胡德福羊古又向他自己的父母叩头。然后坐下和一新萨满谈起那阴间的事。巴尔道夫妻和众人听他二人讲阴间的事情，都惊讶不已。巴尔道看见斯尔胡德福羊古已经复活，夫妻二人又喜又悲。喜的是次子复活，悲的是长子长逝。随后一面办理丧事，一面办理斯尔胡德福羊古还阳的喜事。一连忙了几天，才办理完毕。又吩咐家丁阿哈金、巴哈金另行替一新萨满杀猪羊等物，预备祭祀她所领众神，酬报过阴之劳，并向那林福羊古道谢他的辛劳。阿哈金、巴哈金遵命办理妥当，一新萨满将众神祭祀完毕。众人就在巴尔道家中欢欢喜喜地住了几天。

一日，一新萨满对着巴尔道说道："巴彦阿哥，你的事已经办理完了，我也应该回家去了，因为我那老婆婆无人侍奉。"巴尔道答道：

"萨满格格，不要忧虑，老婆婆那里我早已差人去侍奉了。"一新萨满听了，称谢不已。甲立那林福羊古也要回家，巴尔道说道："有劳莫尔根阿哥，我无以为报，今在马群中选出这两匹快马，请你收纳，万勿推却"！那林福羊古听了他一片诚意的话，只得将礼物收下。巴尔道随即差遣家人将那林福羊古送了回去。后来一新萨满也要回家，巴尔道就命阿哈金预备小车。将她所带的衣帽等物，都装在车上，又添了两个大包袱，包裹里面都是新衣等物，是巴尔道送给她的。一新萨满上车，巴尔道亲自骑马送她回家而返。

采录者：凌纯声
采录时间：1930 年
（选自《松花江下游的赫哲族》）

那翁巴尔君萨满

（一）

从前混同江北岸有一个地方，名叫葛门嘎深，那里人民约二千余口。屯中有一个萨满，名叫克木土罕。在他 12 岁的时候，身患重症，几濒危亡。其母孀居，一夜，见一个白发苍苍的马法对她说道："古尔佳氏①，你只有一子，病势甚重，可速请萨满牙莫使②疗治其病"。克木土罕的母将要开口询问，马法已不见了。急行出门观望星斗，知是正在夜半。至黎明起身，用过早餐后，她就请临近妈妈到家中替她给儿子作伴，自己穿戴整齐，向东去请萨满。这萨满名叫额卡哈，克木土罕的母亲来到门口，额卡哈萨满令人迎入，请她上炕坐谈。克木土罕的母亲谦让了一会儿，上炕落座。寒暄毕，从怀中取出酒瓶一个，瓶内满盛白酒。她又向萨满之妻讨索酒壶烫酒，先向那萨满跪拜，斟

---

① 古尔佳氏：克木土罕的母亲的姓。
② 牙莫使：萨满神的一种，这'牙莫使'能预知凶祸福。

作者和吴连贵参加同江县政协会议（1979年）

酒献给萨满①，然后才说其子身患重症，特此来请萨满前去疗治，言时泪流满面。那萨满接过酒来，一饮而尽。连斟三杯，完全饮干后向克木土罕的母亲说道："安邦什②特来邀请，小弟不敢推却，即刻前去看病便了"。遂令家人收拾神鼓，神鞭、腰铃和有铁角的神帽等物，随克木土罕之母一同前往。

行至克木土罕之家，落座休息，吸罢黄烟，即行看病。她见克木土罕病势沉重，不免慨叹。克木土罕家中本无仆婢，无人服侍，即请母舅前来帮忙，替萨满升香燃烧僧其勒。又在西炕上放一张炕桌，桌上摆黄米饭二碗，祭祀萨满神。额卡哈萨满手拿神鼓，穿戴神帽神衣

---

① 赫哲俗凡请人，做一件事，或与人商酌事情，必敬酒为礼，烟次之。
② 安邦什：大嫂。

及腰铃等物,跳舞酬神。额卡哈萨满跳神治病,向前一闯,又向后一退。神附他身向后倾倒时,早有他的家人在他身后照料,不致倒在地上。克木土罕的母亲和舅舅二人计议后,立在额卡哈萨满左右两边向他耳边祝祷道:"萨满爷爷听着,你快快将我小儿之病治愈,病除之日祭供牛、羊、猪、鸡等畜每样两只,以报治病之恩。"二人祷告数次以后,方见萨满跃身而起,又舞了数次,乃对众人言道:"这个初初阿哥①的病症非是真病,乃是他曾祖父之萨满神作祟。我的爱米神再三向他们恳切哀祷,后来他们方有允意,但非要这个初初承领萨满

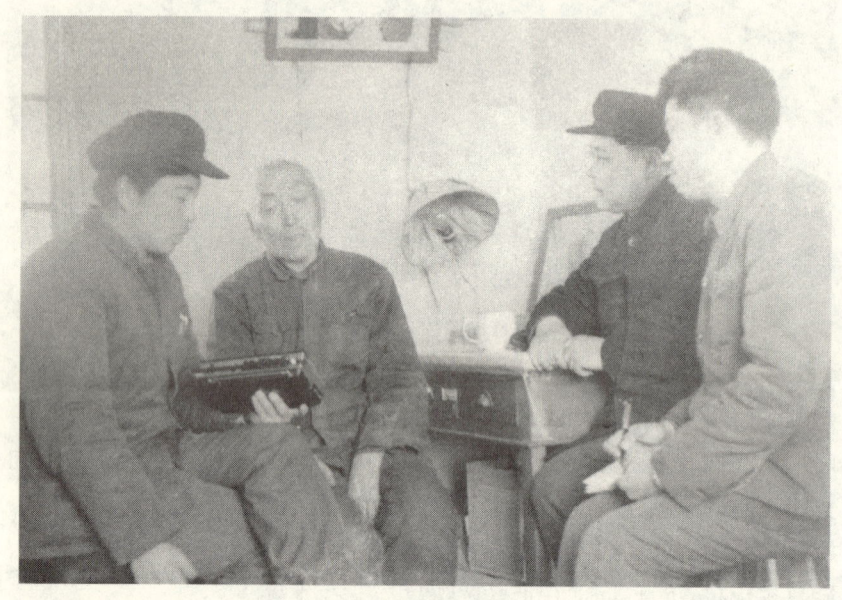

作者采访吴连贵老人(1979年)

神不可,其他治术无济于事。"言毕又行跳舞,且舞且歌。其歌曰:"也哥牙哥——也哥——牙哥——火古——牙哥——也哥——也哥——牙哥也哥——也"② 那时屋内众人也随声而歌,歌复行跳舞。

---

① 初初阿哥:"初初",男儿,"阿哥"哥哥,如汉人称友人之于为世兄。
② 火古牙哥也:"火古",神名;"牙哥也",求神速下之意。

太阳将落山时，萨满口念送神咒，萨满神便离了额卡哈萨满之身，旋回长白山山洞去了。额卡哈将神器物件卸去以后，克木土罕的母亲早已将酒菜齐上，请他用酒，母舅也陪坐劝饮。此时克木土罕的病立时大愈，想要米汤喝，他母亲这时候甚为安慰。额卡哈用过晚餐后，告辞回家休息。克木土罕的母亲再三恳求萨满明日仍来治病。萨满唯唯答允，辞别而去。克木土罕的舅舅将额卡哈萨满送到家中，即行回来。

（二）

次日早晨，克木土罕的母亲又带酒去请额卡哈萨满。仍是斟酒为礼，额卡哈对她说道："何必屡次敬酒，使我心中很为不安，可以免去"。克木土罕的母亲答道："此酒是敬萨满神的，如何可以免去呢?"这次额卡哈萨满只身随着她而去，行抵克木土罕家中后，闲谈了一会，令克木土罕端坐在炕上，又令他舅舅在克木土罕身后扶着，他自己把神衣穿挂齐整，下地跳舞，又来往舞了数次方开始诵歌。不多时，额卡哈萨满身体颤动，知道是神来附体。这时候家人等速将刻爱米神像两个，布尔卡恩①一支叉在屋内地当中。此时，额卡哈萨满愈舞愈精，他时时引导克木土罕，去捉那两个爱米神像，如此着两次，至第三次，克木土罕跃身而起，捉住那两个爱米神像，拿在手中。额卡哈萨满知他已领了萨满神，乃命克木土罕仍在炕上坐下，自行祝祷，叮嘱他的家属限五日内置办一切神具。克木土罕次日已能自行下炕行动，从此病症若失。母亲和舅舅欢天喜地，就于第二日措办神帽，神衣，腰铃，神鼓，神鞭等件。到了第五天，又请额卡哈萨满到家，领着克木土罕跳舞，且歌且舞，后来克木土罕独自跳舞，他本来年纪很轻，舞得极有精神，正在高兴之时，他忽然向后一仰。这时早有一人从后边扶住，然他四肢已不能转动。额卡哈萨满令他母亲向他的萨满神祝告许愿，许了一猪一羊附耳祷了一回，始见克木土罕苏醒过来。他跃身而起，大舞了一回神法，后经额卡哈萨满诵歌，将他的萨满神送回山洞。休息片刻，克木土罕仍请母舅送额卡哈萨满回家。

---

① 布尔卡恩：棍树枝，代表神仙。

从此克木土罕身体越发强壮。其神甚灵，如屯中有患病的人请他调治，真是手到病除，远近闻名，争来邀请。若替富户人家治病，病好以后，必送他牛、马、羊、猪各一，鸡一对。牛、羊、猪、鸡等畜都用来祭祀萨满神，惟马匹不宰杀，留作自用，牛也时常不宰。所以牛马成群，家逐日而富。

葛门嘎深以西四十里是兰尹嘎深嘎深达①名叫兰尹阿，年五十岁，膝下无儿，只有一女，名叫落雁，容貌绝美，年十九岁，尚未嫁人，正在待聘。这年，那屯中有患病的人被妖魔作祟。克木土罕那时候也十九岁了，偶至那屯闲游，屯中有人认识克木土罕，知是最著名的萨满，把这事转告病人家属。他们知道克木土罕萨满来到，举酒邀他前去治病。他百般推却，病人家属跪地恳求。此时兰尹阿也来请求，克木土罕方才允为调治，后因所用的神具都在家中，便默默口颂神歌。不多时，忽听空中哗啦哗啦声响，眼见得一套神具由空中落在院中。克木土罕穿戴齐整，摆设阵式，与鬼比武。摆的是刀山阵，火山阵。这天晚上，那病人仅上刀山而止，将上火山阵时，已被克木土罕用布拉符②将两人劈为两段。这时候病人家属及其亲友围住克木土罕不肯放手，说道："你这个萨满为什么将病人劈死？我们决不与你干休"。说罢就要动手殴打。克木土罕只是冷笑，说道："你们快向北走去，到离此三里的地方去救病人要紧，否则病人要冻死了！"众人这才走近病人细看，却是一条黑熊，原来是这个黑熊精扮作病人模样，与克木土罕比武。克木土罕知是黑熊精，故将他劈死。后来众人至荒野，寻到了病人，将他抬回家中，病人便日渐痊愈。

此次克木土罕声名远播，兰尹阿及其女落雁都在座观看，非常惊异。落雁对他颇有情意，兰尹阿当即托媒与克木土罕提说亲事。克木土罕答道："我上有老母，须先禀明，才可照办。"兰尹阿立时令木昆达③拉夫前赴葛门嘎深和克木土罕的母亲计议，他母亲立即套车往兰

---

① 嘎深达：村长。
② 布拉符：萨满赴阴时用的木杖。
③ 木昆达：族长。

尹嘎深而来，要先认媳妇，然后决定。到了兰尹阿家中，进门时，早有兰尹阿的妻女迎入进内落座，妇女辈都坐在炕里。克木土罕的母亲见落雁容貌很美，便允许结亲。兰尹阿夫妇都很欢喜，设席款待。当时克木土罕的母亲将身上穿的貂皮褂子脱下来，递给未婚儿媳作为定礼，那落雁羞得面红过耳，只得收下。克木土罕听说母亲来到也前来看望。他对母亲说妖怪之事，又入席饮酒。尽欢而罢，众人议定，在一车比阿①举行婚礼。这日母子二人就在兰尹阿家里住宿。次日早饭后，他们母子二人分别回家，克木土罕婚期将近，把各处亲友都邀请至家，杀猪宰羊，忙了好几日，这才齐全。婚期前三日，兰尹阿已将女儿送到克木土罕家中。结婚那一天各处的人闻风都来贺喜。克木土罕设席相待，整整忙了三四日，来宾方才散去。克木土罕与落雁夫妻二人非常恩爱，又能孝顺母亲，人人称赞。落雁产生九男一女，女儿名叫巴彦莫土②，长子名克伦德，次子名宜生，三子名福林，四子名兰格，五子名乌拉布，六子名卡山，七子名大连，八子名卡卡士，九子名那翁巴尔君。此时克木土罕年已六十余岁，家中牛马成群，猪羊甚多。他儿子每天在山中看守牛，羊，马匹。他最爱那翁巴尔君，美食美衣独给那翁巴尔君吃着，其余克伦德等八个儿子心中很为不乐，都说他父亲偏心。他们在牧场中时常谈论这事，惟次子宜生插口说道："你们别说父亲偏心，那翁巴尔君年纪最小，当然要爱惜他，以后请你们少说这种话。"众弟兄们这才不谈这件事情。

（三）

葛门嘎深对江有一个地方，名叫其米恩嘎深，嘎深达名西奇安，是一个大族人家。此人有两个儿子一个女儿，长子名西青布，次子名西俊布，女儿名西孟恩。家中共五六口人，惟同族人甚多，势力很大，长子已娶本屯人何容莫土为妻，次子西布正在择偶，尚未聘定。这年夏间因事乘船过江，至葛门嘎深，偶过克木土罕的家门，见房屋甚为

---

① 一车比阿：一车，起初，比阿，即月，一车比阿，就是正月。
② 巴彦莫土：富姑娘。

高大，便停步观看，正值巴彦莫土从内房里出来，追赶一只苦力马日克什克①，直赶到大门口。巴彦莫土跑出大门两三步，正遇着西俊布，将西俊步几乎撞倒，此时巴彦莫土羞惭难堪，无处躲避连忙退进大门以内，被她大哥克伦德看见，当而申斥了一番，巴彦莫土盛怒而去。西俊布见巴彦莫土风姿绝佳，从此心中时常思念，茶饭少进，乘船南渡回家后，卧病不起。其父西奇安见西俊布有病，心中烦恼，追问数次，西俊布不肯说出病源。西奇安对他夫人说道："西青布我娘呢②，你可以到西俊布卧处问问他的病源。"夫人赶紧前往探问。问了两次不答，又用好言相劝。后来西俊布说道："我在江对岸见一个姑娘，风姿绝美，是克木土罕萨满的爱女，正在待聘，小儿一心要托媒提亲，望母亲设法。"他母亲回至卧房与丈夫商议，决定明日摆酒前去提说亲事，又命西青布带了白酒等物去请来好几位老丈至家守候明日渡江求亲。

　　次日西奇安带领西俊布、木昆达及老丈等五六人行至江岸，乘船渡江，直向克木土罕萨满家院而来。及至大门，克木土罕萨满迎接出来。引入内室分宾主落座谈话，克木土罕与西奇安从小相识，至此一会，更相敬爱，即令人办了一桌酒席。不一刻工夫，酒菜齐上，克木土罕恭恭敬敬款待来宾。西俊布乘他父亲与克木土罕等饮酒之时，见巴彦莫土在一间屋内独自坐着，就抢步进去抱住巴彦求欢。巴彦急呼一声，二个女婢应声而来，那西俊布撒手跑出去了。巴彦至母亲前诉说一切，其母忿怒不止，将此事告知她的长子，克伦德也怒得暴跳如雷。那西奇安向克木土罕说道："我儿西俊布恋爱你家的女儿，请将她许给我的儿子为妻。我也有一个女儿，名叫西孟恩，可以与你的儿子为妻，你我两家彼此换亲。你们如嫌我们隔江居住，事成之后，我们可以都迁移在此处，与你同居，做买卖时，彼此可互相帮助。如向我们要极重的聘礼，我也无不遵命。"

---

① 苦力马日克什克：苦力马日，是一条条的花纹，克什克是猫，就是花狸猫。
② 西青布，是西奇安长子的名字；我娘，是小孩子对母亲的称呼；'呢'，有'的'字之称。赫哲俗：夫称妻，往往称为某子或女名的母亲。按汉俗如此称呼者甚多。

(四)

克木土罕萨满被西奇安追问,进退两难,本来有心将女儿许配,但见西俊布相貌长的奸诈,便默而不言。长子克伦德心中早有计划,应声说道:"即是我们两家作为换亲,就此决定便了"。这晚上西奇安和他带来的人都在克木土罕家中住下。克伦德想妹妹几乎被他所辱,非设法报复不可,便带着尖刀来到江岸上,将西奇安的乘船在船底下挖了几个洞又用黄土将小洞填平,然后上岸回到家中。次日,西奇安见亲事已定,便辞别返家,回到江岸,即令开船渡江,将渡至大江中心之时,船底小洞内灌进许多水,愈灌愈深,眼见满船都是水,捕水胜捕。西奇安父子以同来之人等惊骇得不知所措,不多时,那船完全沉没水中。他们虽识水性,然正在江心无法可想,西奇安父子及同来的七八个人溺毙江中,其中有一位老丈附于船板上随波而下,不曾溺毙便回来报告。西奇安的妻和他的长子得了凶信,哭得死去活来。克木土罕也得了西奇安溺毙的信息,不过叹息而已。

他的儿子仍在山中放牧牛羊,后因附近鲜草,已经吃完,只得赴远处牧畜。长子克伦德率领众弟赶牛马羊前赴远方,择有草之地放牧,惟幼子那翁巴尔君为父母所宠爱,不令远牧。那翁巴尔君到了十四岁时,也有时与诸兄在一处牧畜,每见众兄若有过失,他便急速回来向他父母告诉。他是年幼无知,往往直言,因此众兄很嫉妒他。克木土罕因为爱惜这那翁巴尔君,又替他做了一件彩衣,众兄见了,就更加怨恨。有一天早餐时,那翁巴尔君对众兄说道:"我昨夜的梦很是稀奇,我们在野间割喂牛马的青草,我拥着捆起来的青草站着,你们拥着捆的青草围绕着我的草捆下拜呢!"众兄齐答道:"难道你要作我们的额真汗①么?你要管辖我们吗?"众兄因为他的梦和他的话,所以格外恨他。又有一天早餐时。他父及众兄都在座吃饭,他又说道:"我

---

① 额真汗:头人、首领的合称,表示尊敬之意。

昨夜梦见我哥哥们各人所骑之马①及我父所骑之马共九匹马,都向我所骑之马屈前蹄下拜"。他父亲听得,就现骂他说道:"你这做的什么梦!难道我和众兄都来俯伏于地拜你么!"他的众兄都嫉妒他更深了。后来克木土罕惦念儿子及牲口,便遣爱子那翁巴尔君前去探望哥哥和牛马羊群。那翁巴尔君辞别了父母,出得大门就往兰尹嘎深而去,走到山边,见众兄弟都在山南坡放牧。

(五)

克伦德弟兄们远远地望见幼弟那翁巴尔君骑马而来,就商量要害死他,彼此说道:"那做梦的来了,现在不如将他杀了,抛在一个井里,就说被猛兽吃了,且看他的梦有什么效验。"那翁巴尔君的二哥宜生生性孝友,听见众兄弟商量要害死那翁巴尔君,就想救他。他对他们说道:"不可以害他的性命,也不可流他的血,但将他抛在这里野井中好了"。此时那翁巴尔君行至众兄那里,他们就剥下那翁巴尔君的衣服,又将他抛在井中,那井是一个枯井,井中无水,他们就席地坐下,吃那个家中带来的食物。众人正在吃干粮的时候,兰尹嘎深路上远远的来了一行人。行至近前看时,却是爱珲人。马上驮的物品很多,是向北去做买卖的。乌拉布对众兄弟们说道:"那翁巴尔君是我们的同胞手足,不可下毒手,害他有伤天理,莫如将他卖给爱珲人。众兄弟就听了乌拉布的话,把小弟卖给爱珲人为奴,双方议定身价共计七块孟翁②。爱珲商人带了那翁巴尔君向他本国去了。克伦德等弟兄宰了一只公羊,将那翁巴尔君的那件衣服染了羊血,就打发人带那件衣服回到他们父亲那里,说是他们拾得这件衣服,请父亲认一认这件衣服是否是那翁巴尔君的。他们的父认得是爱儿的衣服,就说道:"这是我儿子的衣服,他一定是被恶兽吃了。"克木土罕萨满已经年衰,所领的神有时不灵,所以不能先知,哀哭了许多天,说是必定要

---

① 赫哲富户牛马成群,中户亦有马二三十匹,牛也有二三十头,小户之家亦有牛马十余匹。家中子弟是至十余岁已能骑马,即在马群之中自行择选良马一匹,不得多选,亦不得乱骑乱用。

② 孟翁:银子。

悲哀到进了布牛①见了儿子才止，终日哀哭不止。

爱珲商人带着那翁巴尔君到他本国，将那翁巴尔君又转卖给库叶部落的法宫禁街章京②杜哈提。库叶国版图广大，非小国可比，出产也丰富。国王名叫美尔山汗，朝臣甚多，谋士亦不少。真是礼贤下士英明之主。各部落的大臣武将亡命归来者日见增多，然大汗必先查询原因，方准纳入，如有不肖之辈，因奸邪情事亡避难者，一概却而不受。因此各部落与库叶国并无恶感。禁街章京杜哈提是一个富户，婢仆五十余名。其夫人名叫蓉棠爱叶，很有姿色，现下不过二十七八岁。这位杜哈提章京将那翁巴尔君从爱珲商人手中买过来，那翁巴尔君就在他主人府中服役，很是殷勤。他做事一点不怠慢，主人很宠爱他，就派他管理家务，将所有产业都归他执掌。自从那翁巴尔君来后，家中诸事如意，田禾茂盛。杜哈提心中想道，必是这个那翁巴尔君有点福分，不然家事为何这般顺利呢。他因此时常夸奖那翁巴尔君的能干，更加爱惜他，那翁巴尔君外表雅秀俊美，妇女们都很爱他，但是他怕近妇人，因为年少而嫩的缘故。他主母蓉棠爱叶见了那翁巴尔君年少貌美，顿起爱慕之心。这一日，她对他说道："今天我们禁街章京前赴汗宫议事，我久已存心爱你，你可否和我同寝？日后你我二人，天长地久作为秘密夫妻，你心中愿意否？"说得那翁巴尔君羞惭万分，闭口不言。

（六）

蓉棠爱叶爱慕那翁巴尔君容貌，顿起淫心，就要与他通奸。那翁巴尔君执意不从，向主母说道："我主人将一切的家务都交给你执掌，你是主人的夫人，我怎敢做出这样忘恩负义的事？"言毕退出。但是他主母念念不忘，时常和那翁巴尔君说话，送他最好的食品及新鲜的水果等物，只是那翁巴尔君总不理会她。又一日，那翁巴尔君进屋内做事，家中人没有一个在那屋内，他主母就拉那翁巴尔君的衣服后襟

---

① 布牛：阴曹地府或黄泉坟墓。
② 章京：官名。

说道:"你替我办了这件事情吧",那翁巴尔君进退两难,只得将衣服留在他主母手里,就跑到外边去了。章京夫人见那翁巴尔君将衣服留在她手里跑到外边去,立时叫家人来对他们说道:"你们看家主章京带来的少年到我这里调戏我,他来了要与我同寝,我就大声喊叫,他听见我喊叫,即将衣服遗留在我手里,就向外跑去了,这衣服可以作为证物。"众人见了,都说那翁巴尔君即为人奴,不应做这件欺主之事,议论了一会,各自散去。

那天日落之时,章京由汗宫回来,见夫人满面怒容。夫人望见章京进内,两眼落泪。杜哈提章京不解其故,向夫人询问原因。夫人回答道:"章京所带来的奴才①那翁巴尔君到我这里来调戏我,我放声喊叫,始未受辱。他将衣服遗留在我这里,就向外边跑出去了"。章京听他夫人说那翁巴尔君调戏她,又有衣服为证,就发起怒来说道:"我待他也不薄,他竟敢欺辱主母,实属可杀!"也不讯问那翁巴尔君,就打发家人五六名将那翁巴尔君送到五也勒处②的巴力③牢屋中监禁。管监狱的图山④名叫阿亚巴图,人忠厚明达,对狱内罪犯都很优待。罪犯之中有冤屈者,必极力设法营救。所以人人称他为好图山。阿亚巴图今见那翁巴尔君是少年英俊,不像作恶的歹人,他又是同乡人,当即将那翁巴尔君提到自己的阿尔板卓⑤讯问一切。那翁巴尔君见了阿亚巴图将要下拜,狱官说道:"不必下拜,我且问你,你为着何事被杜哈提送来监禁,你可以确实告诉我,我必设法救你出难"。那翁巴尔君不禁泪珠滚滚,将前事从头至尾告诉狱官,狱官才知道他的冤屈,将他放在洁净的屋内。那狱官见他伶俐敏捷,就将狱内囚犯都归他管理。这监狱是全国最大的监狱,狱内囚犯均是臣僚,如平

---

① 朝廷大官及富户家中都有奴才,以牛皮注明奴才的姓名年岁、籍贯、三代尊称及其现管之木昆达之姓名。此种牛皮名曰"牛皮档子"可以永远保存。主人若是慈善,可替奴才娶妻成家,奴才所生的孩子继续为奴。

② 五也勒处:审讯犯罪官员的所在,如大汗手下的臣僚有罪,均归五也勒处审讯。

③ 巴力:黑不见光之义。

④ 图山:官名。

⑤ 阿尔板卓:官舍或公堂。

章①，章京，哈番②等官员中有违犯国法者，都在这狱内治罪。

（七）

有一天，那翁巴尔君突然发狂，面如土色，胡作胡闹。他身上的阔月如工③哗啦啦自己脱开了。他立起身来向狱门走去，到了狱门，以手指那狱门，铁锁自落，狱门大开。那翁巴尔君疯疯癫癫地对狱官说道："你们真好，将我们的儿子禁在此处，受尽苦难。"他又走出门外，提起一块大石，要想捣毁狱门，狱官及狱卒吓得面无人色。内中有一个狱卒向狱官献计道："他必是来了神啦，你可以恳切央求他，必能有效"。狱官这才向那翁巴尔君恳求道："你且息怒，那翁巴尔君本来无罪，因为强力所逼，不得不在此暂押，我必设法救他出狱。"他听见狱官的话，便把石头向旁边抛去，伏在地上不能动弹，良久方始睁眼。狱官向他问道："你做的事可知道吗？"那翁巴尔君意欲站起来，手足麻木答道："我一些不知道"。狱官乃令狱卒扶他入屋内休息。

他这次疯癫大有原因。就是那翁巴尔君的父亲克木土罕的萨满神见克木土罕年过花甲，精神已退，不便扶助，又不得春秋祭祀，故全行脱离。其众子都没有领神的骨骼，只有他的幼子远在北方，可以领神，所以打发两个爱米神寻觅那翁巴尔君居住的地方。神人寻来寻去，寻至库叶汗城，便附在那翁巴尔君的身上，疯癫了一回，经狱官阿亚巴图央求，这才止住不闹。因为那翁巴尔君父亲的萨满神全行附在他一身上，嗣后那翁巴尔君无伦何事，都能预先知晓。若有为难之事，口诵神歌，神明即能代为解决。这神歌是萨满神梦中传授给他的，原来那翁巴尔君有一天晚上梦见一个马法，飘然由狱门而入，直至卧处叫道："那翁巴尔君你有所不知，我是从前你曾祖所供奉的神，春秋必祭，你现在可以继续领神。虽无神具，亦可举行领神，藉此治世，拯救万民于水火之中。如遇有艰难之事，汝可预先诵念神歌，哥曰

---

① 平章：官名。
② 哈番：官名。
③ 阔月如工：锁链子。

'火古——亚哥——也——火古——亚哥——也'，诵三叩首，神即将临，汝在异国，不妨传授神教，切记切记。"言定便不见了，那翁巴尔君自此以后，领受神歌，能未卜先知，狱中囚犯询问生死，那翁巴尔君预料丝毫不差，说是那囚犯应受活埋，后来那囚犯果如那翁巴尔君所料，说是某犯当于某月某日释放，至期果然获释。

现在狱中有一个左平章名叫伊力布，是最著名的好官。他因直谏获罪下狱。狱官看左平章是一个好官，总有出狱复职之一日，为营救那翁巴尔君计，就令那翁巴尔君服侍左平章。他嘱咐那翁巴尔君道："你可以殷勤服侍那左平章，他若出狱复职，你也可以随他出狱。"左平章因在狱中，见那翁巴尔君实属殷勤，便问他入狱的原因。他便将被主母逼迫诬陷之事一五一十地陈述一遍。左平章道："我出狱之后，一定设法救你出狱，"那翁巴尔君听了，心中甚为欢喜。转瞬已过了两个多月，这一夜这位左平章梦见屋中起火，火势甚大，无处回避。正在焦急之时，见一个少年由外飞立墙上，将一条绳子往他身上一套，提出墙外，令他逃走，醒来却是一梦。左平章伊力布心想此梦大概是凶多吉少，闷闷不乐，便请那翁巴尔君圆梦。那翁巴尔君对左平章说道："此梦易解，火起屋中是吉祥之兆，跳出墙外是出狱之兆"左平章伊力布听了这话，很是欢喜，对那翁巴尔君说道："我要是出狱必定救你，不过不知道何日方能出狱？"他向左平章道谢，口中默默地念诵神歌。不多时，神来附体说道："你问此位平章出狱日期，期不在远，月底即能出狱。"平章及从人均听见这话。那翁巴尔君自己当萨满神附体时候，就不知所言何事，等到旁人述说，才知道萨满神降临。隔了几天，库叶汗因朝里有事，臣僚许久不得解决，大汗心中愤怒，对从平章、章京、罗颜①、图山说道："有了国家大事，尔等许久不决，不若左平章伊力布的明断。"他就下令将左平章由狱中提出开释，仍蓄官复原职，在朝内执掌国政。不料这位左平章出狱后，竟将那翁巴尔君完全忘却。那翁巴尔君在狱中如鸟困笼中一般，天天盼望左平章伊力布救他出狱。

---

① 罗颜：官名。

有一天晚上，库叶汗美尔山在他第二位福晋①房内安眠，恍惚已入睡乡，梦中步行走进后花园内观赏各样花草，偶至梨树之下，见有三棵梨树，开的白花很是茂盛。且看且赏，正值得意时，忽从西南方刮来一阵大风，那梨花立见枯瘦，纷纷落在地上。大风经过后，又见那梨树渐渐地萌芽，所开的花较之前次的花差得很多，大汗心中甚为不乐。正在那时，被他的福晋叫醒，左思右想，解不了这个梦。次日早晨到前廷宣招各平章、章京、罗颜、图山以及哈番等大小官员五十余名，计议国事，计划完毕，便说出梦中所见之事，令众臣僚解释。不料众臣僚们都不能解释。这梦使美尔山汗又闷又气。这时候左平章伊力布想起了那翁巴尔君解梦的事，便向美尔山汗说道："现在狱中有一个被押的人，名叫那翁巴尔君善断梦中吉凶，他又有神人相助，所测祸福非常灵验，现在可以令人提那人来解释大汗的梦。"美尔山听了伊力布之言，乃令派章京悦明额备了新衣服新靴帽往牢屋去提那翁巴尔君。

到了牢门，狱官阿亚巴图迎接出来，将章京迎入。二人寒暄毕，装烟斟酒茶的招待，章京向阿亚巴图问道："这牢屋之内可有葛门嘎深的人名叫那翁巴尔君吗？"阿亚巴图连说有有。那章京将大汗宣召那翁巴尔君的事说与阿亚巴图知道。阿亚巴图这才进内将那翁巴尔君的铁锁卸去，又令他梳洗完毕，将大汗所赐衣服给他穿上，然后对那翁巴尔君说道："现今大汗宣召你，你要小心，不要疏忽，切记为要！"嘱咐完毕，令那翁巴尔君跟随章京去见大汗。及至汗宫门前，那章京首先进内报告大汗，大汗立时升殿宣召那翁巴尔君进见。那翁巴尔君将进至宫门，见两边站立许多武士，手持长抢，里面摆着金瓜月斧，很是威风。这时那翁巴尔君有些害怕，但是只得跟那章京一同进去。进内一看，见上面坐着一位四五十岁的人，想必是美尔山汗。两边有五六个人侍候，座前站立共有二十余人，想是平章，章京，罗颜，图山，哈番等官。左边头一个人站立的就是那狱中被押的左平章伊力布。那翁巴尔君只得爬上前去，匍匐在地，口呼额真汗万岁。

---

① 福晋：嫔妃、夫人之意。

美尔山汗见那翁巴尔君秀雅俊美，人品端方，心中十分爱惜，开口问道："你叫什么名字？多大年岁？你可平身对讲。"那翁巴尔君这才抬起头来，往前走了两三步，对大汗说道："奴才名叫那翁巴尔君，今年二十六岁，系葛门嘎深的人。"说至此处，美尔山汗就将所作之梦，叙述与那翁巴尔君听，那翁巴尔君听了，沉吟一会，心中打算以后，对美尔山汗奏道："额真汗作的这个梦容易解释，梦中见三棵梨树是三年之意，梨花盛开是指此地能得三年的丰收，后见大风吹落梨花，就是指此地将有三年的旱荒，请大汗委派精明练达之臣，在各城屯办理积聚粮食的事，方可无虑。"美尔山汗听得那翁巴尔君之话，心中十分欢悦，回过头来对左平章伊力布宣示道："派令那翁巴尔君就在平章阿尔板桌卡轮①。"左平章唯唯听命，又计议了些国事，宣示博得勤②，文武官员退朝各自回府去了。左平章伊力布令那翁巴尔君至平章阿尔板桌任职参与国事，那翁巴尔君就在平章处任事，自有伏役人等侍候，日子过得很安乐，暇时想到他的父母，就不免落泪悲伤。

　　转瞬将近三年的光景，这三年以内各处收成丰富，美尔山汗派那翁巴尔君前赴各城屯办理积粮③。种户一律须将收种的粮食十分之四送交给各城长官存储。如此者三年，那翁巴尔君办理此事不遗余力。人民多有烦言，怨国王不应如此重征粮米，至于各渔户的鱼干肉干等食品，也按四分送入官中存储。过了三年，到第四年，这年从春初至秋后一直干旱，赤地千里，滴雨不降，耕种无收，渔猎无获，又兼瘟疫盛行。那翁巴尔君萨满神中的阿哈马法④能治瘟疫，法宫内所有染病的人经那翁巴尔君早晚跪求，得免死亡，其余平章、章京等官之家，有病者均求那翁巴尔君跪恳求神，连平民来求他治病，他也前往。自此以后，美尔山汗愈加信任。这一日，大汗宣召众臣齐集殿中说道："今那翁巴尔君来到本国，系奉萨满神差遣，特来拯救吾国人民，我

---

① 卡轮：在职，服务。
② 博得勤：退务。
③ 从前松花江及黑龙江乌苏里江沿江一带出产粮类就是大米，小米等类，其他粮食不知种法，又缺乏种子，多不种植。
④ 阿哈马法：萨满神教所领的神，对于瘟神痘神娘娘自称为'阿哈马法'

今派他辅左本汗治理本国，尔等都应听他的吩咐。"言定，将自己所穿的黄呢褂袍脱下来，替那翁巴尔君穿上。

（八）

美尔山汗看那翁巴尔君做事精明，又能通神，十分宠爱。大汗福晋亲兄名叫非格图，有一女儿名叫德均贝叶，系汗宫中最尊贵的亲属。大汗便将她向那翁巴尔君说婚为夫妻，择日举行结婚仪式。结婚这一日，奏乐声音远达数里，各平章、章京以及各城安邦①齐来道贺。各安邦均在办理积储粮食之时与那翁巴尔君认识，所以在他结婚之时都来贺喜。那翁巴尔君设宴相待，各来宾尽欢而散。到了第二年，仍如头一年，更是凶荒，人民嗷嗷待哺，各城的安邦前来报告各处的灾荒情形，请予开仓。那翁巴尔君与各平章、章京计议，乃派章京，平章，罗颜各一员分为三道，前去放粮。各城次第放粮，库叶部落的人民得此粮食，方免饥饿，别国人民也来库叶部落要粮。

近日那翁巴尔君在仓库要粮。忽然由东方来了七人七骑，到这里要粮。那翁巴尔君细看这些人，却不是别人，正是他胞兄们克伦德等七个人，就是他二兄没有来。他们七个人来此要粮，那翁巴尔君令家奴去叫他们前来问话。克伦德兄弟七个都到那翁巴尔君面前俯伏在地。那翁巴尔君假装不认得，用专属的言语和他们说话，问他们是从那里来的。众兄弟们答道是从葛门夏深来此要粮。那翁巴尔君对众兄弟们说道："你们是奸细，为了窥探本国的虚实来的。"众兄弟们答道："额真，奴才们是要粮来的，我们七人是同父兄弟，都是老实人，并不是奸细。"那翁巴尔君又说道："胡说！你们必定是窥探这地方的虚实来的。"众兄弟们又答道："奴才等本是兄弟九人，第二个兄弟在家里侍奉父母，有一个小兄弟已经不在了。"那翁巴尔君说道："我说你们是奸细实在不错，你们把二兄带到这来才可以证明你们的真假，不然我指着我的神起一个誓，必定不放你们走出这个地方。"那翁巴尔君心疑众兄弟们又害了他二兄，所以教他们带来看看，才可放心，又把他们下狱监禁。

---

① 安邦：官名。

一天晚上，他行至狱中，听见众兄弟们私自议论说道："从前不应该害那个小兄弟，以今日神人令我等受这个苦难。"他们说的这些话都被那翁巴尔君听见，自己急行出外，到无人之处，悲哀落泪。他又将脸擦干，然后进内说道："你们兄弟七个人留下一个人在这狱中，等候你们二兄来这里，那便是有了见证，你们就照着这样行吧。我且问你们，你们父母可在世吗？"从弟兄齐答道："我们父母在家里呢。我们二兄就是侍奉父母的，所以不曾一同前来。"众兄弟议论质押的人，就中排行第五个名叫乌拉布对他众兄弟说道："你们都回家，我独留在这里候你们便了"。那翁巴尔君看时，正是救他的五哥，甚合其意，说道："如此正合我意，就留他为质。"众兄弟就将乌拉布留在狱中，恳请那翁巴尔君放粮给他们，将所带的银钱都交上去，那翁巴尔君将他们的银两点完了以后，转致家奴道："你可将粮米放与他们，装在口袋中，将这银两装在袋中，给他们带回去，不可有误！"克伦德等众弟兄行至路住下，各人打开口袋看时，见口袋之内银两如数装在里面，弟兄们大为惊异。到家以后，对父亲将各事说了一遍，他父默然不言，要来粮食不及半月就吃完了，他父亲又令他们向库叶部落去要粮，并将老五接回，众弟兄都不愿前去，恐怕被押，不得已，只好带领宜生骑马向库叶部落而来。

那翁巴尔君这日傍晚之时，令奴才预备一桌酒席，宴请狱中的五哥乌拉布。乌拉布由狱中提出，恐惊万状，家奴说过："我们额真特设酒席请你赴宴。"乌拉布听了这话，才觉放心，进内落座，此时乌拉布并不认识那翁巴尔君。那翁巴尔君令左右的人一齐退出，便与五兄相认。乌拉布这时才恍然大悟，兄弟二人抱头而哭。那翁巴尔君说道："等阿哥们回来，再令他们回葛门嘎深去接父母及家眷等都移居到这里来，可以成为一个大族人家。"

克伦德复行带领众兄们前赴库叶，行至要粮地方，远远地望见那翁巴尔君和乌拉布站在一处观看要粮的人。他们众哥哥们来至近前，见了那翁巴尔君，就俯伏在地，对他禀道："我们已将二弟宜生带到这里来了，"那翁巴尔君问道："他在哪里？"他长兄克伦德答道这就是他，那翁巴尔君又说道："这恐怕不是他吧。"长兄又答道："我们奴才们要欺骗我主，就算我们在我主面前有罪的人了。"那翁巴尔君是认得他二兄宜生的，不过故意问问他们罢了。他又吩咐他们到家里去休息。宰杀牲畜，预备酒席，家人将众弟兄们领到家中休息去了。

那翁巴尔君带领他五哥乌拉布到各处宫殿看，到了正午时，带着他五哥乌拉布回去，到家中一看，见众兄都在屋内休息，他们看见那翁巴尔君进内，排列站立。那翁巴尔君吩咐家奴设席款待众兄。酒至数巡那翁巴尔君对长兄克伦德说道："安邦阿哥①你可认得小兄弟吗？"克伦德这时见问，不能回答。那翁巴尔君道："你记得十余年前卖给爱珲商人的那翁巴尔君吗？我就是那翁巴尔君，是你们的小兄弟，我是父亲的神差，遣我到这里来拯救人民，并保护你们全家性命的。"言定，悲不自禁。长兄克伦德又是惊怕，又是羞惭，一言不发。那翁巴尔君又对他们说道："你们不要悔恨，这是我父的萨满神差遣我到这里来做库叶国部落的最大罗颜，执掌他的国政，管理他的全家，众兄们不要惊怕，明日就烦众兄回至葛门嘎深请父母来我这里居住，众兄们所有家眷及物品羊牛马都可以迁移到这库叶地方居住，我们可成为一个大族人家。"众兄弟对那翁巴尔君谢了恩，饮酒欢宴，尽醉而散。那翁巴尔君吩咐家奴预备好上好的衣服及鲜美食品带回去送给他的父母，那翁巴尔君留下二兄宜生，五兄乌拉布二人在他家中居住，其余众兄都打发他们回葛门嘎深迎接父母去了。这里那翁巴尔君领着他那两个兄弟长去见美尔山汗。大汗听得那翁巴尔君从前受的苦楚，如今见了众兄的面，不加责罚，甚为赞赏。又对宜生，乌拉布问道："你们在家乡作何营生？"宜生答："我们在家以渔猎为业。"美尔山汗道："你们将家眷都迁到这里来，我要将库叶地方的美物赐予你们，使你们享受幸福。"又对那翁巴尔君道："你将他们安置在最好的地方，不可怠慢。"那翁巴尔君领命退出，在城内择了最好的房舍，用银两向人民手中买过来，预备给他们居住。

一月后，他长兄克伦德回到家中，说是幼弟那翁巴尔君打发他们回来接父母及家眷的。其父克木土罕听他儿子之言，落泪说道："我

---

① 安邦阿哥：弟或兄的称呼，即大哥之意。

不想那翁巴尔君还在世上,我真想在布牛父子相见呢。"言毕收拾所有的东西,领着牛马羊猪等北上。他儿子有赶牛马的,有赶车的。不及月余,已到库叶的都城,早见那翁巴尔君带领妻子出城迎接。那翁巴尔君见了父母,俯在地,哭个不住。克木土罕抱着他儿子的头大哭,然后说道:"我的爱儿不必哭了,这是我们父子重逢的好日子,应当欢乐才是。"那翁巴尔君这才收泪不哭,乃令父母至家,令妻子与父母行家中之礼,都是跪拜叩首,并设席宴饮。美而山汗知道那翁巴尔君的父母来到,就派章京前来慰问。那翁巴尔君将众兄们都安置于城内居住,后来那翁巴尔君又娶了一妻,生有四个儿子,众兄们也生子甚多,成了库叶地方的第一大族。嗣后,其父克木土罕逝世,举办丧葬仪式,不亚于大汗的葬仪。众人都称赞那翁巴尔君能以神力统治库叶,又能友爱兄弟,真是一个忠臣孝子。

故事家吴连贵(作者摄于 1980 年)

采 录 者:凌纯声
采录时间:1930 年
(选自《松花江下游的赫哲族》)

安徒莫日根

啊啷——

早年,在顺江中游的地方,住着一个小伙子,名叫安徒。在他很小的时候就没有了阿爸和阿妈。他的阿爸和阿妈是被敌人抓去做奴隶了,过日子的一切都得自己动手干。他每天捕鱼,打猎,采野果、野菜。安徒很聪明,也很能干。

有那么一天，安徒来到江边，看见有只大船顺着江边划过来，他很高兴。很长时间没见过有人来往了。不一会儿，船就划到他跟前。安徒一看，船上划桨的、岸上拉纤的都是姑娘。他就蹲在江边打水玩儿，看热闹。姑娘们看见了安徒，都停下划桨、拉纤，因为安徒长得很好看，姑娘们越看越爱看，都忘了干活儿了。这个时候，有个小伙从船舱里伸出头来，骂姑娘们为啥不划桨、拉纤，总盯着那个小伙子瞅。这时，船上又有个老人出来劝小伙子不要怪姑娘们，省得惹事，这样船就划过去了。

安徒还站在江边，东张张西望望。过了一会儿，又来了一只船，这只船上划桨的、拉纤的也都是姑娘。姑娘们看见安徒都发呆了，又都停下了划桨、拉纤。这个时候，又有一个小伙子从船舱里伸出头来骂姑娘们为啥不干活儿。可是，这小伙子仔细一看，认出了安徒是他表哥，姑娘里最漂亮的那个是安徒的表妹。

安徒认出了自己的表弟和表妹，也很高兴，就请他们到自己家里来做客。安徒家里一下子来了这么多的客人，自己也不会做啥好吃的，咋办？他想了想说："姑娘们，你们自己动手做吧，塔库通①里面有啥，你们就做啥吃吧！"

姑娘们有劈柴的，有担水的，有洗米的，有切菜的，有收拾鱼的，有拿鱼干儿的，一起动起手来。不大一会儿工夫，饭菜都端到桌上来，大家便吃喝起来。客人们在安徒家里住了三天三夜，安徒和他的表弟喝了三天三夜的酒，他们喝得烂醉如泥。

安徒的表弟不能在这儿耽搁太久，他们准备动身了，还劝说安徒跟他们一起走。安徒很高兴地答应和他们一起去。

安徒离开家这天，痛痛快快地喝了一顿酒。为了表示报仇的决心，他把酒壶、酒杯都给摔了。

安徒离开家的时候心里很难过，把家里的东西收拾了一下，把各种神也都安排好了，然后向神祈祷说：

---

① 塔库通：鱼楼子。

> 赫哩勒——赫哩勒——
> 那尼——赫哩——给格——
> 请诸位神灵听清楚,
> 我就要离开家乡出征了,
> 我的心里很不好受。
> 请你们在这里保佑好家园,
> 要是我在外边有灾难,
> 请诸神前去搭救我。
> 听清记住了吗?
> 啊日那——
> 啊嘟——

安徒是个大胆的好汉,他又朝东南西北四个方向大声叫着:

> 赫哩勒——赫哩勒——
> 那尼——赫哩——给格——
> 要是哪个有能耐的神,
> 能够战胜我家的神,
> 占领我可爱的家园,
> 我甘愿绕三百里走过去,
> 也决不回到这里找麻烦,
> 我会把我的家园让送他。
> 啊嘟——

安徒把一切都安排好了以后,就和他的表弟、表妹上了船,离开家走了。

这样走了几天。一天,安徒走出船舱,站在船头上张望,发现船也没走出多远,还能看到他的家乡。安徒嫌船走得太慢,有些不大高兴。他对姑娘们说:"你们歇会儿吧,我来想想法子。你们把船帆扯上去。"说完,安徒向自己家乡的方向祷告,请他的神灵来帮助。刚祷告完，就刮起了大风，船像被风吹起来的一样。船身晃得太厉害了，没有人能掌住舵。于是，安徒又祷告，请神灵来掌舵。刚祷告完，就从西北方向飘起一朵白云，飘到船的上空就散了。大家忽然觉得好像有个啥东西坐到了船的尾部，船立刻就平稳了。这船乘着风，破开了满江的浪，像箭一样向前飞去，带起来的大浪漫过了两岸的高岗，填平了江边的洼甸。这样走了几天，来到一个霍通①。他们把船停下，上了岸，往霍通里走去。来到霍通里，看见一群人，正围着一个白发苍苍的老人。这个老人就是这个霍通的额真，他正朝着大家说：

赫哩勒——赫哩勒——
那尼——赫哩——给格——
英雄好汉们听清楚，
我有个女儿十八岁了。
前来说亲的人太多了，
我也不好答复你们了，
只能用比武选女婿了。
现在我提出三个条件：
一是正南方树洞里有一只恰克陈②，
二是东南方水中有一条爱新达乌③，
三是西南方山坡上有一个库玛卡④。
谁能把这三件东西拿来，
我就把女儿嫁给谁。
听清记住了吗？
啊日那——
啊喇——

---

① 霍通：城。
② 恰克陈：大雕。
③ 爱新达乌：金鲢鱼。
④ 库玛卡：鹿。

人们听了这三个条件后，都摸摸脖子，挠挠头，没有一个敢吱声的，因为，那是很难办到的事情。

可大家都说老人的女儿长得很漂亮，神灵本事也很大，虽然说这三件东西很难拿到，可也还有人想碰碰运气。这时，有个小伙子从人群中走出来，他说要去试试。人们都很佩服他，也替他担心，可也只能是为他向神祈祷。

这个小伙子回家收拾了一下就出发了。走了一个多月也没个信儿。后来，人们听说这小伙子在道上被狼吃掉了。消息传开以后，额真又召集了霍通里的人，告诉他们，如果有谁再去试试，还可以去。这回一个也没有要试的了。

这个时候，安徒从人群中走出来说："如果你们谁也不敢去，那我就去试试看。"安徒告诉表弟在这里等他几天。说完就出发了。

一天，他来到一个到处都是死人骨头的地方，十分可怕。可这没有吓住勇敢的安徒莫日根。安徒踏着尸骨往前走了不远，就见到一棵几个人搂不过来的老枯树，树干上有个大窟窿。安徒觉得奇怪，捡起一个死人的脑壳儿扔到窟窿里去。过了一会儿，从里面飞出一只恰克陈。这只恰克陈又大又凶，爪子又长又尖，但是看来有些老了。恰克陈看到安徒，伸伸脖子，张张嘴说：

  赫哩勒——赫哩勒——
  那尼——赫哩——给格——
  小伙子你听着，
  咱们无仇无恨，
  你来干啥？
  是来抓我的吗？
  那咱们就试一试吧。
  我虽然老了，
  也不会让你制服的！
  啊嘟——

恰克陈说完，直奔安徒扑上来。安徒上前抓住恰克陈的两个翅膀就摔打起来。他们在地上翻滚着，一会儿恰克陈翻到上边，一会儿安徒翻到上头，这样打了好大工夫。恰克陈有点儿支持不住了，被安徒摔倒，把它的两条腿和两个翅膀捆上背回霍通来。

霍通里的人们听说安徒把大恰克陈抓回来了，都很佩服。大家把安徒围起来，问这问那的。老额真也很高兴，招待了安徒，鼓励他再去捉那爱新达乌。

第二天，安徒又朝着东南方向出发了。过了几天，又把爱新达乌给抓来了。

这次，安徒又向西南方向出发了。走了几天，来到一座大山脚下，看见东南山坡上有只库玛卡在吃草。安徒很怕惊跑它，在草地上慢慢地向前爬，可还是被库玛卡发觉了，它拔腿就跑，闪了两闪就不见了。安徒也使出平生的力气，两脚蹬得沙石乱飞，乌烟瘴气，快似火光地追去。

正在这个时候，不知道从哪里来了个讨厌的家伙，挡住了安徒的路。安徒问他为啥挡住自己的道儿，想干啥？这个不知名姓的小伙子说有事要和他说一说。安徒问他要说啥，小伙子说：

  赫哩勒——赫哩勒——
  那尼——赫哩——给格——
  我叫火图莫日根，
  现在正和别人打仗，
  需要有个人帮助我。
  我今天和你交朋友，
  也好日后互相帮忙。
  啊嘟——

安徒哪里顾得上这些？他说：

  赫哩勒——赫哩勒——

>　　那尼——赫哩——给格——
>　　你说的事情我明白了,
>　　这些事情以后再说吧。
>　　我要赶快追那库玛卡,
>　　追不上就得输给人家,
>　　也不能去替阿爸阿妈报仇了。
>　　啊嘟——

火图说:"这个好办,我来帮你的忙。把我的金镯子送给你,你在这里等着,我去替你抓库玛卡。不过,你千万不能把这金镯子给别人呀。"说完,火图就像扔火炭儿似的火星乱溅,一晃就不见了。

过了一会儿,火图就把库玛卡拖回来交给了安徒,还说,以后有啥困难,连叫三声"火图",就会来帮助他。说完,火图就走了。安徒和火图就这样成了好朋友。

火图走之后,忽然,从西南飞来一只阔力。它伸伸脖子,张张嘴,对着安徒说:

>　　赫哩勒——赫哩勒——
>　　那尼——赫哩——给格——
>　　刚才来的那个小伙子,
>　　送给你的那个金镯子,
>　　那是他偷我的,
>　　请你还给我吧。
>　　啊嘟——

安徒也不理它,背起库玛卡回来了。

额真看到安徒完成了他提出的三件事,非常高兴,答应把女儿嫁给他,让他们结婚。这一来,全霍通的人们都忙起来了,热热闹闹地办置酒席。

在宴席中,安徒给客人挨个敬酒。当酒敬到一个叫奇布求莫日根的时候，他故意为难安徒，三次倒酒，三次都装作没接住，把酒杯掉到地上。安徒很生气地对奇布求说：

赫哩勒——赫哩勒——
那尼——赫哩——给格——
你这个小子真不识抬举，
比武的时候要取回三件东西，
你像老鼠躲猫一样藏了起来。
我拿回三件东西你却眼红，
敬你酒不喝倒找起毛病来，
有能耐咱们出去比试比试。
啊嘟——

奇布求也火了，他俩到外边就摔打起来。这样打了几天，也不分上下。这时候，空中飞来一只阔力，对奇布求说：

赫哩勒——赫哩勒——
那尼——赫哩——给格——
你干嘛费这么大的劲，
请你往旁边躲一下。
我给他一点儿厉害看看，
让他知道我们是不好惹的！
啊嘟——

阔力说完，从空中俯冲下来。这更气坏了安徒，安徒把两腿叉开，用力跺脚一站，双腿插进地里，一直没到膝盖。他抬起一只脚时，地皮掀开，土块儿乱溅，从他的脚后跟下也飞起一只阔力，向奇布求的阔力冲去。没几下，安徒的阔力就把奇布求的阔力从空中劈下来，摔死在地上。死了的阔力是奇布求的妻子。

打胜了的阔力，对着安徒伸伸脖子，清清嗓子说：

赫哩勒——赫哩勒——
那尼——赫哩——给格——
你知道我是谁吗？
我是你表妹撒尼德都。
自从你离开家园，
我一直在跟着你，
一时一刻也没离开过。
啊哪——

接着，这只阔力又对奇布求说：

赫哩勒——赫哩勒——
那尼——赫哩——给格——
你要是有能耐，
就站稳你的脚，
亮出你的头，
让我来撞一下，
看你的脑袋有多硬！
啊哪——

奇布求听了很生气，站起来迎战，也被安徒的表妹从空中猛冲下来，把他给劈死了。一场战斗之后，又继续喝了几天酒，大家对安徒都很敬佩。可是，安徒没和额真的女儿结婚，让她给他的表弟撒拉秋莫日根做了妻子，撒拉秋也就成了这个霍通的新额真。

这回安徒一个人出发了，他决心要为阿爸阿妈报仇。

安徒一个人走了几天，又到了一个村屯。这个村屯原先是奇布求管的，因为他们的额真被安徒打死了，所以老百姓都降了安徒，他们为表示对新额真的忠顺，便设宴庆贺。安徒正在喝酒的时候，他的表弟、表妹和同船出来的姑娘们抓来了一姑娘。这个姑娘是奇布求的妹妹奇布钦德都。他们抓来这个姑娘，是让她嫁给安徒的，安徒很高兴，于是，他就在这里娶了第一个妻子。

安徒娶了第一个妻子后，住了几天就又出发了。

走了几天，他来到一个地方，前面是一座很高的大山，在山坡上只有一座孤孤单单的小房子。安徒在房子周围仔细看了一遍，觉得很奇怪。这里没有别的，都是一些女人用的各种用具，像水桶、扁担、柳条筐、熟皮子的木槌和木砧什么的。

安徒走进屋里一看，有一位很漂亮的姑娘，正坐在炕上做针线活儿呢。这个姑娘见安徒进了屋，好像老熟人一样，给安徒点烟、倒水。唠了一会嗑儿，姑娘说："我给你做饭吃吧。"立时就换上了紧身衣衫，穿上了半截短袍，扎上了围裙，"齐日叉日"、"梯斯他斯"① 地炒完了菜，摆满了一桌，还暖了一大壶酒，叫安徒坐了上座，自己在旁边陪着喝酒。

安徒很喜欢这个姑娘，喝过三杯酒，安徒就向这个姑娘求婚，姑娘也很高兴地答应了。这是安徒的第二个妻子，叫尼莫内德都。

安徒在这里和尼莫内德都过了几天甜蜜的日子，又出发赶他的路。

走了几天，又来到一个霍通。霍通中间立着一个大托落杆子，上面落着一只阔力。阔力看见安徒来了，就向着霍通喊天呼地喊起来：

　　赫哩勒——赫哩勒——
　　那尼——赫哩——给格——
　　你们抠抠耳朵好好听着，
　　多少天就等着的安徒来了。
　　现在已经进了我们的霍通，
　　赶快准备领兵迎战吧。
　　听见了吗？
　　啊日那——
　　啊嘟——

---

① 齐日叉日、梯斯他斯：形容炒菜的声音和干活干净利落。

安徒进了霍通，刚走到一家门口，就从屋里出来两个粗壮高大的莫日根，看来是哥儿俩。他们走出来啥话也不说，就拽着安徒打起来。

他们这样打了几天几夜，安徒越来越弱了，只能招架，没有力气进攻了。这个时候，安徒请求他们哥儿俩停一下，歇一歇。哥儿俩一看，安徒也快完了，在他死前满足他的要求也算对得起他了，就说："好，叫你歇一会儿。"安徒借着休息的空儿，朝着家乡插蒿当香，磕头祷告，请求他的神灵保佑，还叫火图前来帮助。刚祷告完，忽然刮起一阵飞沙走石的大风，随后，火图来了，把他们哥儿俩随风带走了。

全霍通的老百姓都降顺了安徒，照例设宴庆贺新额真。过了几天，火图也不知道从啥地方转了回来，安徒高兴极了，俩人碰杯痛饮，发誓要永远互相帮助。说完，火图又自己打仗去了。

火图走了以后，尼莫内德都和撒尼德都，还有几个不认识的德都，又抓回来一个姑娘。尼莫内德都向安徒介绍说，这几位德都是火图的妹妹。抓回来的姑娘是被火图带走的那哥儿俩的妹妹，叫胡沙德都。她们把胡沙德都给安徒做了妻子，她成了安徒的第三个妻子。

安徒在这里住了几天，又出发了。一天，来到一个高岗上，他坐下一边休息，一边四下看。忽然看见西边的江面上有一只船划来。安徒走下高岗，上前打招呼。那船也靠了岸，船上坐者七个男人，他们是七兄弟。这七兄弟的大哥忙格莫日根对安徒说：

    赫哩勒——赫哩勒——
    那尼——赫哩——给格——
    你这个小伙子好好听着，
    你知道这是啥地方吗？
    这里不能让你随便路过。
    我们七人打你一个不公平，
    我们也不想欺负外乡人，
    咱们就比一下谁跑得快。
    往南一百里有一棵金树，
    谁要先跑到那里再跑回来，

继续跑到北沙滩上就算胜。
你要是胜了就从这里过去，
你要输了就从这里退回去，
那时可别说对你不客气了。
记住了吗？
啊日那——
啊啷——

　　安徒没有法子，就同意了他们提出的条件。刚喊"一、二！"七兄弟就一溜烟儿地跑了。
　　安徒哪能跟得上他们，落在了后面。这时候，尼莫内变成一只阔力飞来，送给他一块手绢儿，告诉他把手绢儿挥几下，就可以飞起来。说完，尼莫内就飞走了。安徒很高兴，试着把手绢儿挥了几下，果然飞起来了，很快就飞到这棵金树跟前，躺在树下。等了好久，那七兄弟才跑到。七兄弟看见安徒躺在那快睡着了，非常奇怪，但还是不服气，还要跑到江北沙滩上去才算数。
　　这回安徒让他们先跑，等他们跑走了以后，安徒又把手绢儿挥了几下，又飞起来了，一眨眼的工夫就飞到了江北沙滩上。安徒等了好久，那七兄弟还不到。他等得不耐烦了，便把手绢放在岸上的一个土台子上，顺着岸边的小毛毛道走下去。
　　没走多远，安徒看见前面有座房子。走进去一看，炕上坐着一位半红半白脸的德都，这个德都很殷勤地接待了安徒。过了一会儿，德都到外边去看了看，不一会儿却哭着回来了。安徒很奇怪，问她哭啥，姑娘说：

赫哩勒——赫哩勒——
那尼——赫哩——给格——
陌生的哥哥你听着，
我是七兄弟的妹妹，
名字叫忙金德都。

我哥哥不识英雄好汉,
竟敢和你比试快慢。
看到台上放着金光,
他们趴下就磕头,
头扎进地里拔不出来了。

啊嘟——

安徒听了,出去一看,果然他放手绢的地方放着金光,七兄弟的头并排扎在地里拔不出来了。安徒上前把手绢拿起来,金光就消散了,七兄弟的头从地里拔出来了。七兄弟赶忙向安徒赔礼道歉,还请他到家做客,叫他们的妹妹炒菜、备酒,好好招待。席上他们轮流敬酒。酒传了三巡,大哥忙格莫日根对安徒说:

赫哩勒——赫哩勒——
那尼——赫哩——给格——
我看你是个善良的莫日根,
我家只有这么一个妹妹。
为了报答你对我们的恩情,
愿把妹妹忙金德都嫁给你,
今后她对你会有帮助。
你要是遇到啥难处,
只要召唤我们七兄弟,
我们一定会很快赶去帮助你。

啊嘟——

安徒也不好拒绝,于是就在这里娶了第四个妻子。安徒在这里住了几天,又出发赶他的路。也不知走了几天,来到棵大树下,看见一只阔力落在上面。阔力对安徒说:

赫哩勒——尼赫哩勒——给格——

你知道我是谁吗?
我是你的妻子胡沙德都,
飞来给你报信儿的,
我在这里已经等了三天。
你再走三天有个霍通,
那里住着木初坤莫日根,
这个人力大无比。
他已经知道你快到了,
要用轿来迎接你,
这是一个大毒计。
你不要坐他的轿,
你不要喝他的水,
你不要抽他的烟,
这些东西都有毒。
听懂记住了吗?
啊日那——
啊啷——

　　阔力说完就走了。安徒继续往前走。走到第三天头儿上,果真有一群女人抬着轿前来迎接他,说是他们的额真听说安徒莫日根要来,特地让她们前来迎接的。女人们请安徒他上轿,又请他喝水、抽烟,安徒都没上当。可是架不住女人们还是再三地劝让,安徒觉得这样太不近人情了,心想:水可以不喝,烟可以不抽,坐坐轿有啥不可以?再说这些天走路走得也太累了,于是他就上了轿。刚刚坐下,女人们就把轿门上了锁,在轿上拴了大石头,把轿扔到江里去了。
　　安徒被扔到江里,轿虽然没沉下去,可是憋得实在受不了,自己又没办法,只好等死了。这样过了一天,忽然,空中飞来了一只阔力,这只阔力对着安徒说:

　　　　赫哩勒——尼赫哩勒——给格——

> 我是胡莎德都你的妻呀,
> 告诉你的话你全不听,
> 今天在这里受罪了。
> 我一定想办法救你出去,
> 实在不行再找别人来。
> 啊嘟——

这只阔力从空中俯冲下来,抓住轿顶,从水里往上吊。可是怎么也吊不起来,实在没有办法,只好落到岸边的树上发愁,正在这时,又飞来四只阔力,其中一个说:

> 赫哩勒——尼赫哩勒——给格——
> 我是尼莫内德都你的妻子呀,
> 还有你的那两个妻子和妹妹。
> 知道你遇了大难,
> 特地赶来搭救你。
> 啊嘟——

这时候,五个阔力一起飞上云层,然后俯冲下来,抓住轿顶,用齐了劲往上吊。可是她们费尽力气,也还是吊不动,她们没有办法了,只好落在树上发愁。

不一会儿,从北面飞来一只小阔力,停在阔力们落的那棵树上,细声细语地说:

> 热讷讷那——格以给格——赫哩勒——
> 你们不认识我吧,
> 我是安徒的妹妹,
> 名叫佛木兰德都。
> 阿爸阿妈被人抓走时,
> 阿妈生下了我。

他们当时也顾不了我，
把我装到皮口袋里，
刚挂在树上就被抓走了。
当时我哭得很厉害，
感动了北海的卓禄玛发和卓禄玛玛。
他们被我的哭声打动了心肠，
把我救去抚养大。
我现在已经十三岁了，
本想十五岁以后再出面。
可是哥哥现在遇了大难，
实在想不出别的办法，
我就得出来搭救他。
啊唧——

这一番话，感动了她的嫂子们，为这个苦命的小妹妹流下了同情的眼泪。

小阔力说完，就飞上云端，然后俯冲下来，抓住轿顶飞到空中去，在空中吊着轿，绕着霍通飞了三圈儿，飞到霍通的中间，把轿扔下来。轿被摔得粉碎，安徒被救出来，他的妻子们赶紧上去把他抬走了。

这个时候，安徒的朋友火图也来了。火图和木初坤摔打起来。这样打了几天，不分胜败。这时候，佛木兰回来了，她说：

热讷讷那——格以给格——赫哩勒——
火图莫日根哥哥你躲一躲，
我要和木初坤比一比。
我要挖出他的心和肝，
供奉卓禄玛发和卓禄玛玛，
报答他们对我养育的恩情。
啊唧——

小阔力说完,又飞入空中,俯冲下来抓住木初坤,吊着飞向北方去。打完了仗,安徒和火图进霍通喝酒庆贺。过了几天,火图告别走了,可是安徒的妻子和表妹们又抓来了一个姑娘,把这个姑娘给安徒做了第五个妻子。这姑娘名字叫木秋德都,是木初坤的妹妹。

安徒在这里住了几天,又出发了。一天,空中飞来了一只阔力,对着安徒说:

> 赫哩勒——尼赫哩勒——给格——
> 我来给你送个信儿,
> 火图遇到了大敌,
> 他要你快去帮助。
> 他的对手是哥儿俩,
> 他哥儿俩有个妹妹,
> 他们三人有能耐。
> 妹妹的神通更大,
> 拔下大毛变阔力,
> 拔下小毛变小鸟。
> 它们都能够打仗,
> 请你快去吧,
> 去晚了就来不及了。
> 听清记住了吗?
> 啊日那——
> 啊啷——

阔力说完就走了,安徒却发起愁来:这么远的路,咋去呢?安徒向地、向天、向神灵祈祷求助,然后两腿蹲下。他用双手拍着两个膝盖一跳,啊呀!真是神灵助力。安徒飞身离地,像箭一阵飞射出去,眨眼就到地方了。

这时,只见火图被那哥俩打得血淋淋的,很可怜。安陡气得啥话也没说,上前把火图推到一边,就和这哥儿俩摔打起来。这样打了几天,安徒也要抵不住了,眼看要被这哥儿俩打败了,这时他忽然想起七兄弟,嘴里就默默祷告,叫七兄弟赶快来助战。

不一会儿,平地忽然刮起了一阵狂风暴雨,转眼间七兄弟就来了。安徒站到一边,七兄弟上前把那哥儿俩抓住就架走了。

安徒和火图一起进了霍通,在一起喝起酒来。正当他们喝酒喝得高兴的时候,安徒的第三个妻子胡沙德都又来送信儿说:

> 赫哩勒——尼赫哩勒——给格——
> 安徒你听清记住了,
> 你的妻子们都受伤了,
> 你的表妹也被抓去了,
> 只有你妹妹去追赶敌人,
> 现在你快去帮帮她们吧!
> 啊嘟——

可安徒就像没听见似的,仍然继续喝酒。过了几天,安徒的妹妹和妻子们又抓来一个姑娘。这姑娘叫莫土德都,是那哥儿俩的妹妹,给安徒做了第六个妻子。

安徒帮助火图打了胜仗,又出发继续赶路。

一天,安徒来到一个村子。从村里的一个房子里走出来一个很魁实的小伙子,向安徒问好。这个小伙子名字叫木都力莫日根,他把安徒请到屋子里设宴款待。俩人喝酒喝到兴头儿上,木都力莫日根对安徒说:

> 赫哩勒——赫哩勒——
> 那尼——赫哩——给格——
> 我知道你在哪里住,
> 我知道你到哪里去,
> 我也知道你的为人。
> 我有个妹妹长得不算美,

>但是为人很温顺,
>我已决定把她嫁给你。
>你可千万要答应,
>对你也许会有点用。
>啊嘟——

安徒不好不答应,就在这里和木都力莫日根的妹妹木日新德都又结了婚。

安徒在这里住了几天,又继续向前赶路了。

一天,安徒又来到一个村子。走进村子时,从最东头的一家走出一位老玛发。这个老玛发见了安徒,热情地吻了他的脸,把他让到屋里,当作客人招待,睡觉时又给安徒铺上皮褥子。

安徒躺下后咋也睡不着,于是,他爬起来,轻轻地走到外边,捡了一根小木棍向自己的头上敲了一下,变成一只小蜂子,在村子的各处飞绕。忽然,他看见有一人家还点着灯。安徒飞到那儿,落在窗户上往里瞅。

屋子里有很多德都在说笑,其中一个德都正说安徒的坏话,另一个德都劝她不要说人家的坏话,安徒早晚要来的。可是,越劝,那个德都越要说,于是劝她的那个德都不高兴地离开她们走了。

这个德都走出来以后。安徒就在后边跟着她飞,看见她走进一个屋子,安徒记住了她的住处,就又飞回来了。

这时,德都们都已经走了,只剩下说安徒坏话的那个德都,这个德都就是这家主人的女儿。客人们走了以后,她让奴仆支起蚊帐,准备睡觉。安徒趁机飞进屋里,钻到蚊帐里。

过了一会儿,这个德都露着雪白的前胸睡着了。安徒飞到她身上,在她的两个奶子中间轻轻地刺了一下。他刺得不重,那个德都也没觉出来,翻了个身又睡过去了。安徒一看,她没事儿,又狠狠地在她胳膊肘上刺了一下。这下子德都可受不住了,"哟"的一声叫起来,骂骂咧咧地叫奴仆们在蚊帐里和屋子里乱打。这时候,安徒早飞走了,他飞到那个不让说安徒坏话的德都家里。这个德都回到家睡不着觉,让奴仆放好桌子，准备酒菜，还告诉奴仆放两双筷子、两个碗、两个酒杯。奴仆很纳闷儿：为啥叫多准备一个人的？平日都是她一个人吃喝呀。酒菜准备好了，德都就大声地请安徒进屋来喝几杯。安徒一听，也不好再藏了，就进屋跟她一起喝起酒来。喝了半宿，安徒告别了她，回到老玛发家里睡下了。

第二天一早，安徒被吵吵声闹醒了，也不知道是啥事这么吵吵嚷嚷的。老太太说："村子里有个德都昨夜晚被蜂子蜇了一下，就闹起病来了，"安徒一听，明白了，也不觉得奇怪。过了一会儿，听说那德都家派人到处请萨满给她治病。

安徒问老太太，他去看看热闹行不行，老太太说行。安徒就跟着人群去看热闹，还装作帮助干点儿啥的样子。只见请来的萨满们有的说降灾者已经来到村子边上了，有的说已经来到了村子里了。有一个萨满说："我们治不了这个病，有一个叫都日斗的萨满，请她来看看，或许治得了。"于是，人们又去把她接来。安徒一直没离开这里，他要看一看这个萨满的神通咋样。

都日斗萨满来了一看，就知道是安徒做的鬼，但她不愿意得罪安徒，于是她说：

啊日嘛哩——梭哩给尼——格给呀——
降灾者已经来到你家门外，
我也不知道他进屋来了没有。
我可知道他是哪一个呀，
叫刚来的安徒给你看病吧。
病看好了你就嫁给他吧，
主人听清、记住了吗？
啊日那——
啊嘟——

这时，管事的在人群里找到了安徒，请他给德都看病。安徒推辞说："我是路过这里的人，也不是萨满，还是请神灵大的萨满给她看吧。"管事的一再央求,安徒实在推托不了,就说:"那好,我就给看看,治好了也别高兴,治不好也别埋怨我。"

然后安徒向各位萨满谦让一下,就装着在嘴里嘟嘟囔囔的,祈祷神灵。随后,便把这个德都得病的经过详详细细地说了一通,说得可真切了,因为这是他自己干的事嘛!安徒看过病后,嘴里还叨叨咕咕地,然后又吹了一口气儿,德都的病就好了。德都的阿爸答应把女儿查格德都嫁给安徒,告诉奴仆们做菜备酒,举行婚礼。

安徒在新婚宴席中,依座次给大家敬酒。当敬到一位很粗壮的小伙子跟前时候,他几次故意不接,安徒很生气地说:

> 赫哩勒——赫哩勒——
> 那尼——赫哩——给格——
> 你这个小子太没有道理,
> 人家请萨满治病的时候,
> 你像蝙蝠一样躲了起来。
> 现在你凭啥来挑剔我,
> 有能耐咱们到外边比比。
> 啊嘟——

这样,安徒和这个小伙子就在外边摔打起来,打了几天,不分胜败。这时,空中来了一只阔力对那个小伙子说:

> 赫哩勒——尼赫哩勒——珍格——
> 你和这小子打个啥劲?
> 他也不配做你的对手。
> 请你先往旁边躲一躲,
> 我给这小子点儿苦头吃,
> 叫他知道我们的厉害。
> 啊嘟——

这个阔力原来是那个粗壮小伙子的妻子。说完,她替丈夫和安徒打了起来。只见她飞上云端,直向安徒冲来。

这时,安徒为了迎战,两腿用力站稳,把一只脚往后一踢,从他脚后跟抬起的地方也飞起一只阔力迎上去。两只阔力在空中打开了,不一会儿,把那个小伙子的妻子叨死在空中。得胜的阔力是安徒的第一个妻子奇布钦德都,她向安徒说:

> 赫哩勒——尼赫哩勒——赫哩给格——
> 我亲爱的丈夫安徒莫日根呀,
> 你不能这样耽搁下去,
> 也不能总是这样打下去。
> 你应该多保重自己,
> 快点儿报完仇,
> 早点儿回家乡。

接着,她又向那粗壮的小伙子说:

> 你要是真有本事,
> 就和我较量一下吧。
> 啊唰——

安徒的妻子说完,就从空中猛冲下来,把那个小伙子一下就撞死在地上。

这时,安徒不再敬酒了,自己坐下喝起酒来。因为他在这里治好了别人的病,又打了胜仗,人们都很敬佩他,

安徒住了几天,又出发了,继续往前走。

一天,他看见远处有个村子,这个村子就是被他打死的那个粗壮小伙子管的,现在这里的百姓又都归顺了安徒。为了庆贺新额真的到来,人们用飞禽走兽肉炒菜,备上各种酒,摆满了几大桌,轮流给安徒敬酒,款待安徒。这时,安徒所有的妻子和妹妹们都来了,大家聚

在一起，十分热闹。安徒想起还得去给阿爸阿妈报仇，不能总在这里呆着呀，便又出发继续赶路。

走了几天，一天，他来到一个高山上。站在高处四下张望，看到远处江边停着一只船，安徒就向这船奔去，到船跟前一看，有两个壮年人坐在船上正喝酒呢。安徒问他们姓啥、叫啥，是做啥的。这两个人不理安徒，也不回答他的问话。安徒想，这也太看不起人了，就生气地说：

  赫哩勒——赫哩勒——
  那尼——赫哩——给格——
  你们这两个家伙，
  一点人事儿也不懂。
  拿我不当人看待，
  问啥也不告诉我，
  有本领就下来比一比。
  啊嘟——

这两个壮年人被骂得受不住了，立刻从船上跳到岸上，你踢我打地把安徒打得死过去了。

安徒迷迷糊糊的，不知道自己是活着还是死了。忽然他摸到自己头上长了青草，听说死人头上才长青草，这才知道自己是死了。可是，安徒不愿意在这里停留下去，还想走。于是，他的灵魂离开尸身飘走了。

安徒的灵魂一直往前飘着。忽然，空中飞来一只阔力，这是他的第二个妻子尼莫内德都，她对安徒说：

  赫哩勒——尼赫哩勒——赫哩给格——
  我亲爱的丈夫安徒莫日根呀，
  你现在已经是死了。
  你的魂灵千万不能再往前走了，

前面就是山阴比拉。
那里是有去无回的地府呀，
请你赶快停下来吧。
啊嘟——

可安徒一点儿也不听她这些话，还是继续往前飘去。

尼莫内德都一看，也没有别的办法了，只好从空中飞下来，抓住他的灵魂背走了。安徒也不知道是从哪儿来，要到哪儿去。尼莫内德都告诉他说：

赫哩勒——赫哩勒——赫热给格——
我亲爱的丈夫安徒莫日根呀，
你正一步步走向阴间地府。
过了山阴比拉你就完了，
再也无法返回人间。
我急得实在没有办法，
才把你的灵魂抢回来。
你的灵魂已经附上身，
现在你就要活过来。
啊嘟——

尼莫内德都说完，安徒就悠悠地醒过来了。见到安徒醒了，没事了，尼莫内德都就送给他一块方手绢儿，让他拿着赶快去追赶那两个壮年人报仇。

安徒十分感谢他的妻子，拿起手绢儿就往前追去了。一路上啥光景也不看了，尘土飞扬、沙石乱溅地往前追。

第三天追上了，两下里也不答话，扭在一起就摔打起来。那哥儿俩用赶刀劈下来，安徒用方手绢儿一挡，大刀就断成两截了，安徒捡起半截大刀把那哥儿俩给砍死了。

安徒战胜那哥儿俩后，坐上他们的船，由奴仆们侍候着，自由自在地边喝酒边继续往前走。

安徒这样坐着船走了几天。一天,来到被他砍死的那哥儿俩管的村子,老百姓们已经知道他们的额真被打死了,也就降顺了安徒。人们照例炒菜、备酒,庆贺新额真的到来。安徒在这里住了几天,又出发了,继续赶自己的路。

这天,安徒来到最后一个霍通,这里就关着安徒的阿爸和阿妈。霍通中间立着个大托落杆子,上面落着一只阔力。这只阔力见安徒来了,马上向着霍通的方向挠挠头,张张嘴,喊天呼地地叫起来:

  赫哩勒——尼赫哩勒——给格——
  你们都要听清楚啊,
  这下子可不好了,
  安徒莫日根来到了,
  赶快准备迎敌吧。
  晚了就要被堵在屋子里,
  死也不知道是咋死的。
  听清记住了吗?
  啊日那——
  啊嘟——

霍通的额真阿日根朵和莫日根朵哥儿俩听了以后,马上叫自己的三百六十只阔力和三百六十个好汉,成群结队、遮天盖日地扑出霍通来。

安徒这边有他的八个妻子、一个妹妹、一个表妹,加上火图莫日根、忙格莫日根七兄弟,人虽少点儿,却不是好对付的。

两下摆开阵势就摔打起来。霍通里的这些人,被安徒他们摔死的摔死,打伤的打伤,逃跑的逃跑。阿日根朵和莫日根朵看情形不好,亲自出马。

这哥儿俩长得非常粗壮、魁实,两个打一个,来势又凶又猛。哥儿俩和安徒一边打,一边往山里退去。安徒越战越强,哥儿俩眼看抵不住了,就请求安徒让他们向阿爸和阿妈拜别,这样就是死了也甘心。安徒不在乎这些,就答应了他们的请求。可是,这哥儿俩并不认输,而是想借着拜阿爸阿妈的空子向神祈祷,求神来帮忙。

那哥儿俩刚祷告完,忽然从空中掉下来两套盔甲,哥儿俩赶紧穿上,又和安徒打了起来。没过多一会儿,天上下起雨来。不一会儿,天又晴了,太阳又晒起来。哥儿俩穿着盔甲,不在乎这胡乱变的天气。可是,安徒却受不住了,先是被雨淋得像个落汤鸡,这会儿又被太阳晒得浑身直冒油。

著名故事家歌手葛德胜
(么福祥摄于1980年)

这次轮到安徒请求哥儿俩歇会儿了,也让他向阿爸和阿妈拜别。哥儿俩答应了。安徒就走到一旁,插上香篙,跪下祈祷,求自己的神灵来帮忙。他刚祷告完,就从空中丢下来一套皮盔甲,安徒赶紧穿上它,又和那哥儿俩打起来了。不一会儿,天上下起雪来,接着,又刮起三九天的"大烟泡"①,真是风吹雪打,寒气冻死人呐。安徒因为穿了毛皮盔甲,不在乎这些风雪,可是,这回,那哥儿俩可受不住了,冻得直打哆嗦,手也僵了。

这时候,空中飞来一只阔力,叫着阿日根朵的名字说:

赫哩勒——格以给格——赫哩勒——
阿日根朵我的丈夫,
你们这样要打到啥时候?
请你们哥儿俩先躲一躲,

---

① 大烟泡:东北地区漫天弥漫的大风雪。

让我来和这小子试一试。

啊嘟——

这是阿日根朵的妻子。安徒听了她的话，两腿一叉，站稳了脚，帽子摘掉，一扔，亮出脑袋瓜，站在那里等着让阔力冲。

这时，那只阔力高高地飞入云层，然后直向安徒的脑袋猛冲下来，就在她离安徒的脑袋只有一庹远的危险时候，从安徒脚后跟下面冲出一只阔力，接住阿日根朵的妻子在空中打了起来。没打几下，阿日根朵的妻子被打败逃走了，安徒的阔力随在后面紧紧追去。

两只阔力飞走以后，那哥儿俩又和安徒摔打起来。正在打得有劲的时候，空中有只阔力叫着安徒说：

赫哩勒——尼赫哩勒——赫哩给格——
你知道我是谁吗？
我是七兄弟的妹妹，
你的妻子忙金德都。
他们哥儿两个很厉害，
我是特地来帮助你的。
你抓住这两个家伙，
用足力气，往家乡的方向甩去，
我就有办法治住他们。
听清记住了吗？
啊日那——
啊嘟——

安徒听了妻子的话，抓住他们哥儿俩的肩膀，用尽力气向自己家乡的方向甩去。说也奇怪，这哥儿俩一下子轻得像棉花团儿似的，一溜烟儿地被甩得没影了。安徒坐下来喘着粗气休息，过了一会儿，起身进了霍通。安徒在霍通里各处走，各处看。他走进一家，见有一位老太太在那里摇着都力①哄小孩儿睡觉,可是,都力里的小孩子越哄哭得越厉害。安徒生气了,拍了拍都力,没承想,这小孩子忽然从都力里跳到地上,拽着安徒就打起来。安徒打他一下,小孩子就长一下,越打就长得越大,到后来,长成了一个强壮的莫日根,安徒和他打得很费劲儿了。

这时,空中更飞来一个阔力,是忙金德都转回来了,她对安徒说:

赫哩勒——尼赫哩勒——赫哩给格——
我的丈夫安徒莫日根呀,
你要在这里打一辈子吗?
请你先往旁边躲一躲,
让我收拾这个小畜牲,
看他到底有多大本事。
啊嘟——

说完,忙金德都高高地飞进云里,然后连续俯冲下来三次,可是都让小孩子躲过去了。这时,阔力又飞上空中,在空中哈哈大笑,对着安徒说:

赫哩勒——尼赫哩勒——赫哩给格——
以为我打不过这个小东西吗?
我在天上、人间、地下三个地方,
三次寻找他的哈您②。
现在已经抓到了,
我把他的哈您扔给你。
你一定要把它收好,
他咋求饶也不能给他呀。

---

① 都力:赫哲人用桦树皮做的摇篮。
② 哈您:灵魂寄托物。

唎嘟——

　　说完，从空中扔下一个像小娃娃似的玩意儿。这时候，那个小孩子就开始讨饶了。可是安徒没放过他，抓住小孩子的两腿，双手左右一扯就给劈开了，那个小孩子马上就断了气儿。

　　安徒劈杀了小孩子后，走到一座房子跟前，看见有个老太太在里面捣米。安徒走过去，轻轻地用鞭子在她背上碰了一下。老太太嘴里嘟嘟嚷嚷地骂道："你们这些坏蛋好不了，我的儿子就要来了，那时候再和你们算账。"

尤树林在说唱伊玛堪（孙晓敏摄于1987年）

　　安徒一听，知道这是自己的阿妈了，问了一下，正是他的阿妈。安徒就跪在地上一声一声地叫阿妈，阿妈也抱着儿子大哭起来。安徒又问他阿爸在哪里，阿妈说他的阿爸在给人家干活儿呢。安徒就把他阿爸也找回来了。他问了阿爸阿妈二位老人受罪的情况,也讲了自己一路征战的经过。

安徒找到阿爸和阿妈,替二位老人报了仇。阿爸阿妈和安徒都有说不尽的高兴,于是炒菜、备酒,设宴庆贺。这时候,安徒的朋友们、妻子和妹妹们也都来到了,大家在一起团聚、喝酒,真是热闹啊!

安徒的妻子和妹妹们来的时候还抓来了一个德都,她就是阿日根朵的妹妹,叫阿日兰德都。大家把她嫁给了安徒,这是他的第九个妻子,也是最后一个妻子。

大家在这里高高兴兴地住了不少日子。一天,安徒说:"阿爸阿妈也救出来了,仇也报了,我们不能总在这里住下去了,咱们得这回去重建家园。"于是,安徒叫霍通里的人们准备了很多大船,男男女女都上了船,一起出发搬到家乡去。

在回去的路上,安徒莫日根到处受到人们的欢迎和招待。

回到家乡,安徒莫日根一家和乡亲们一起动手重建家园,过起幸福的日子。

说唱者:吴进才
采录者:尤志贤、刘忠波
采录时间:1957 年
(选自《伊玛堪》)

(二)萨满传说

金鹿的传说

早年,有一个年轻的猎人,在上山打猎时,碰到了一只伤了腿的鹿。它一见猎人,便啪嗒啪嗒掉开了眼泪。

猎人心软了，从怀里拿出一副接骨膏给它敷上，撕了几根布条子缠好，还把自己带的鱼干、肉干给鹿喂了一点。鹿慢慢有了精神，向猎人点点头走了。

后来有一年，猎人得了怪病，卧炕不起，瘦得皮包骨头，眼看快不行了。就在这时候，来了一个漂亮姑娘，她说："猎人大哥，我是来给你治病的！"

猎人说："我已经像个死人，只有进气，没有出气，怕不中用了。"

姑娘说："没事，我给你拿来了药，吃了会好的。"说着，她拿出一个红布包，里面有一面镜子，一根草棍。那草棍漆黑漆黑的。

姑娘说："这叫还阳草，吃了它什么病都没有了！"

猎人开头半信半疑，吃了还阳草以后，浑身上下发热，从头到脚出了一身大汗，不一会就浑身舒服，身子骨也长了精神了。

就这样，姑娘治好了猎人的病，还给她做了媳妇。第二年，媳妇养了一个白胖小子。

这年冬天，猎人换回了东西往家走，半路上碰到了一个女萨满。她说："你的脸色不好，好像家中有妖气。"

猎人说："我家三口都好好的，哪有什么妖气？"

女萨满说："我的爱米神告诉我，你那个媳妇不是人，她是一头母鹿变的。"

猎人不信，直摇头。

女萨满说："你若不信，回家到鱼楼子去找一找，准能找到鹿皮。你把它烧了。"

猎人回到家，到鱼楼子翻箱倒柜，真的找到了一张鹿皮。他当即在院子里点起一堆火，把鹿皮扔进了火堆。

媳妇在屋里觉得心口痛，出来一看，是她的鹿皮着了火。她赶忙上前，从火堆上抢出鹿皮，压灭了火，回头对猎人说："咱们的缘分尽了，我该走了。"

说着，她拿出红布包里的镜子，往猎人脸上一照。猎人顿时一阵恶心，吐出一根草棍来。媳妇捡起草棍，用红布包上，抱着鹿皮，头也不回地走了。

猎人连声叹息，可后悔也晚了。

没过多久，猎人病死了，那只鹿回来领走了孩子。孩子跟母鹿生活，钻山林，吃鹿奶，打野兽，长大后成了一名出色的猎人。

口　述　者：吴连贵
采　录　者：黄任远
采录时间：1976年6月
采录地点：同江市八岔乡
（选自《赫哲族民间故事选》）

猎人莫尼特

从前，南山有个狼精，经常到附近村屯祸害人，闹得百姓生活不得安宁。

有一年秋天，猎人莫尼特领着他七岁的小男孩上山打秋皮。另外他还有个主意，想法追踪狼窝消灭狼精，为民除害。

一天，莫尼特在山脚边打了一头野猪。爷俩一起动手扒了野猪皮，架上火，用小吊锅煮起了野猪肉。

煮了一大会儿，锅里传来了一阵阵肉的香味。

孩子拉着莫尼特的手问："阿玛，肉烀热了吧？"

莫尼特说："好孩子，乖！等煮熟了再吃吧！"

孩子跑一边玩去了。过了一会儿，儿子又跑回来，见阿玛不在，就伸手到吊锅里抓了一小块肉，蹲着吃了起来。刚吃完，肚子就痛了。孩子一边捂着肚子喊："阿玛，阿玛！我肚子痛呀！"

莫尼特听到儿子招呼，跑了回来，抱起孩子问："怎么了啦？那里不好受？"

"阿玛，我的肚子痛呀！"

"你吃什么东西啦？"

"我刚才吃了一小块肉，吃完就痛开了。"

"你这孩子，不听话，叫你先别吃，你就先吃上了！难道肉里有毒吗?"

孩子痛得昏了过去,像死了一样。

莫尼特没有吃,把一吊锅肉都倒了。不大一会,天黑了。莫尼特把空吊锅戴在脑袋上,手里握着激达①,猫在孩子睡的撮罗子后面。

到了小半夜的时候,他听到远处有沙沙的动静。一会,一只大白狼走到撮罗子跟前,围着绕了三圈,接着用爪子扒门。

莫尼特在暗处瞅得真切,未等狼扑近自己孩子,手中的激达早就飞了过去,一家伙扎在大白狼的肚子上。

大白狼一声尖叫,就跑没影了。

第二天,莫尼特背着昏迷未醒的孩子回了家。

孩子往炕上一摞,莫尼特就去找村里新来的萨满,想问问那狼把自己的激达带哪去了,自己孩子是什么病。

到了萨满家门口,莫尼特见门口围了一大帮人。

他走上前问:"出了什么事啦?"

有人回答他说:"萨满昨晚得了病,一个人关着门在屋里直哼哼,也不让人进去。"

莫尼特说:"我从前也学过萨满,会给人治个病,让我进去给他看看病吧!"

说完,莫尼特用力拉开了反锁着的门,闯进了屋里。一看,萨满正跪在西墙边木头神下祈祷呢,莫尼特的一把激达还在萨满的肚子上叉着。

莫尼特上前一把抓住激达,对萨满说:"原来是你呀!想害我的孩子,我看你还往哪里跑!"他说着把激达往外一拔,肚子里肠子也拉出来了,不一会萨满就咽了气,变成了一只死狼。

莫尼特拿着激达往家走,管屯子的嘎深达跑来了,问:"莫尼特,你为什么要杀死萨满?"

莫尼特说:"他不是萨满,是只狼!"

接着,莫尼特当着乡亲们的面,一五一十地把自己在山上打猎遇

---

① 激达:扎枪。

到的事说了一遍。

这时,有人已把那只死狼抬了出来。众人一看,都说:"莫尼特为民除了害真是个莫日根!"

嘎深达弄明白了真相,也赞扬莫尼特做得对。

这时候,莫尼特的儿子从家里跑来找他了。原来狼精一死,妖法破了,孩子的病也好了。

狼精被莫尼特扎死后,这一带渔民和猎人过上了太太平平的生活。

口 述 人:尤树林、葛德胜
采录整理:黄任远
流传地区:同江县、饶河县
整理时间:1981年3月
(选自《黑龙江民间文学》第5集)

嘎思奋玛发

这是我听老人讲的一个故事。

说是早先屯子里有个嘎思奋玛发的。一次,他的老伴有了病,去请村里的女萨满跳神驱魔,答应到七月七给送去一头猪还愿。

这个女萨满上他家去,跳了两天神,结果他老伴的病没好,反而被女萨满扎古死了。

到了七月七,嘎思奋玛发没去还愿。女萨满打发人到嘎思奋家要。

嘎思奋玛发说:"你回去告诉她,人都扎古死了;不找她赔命算好事了,还有什么脸来要东西!"

来人说:"女萨满告诉的,许的愿必须还。"

嘎思奋生气了,大声说:"去吧!告诉她,就说我说的,有猪扔到江里也不会给她送去!"

来人回去把嘎思奋的话一传,女萨满记了仇。

秋去冬来。大雪一下,嘎思奋收拾了一下滑雪板和激达舍拉迷,就上南山打猎去了。

到了南山的向阳坡，他挖了个地窨子，四周围用草围得溜严。

这天傍晚，他打猎回来，看到地窨子里好像有人在做饭，烟囱冒着烟。

他站在门口往里一瞅，是个老娘们，模样有点像他死去的老伴。

他想："老伴死去半年多了，怎么会到这里呢？四周围尽是荒草老林，一般妇女也到不了这里，可能是个怪物吧！"

那个女人低着头架火做饭，没敢正面瞅嘎思奋。

嘎思奋进了地窨子，女人连忙把饭和炒的肉盛到桦木盆里，送到了他跟前让他吃。

他用手推到了一边，没有吃，眼睛盯着女人的脸问："你是从哪来的？"

"怎么不认识我？我不是你老伴吗？"女人说话声音含含糊糊，嘴里像含着什么东西，一点也不清楚。

嘎思奋心中有数，指着烧火棍问："你说这叫什么玩意儿？"

"叫它米尔。"她的舌头吐字不真亮，把"它米"说成了"它米尔"。嘎思奋一听，心里琢磨着，这分明不是我老伴的口音。

他又指着吊锅上的钩子问她："这东西叫什么？"

"干锅。"

本来是干"钩"，她说成了干"锅"。

嘎思奋把腰间的乌拉带紧了一紧，拿起扎枪来到地窨子后面的草堆上，闭上眼睛，装着睡觉了。

这个女人一见嘎思奋睡了，立即倒在地上，一打滚变成了一匹狼，张开大口向他身上扑来。说时迟那时快，"啪"的一家伙，扎枪飞出嘎思奋的手，正好叉在了狼的脖子根上。狼一声号叫就不见了。

过了两天，嘎思奋用抓犁拉着猎物回到村里去了。

刚走到村口，就听到女萨满家有哭声，抬头一看，只见门前挂着死人的白布条，人们正在撂档子。他一打听，别人告诉他，女萨满死了。

嘎思奋这下明白了：原来山里碰到的那个女人和狼就是女萨满变

的，想要害他没害成，反而自己送了命。

口 述 人：葛德胜
采录整理：黄任远
流传地区：同江、富锦、饶河
时　　间：1981年3月17日
（选自《黑龙江民间文学》第5集）

后　记

金秋十月，《赫哲族萨满文化遗存调查》打字稿如期完成了，首先要感谢中央民族大学民族文学研究所所长赵志忠教授，是他亲自写信、打电话约稿，特意到哈尔滨送来课题经费。在赵教授的真诚邀请、热情鼓励下，我们终于在近一年时间里完成了这本调查报告。

其次，我们特别要感谢吴进才、吴连贵、尤永贵、尤树林、尤金良、尤连仲、尤青海、傅万金、董凤喜、葛德胜等赫哲族老人。我们曾经多次访问过他们，他们讲述的有关萨满文化的资料，大多数收录到这本书中。如今，他们都已先后谢世，但他们为弘扬民族文化所作的贡献，将永远记载史册。曾给我们支持和帮助的赫哲老人还有尤志贤、尤根深、傅景贤、董群、何景山、尤金玉等，我们将终身难忘，并借此遥祝他们健康长寿，全家幸福！

另外，我们还要感谢国内外学术界的学者和老师，他们是国际萨满教研究会主席匈牙利社会科学院教授米哈依·霍伯尔、韩国全北大学教授李钟周、日本东京大学教授大贯静夫、新泻大学教授涉谷武、千叶大学教授荻原真子、横滨大学教授村崎恭子、俄罗斯远东哈巴罗夫斯克作协那乃族作家霍哲尔、中国社会科学院少数民族文学研究所研究员郎樱和孟慧英、中国民间文艺家协会党组书记白庚胜、辽宁省民族研究所所长张佳生、吉林省民族研究所研究员富育光和郭淑云、黑龙江省民族研究所研究员张嘉宾等。他们赠予的书籍、论文和复印资料，使我们受益匪浅。

本书撰写具体分工：

前言、第二部分萨满文化遗存、第三部分萨满文化实录之一萨满访谈，后记等由黄任远撰写。

第一部分民族生态环境，第三部分萨满文化实录之二萨满文本，由黄永刚撰写整理。

在课题调查研究采访中，我们还得到了佳木斯市政府副秘书长张向民，同江市文联主席于凤霞，同江市电大校长刘树新、田继国，街津口赫哲族博物馆馆长徐国，饶河县委办主任刘思玉、县民委主任何玉才等领导和朋友的大力支持，在此一并表示由衷的谢意。

作　者

2007年10月8日于哈尔滨

图书在版编目（CIP）数据

赫哲族萨满文化遗存调查/黄任远，黄永刚著．
—北京：民族出版社，2009.6
（中国少数民族非物质文化遗产研究系列丛书）
ISBN 978 – 7 – 105 – 10126 – 9

Ⅰ．赫… Ⅱ．①黄…②黄… Ⅲ．赫哲族—萨满教—调查研究—中国 Ⅳ．B933

中国版本图书馆 CIP 数据核字（2009）第 103181 号

赫哲族萨满文化遗存调查

出版发行：民族出版社
社　　　址：北京市和平里北街 14 号　邮编 100013
电　　　话：010 – 64228001（编辑室）
　　　　　　010 – 64211734（发行部）
网　　　址：http://www.mzcbs.com
印　　　刷：佳顺印务有限公司
经　　　销：各地新华书店
版　　　次：2009 年 6 月第 1 版　2009 年 6 月北京第 1 次印刷
开　　　本：787 毫米 × 1092 毫米　1/16
字　　　数：270 千字
印　　　张：18.125
印　　　数：1500 册
定　　　价：50.00 元
ISBN 978 – 7 – 105 – 10126 – 9/B · 416（汉 169）

该书如有印装质量问题，请与本社发行部联系退换